Stefan v. Jankovich

DIE ENERGETISCHE
STRUKTUR DES
MENSCHEN

Stefan von Jankovich

Die energetische Struktur des Menschen

Ein philosophisches Denkmodell

Wer bin ich?
Eine Vision meiner selbst

DREI EICHEN VERLAG

D-8300 Ergolding

CIP-Titelaufnahme der Deutschen Bibliothek

Jankovich, Stefan von:
Die energetische Struktur des Menschen :
ein philosophisches Denkmodell ;
wer bin ich? Eine Vision meiner selbst /
Stefan von Jankovich. – Ergolding :
Drei-Eichen-Verl., 1990
ISBN 3-7699-0486-9

ISBN 3-7699-0486-9
Verlagsnummer 486
© 1990 by Drei Eichen Verlag, D-8300 Ergolding
© für Übersetzungen in andere Sprachen by Stefan v. Jankovich
1. Auflage, 1.–4. Tausend 1990
Umschlagbild: Stefan v. Jankovich
Satz: Fotosatz-Service Weihrauch
Schrift: Palatino
Druck und Verarbeitung: Ebner Ulm

Inhaltsverzeichnis

Vorwort: Prof. Dr. Ernst Senkowski 9
Vorwort des Verfassers 15

I. Wer bin ich?

1. Einführung in die Problematik 20
2. Der Mensch als Rätsel 27
3. Die Welt als Schwingung 41
4. Vision: Der *ICH-Trichter* 60
5. Eigenschaften des rotierenden *ICH-Trichters* . . . 68
6. Der *ICH-Trichter* als Denkmodell 75

II. Das ICH

7. Wer bin ich? – Die verschiedenen
   Bewußtseinsstufen 100
8. Was ist Menschwerdung? 129
9. Die Rolle des ICH 145
10. Die Kraft des ICH 152
11. Verschiedene Bewußtseinszustände 167
12. Was geschieht im Tod? 181
13. Reinkarnation – In welcher Form existiert
    das ICH-Bewußtsein weiter? 192

III. Struktur des Menschen

14. Mehrfache Struktur des Menschen 218
15. Andere Strukturvorstellungen des Menschen . . . 247
16. Andere trichterähnliche Darstellungen 251

IV. Mensch und Schöpfung

17. Die Entwicklung des Menschen 270
18. Der Mensch als Schöpfung Gottes 299
19. Schlußgedanken 307

Literaturverzeichnis 313

Meinem Vater gewidmet

der, als ich volljährig wurde,
mir die folgenden Gedanken
fürs Leben mitgab:

„Mein Sohn Stefan,
… du sollst mit kaltem Kopf denken,
mit warmem Herzen fühlen und
mit sauberen Händen handeln!"

Vorwort Prof. Dr. Ernst Senkowski

Der Autor (Stefan v. Jankovich), erfolgreicher Architekt, Städtebauer und Weltmensch, wurde im Alter von 44 Jahren Opfer eines Verkehrsunfalls. Er überlebte, schwerverletzt, einen etwa 5½ min. langen „klinisch toten" Zustand. Ungleich vielen ähnlich Betroffenen hatte er, im Krankenhaus ans Bett gefesselt, bereits nach kurzer Zeit die Möglichkeit, seine außergewöhnlichen Erfahrungen in groben Skizzen zeichnerisch festzuhalten, auf Tonband zu sprechen und umfangreiche Notizen zu machen.

Als psychisch Verwandelter, im esoterischen Sinn als „Eingeweihter", kehrte er ins tätige Leben zurück. Seitdem fühlt er sich der Aufgabe verpflichtet, die ihm im „Nahtoderlebnis" zugänglich gewordenen Einblicke anderen Menschen helfend zu vermitteln. Durch seine Schriften, Gemälde und eine Vielzahl von Vorträgen, Seminaren und Fernsehsendungen in verschiedenen Ländern ist er während der letzten Jahre größeren Kreisen bekannt geworden.

v. Jankovich versucht in dem hier vorliegenden umfangreichen Werk „Energetische Struktur des Menschen" eine zusammenfassende Darstellung seiner mühsam erarbeiteten persönlichen Welt-Anschauung als Interpretation der ursprünglichen Vision des „ICH-Trichters". Der Techniker und Realist steht mit beiden Beinen auf dem Boden der sogenannten Tatsachen, er ist sich der Schwierigkeiten der sprachlichen Vermittlung subjektiver innerpsychischer Erlebnisse voll bewußt. Auch beansprucht der Laie keine Kompetenz für die gelegentlich eingefügten wissenschaftlich orientierten Bezüge. So nennt er das Ganze korrekterweise ein „Denkmodell", und als solches sollte der Leser es nachzuvollziehen versuchen.

Die Inhalte vermögen anzuregen und das Blickfeld zu erweitern. Sie stehen zunächst bezüglich der Nahtodschilderungen in einer Linie mit den bereits klassischen Veröffentlichungen der Moody, Kübler-Ross, Osis/Haraldsson, Ring und vieler anderer, die nach ihren kritischen Beobachtungen und Auswertungen zu weitgehend identischen Ergebnissen bezüglich der Übergangsphasen zwischen Leben und Tod kamen, die zu einigen sinnvollen Extrapolationen bezüglich des „Lebens nach dem Leben" berechtigen.

Aussagen des Verfassers über den „Lebensfilm": „Mir wurde aber auch gezeigt, ob ich in bestimmten Situationen mit guten, liebevollen oder bösen, egoistischen Hintergedanken gehandelt hatte" und: „Sehr merkwürdig war das Kriterium bei der Beurteilung der Gedanken und Taten ... nicht die Gesetze des Staates, religiöse Gebote oder Verbote, Gewohnheiten der Gesellschaft waren maßgebend, sondern das allgemeine kosmische Harmoniegesetz der Liebe" stimmen sinngemäß und stellenweise wörtlich überein mit einer instrumentell empfangenen transkommunikativen (Jenseits-)Botschaft des 1974 verstorbenen Pioniers der Tonbandstimmen Konstantin Raudive: „Die Vorstellung, daß der Mensch während dem Tod für sein Handeln auf Erden verurteilt und entsprechend den Übertretungen bestraft wird, erscheint leider vielleicht als eine etwas naive Phantasterei ... (als eine) etwas verzerrte Betrachtungsweise irgendwelcher stark gestriger Ergebnisse des Menschen ... Immer wieder werden Stellen (des Lebensfilms) gezeigt, wo Sie sich anderen gegenüber selbstsüchtig verhalten haben, dann jedoch genauso viele Male, wo Sie liebevoll und freigiebig gewesen sind ... All dies geschieht jedoch ohne den geringsten Vorwurf. Zu den Vorfällen, bei denen Sie egoistisch gehandelt haben, meint das (begleitende Licht-)Wesen nur, daß Sie auch aus ihnen gelernt haben. Sie werden nämlich auch nach dem Tode und in Zukunft weiterlernen. Sie alle sollten sich bewußt sein, froh und dankbar, daß Sie nicht ‚tot' sind, auch wenn Sie einmal sterben müssen." Leider werden diese Tatbestände von konfessionell eingeengten Theologen nicht angemessen wahrgenommen und bewertet.

Von Jankovich aber vermittelt über die Botschaft vom Fortleben hinaus die aus seiner Erfahrung gewonnene Gewißheit einer Folge reinkarnativer Erdenleben. Sie erscheint ihm in Form der

Absolvierung vieler, letztlich selbstgewählter Prüfungen in den verschiedenen Klassen der Lebensschule auf dem Rückweg zum göttlich-kosmischen Ur-Sprung.

Man könnte auch diese Aussagen der unverbindlichen subjektiven Phantasie zuschreiben. Es wäre aber zu beachten, daß der größere Teil der Menschheit einschließlich guter 20% der Christen in den westlichen Ländern ähnliche Anschauungen vertritt, mit denen sich der Autor, wie überhaupt mit esoterischem Gedankengut, vor seinem Unfall niemals beschäftigt hatte. Allein die übliche katholische Unterweisung während der Jugendzeit in seiner ungarischen Heimat war ihm zuteil geworden.

Wirklich erstaunlich ist die spontane Konzeption des „Trichtermodells" des inkarnierten Menschen, das künstlerisch präsentiert und im Hauptteil des Buches ausführlich diskutiert wird. Hier könnte man die Analogien mit der esoterisch vielfach bedeutsamen Spiralform und den zitierten kindlichen und medialen Zeichnungen für „zufällig" halten. Aber mindestens zwei „Synchronizitäten" deuten auf „dahinterstehende" Wirklichkeiten, Formpotenzen oder morphogenetische, gestaltbildende Felder.

Die eine entstammt der experimentellen Psychologie, eine zweite findet sich in der modernen Erforschung der „Physik des Bewußtseins". Die bedeutsamen Ähnlichkeiten der Grundmuster sind unverkennbar.

Während der Basler Psi-Tage 1988 wurde erstmalig die Videoaufzeichnung einer hypnotischen „Rückführung" veröffentlicht, in der die Patientin schildert, wie sie im Verlauf des Befruchtungsvorgangs als zuvor freies Geistwesen spiralförmig in einen Trichter hineingezogen und schließlich an einen winzigen Punkt gebunden wird.

Diese unabhängige subjektive Bestätigung der Vorstellungen des Autors wird gestützt durch das wissenschaftliche Modell der Forschungsgruppe „PEAR" (Princeton Engineering Anomalies Research Laboratory) unter Prof. R. Jahn, emer. Dekan der ingenieur-wissenschaftlichen Fakultät einer der hervorragenden Universitäten der Vereinigten Staaten. Der einwandfreie

Nachweis der Existenz „paranormaler" Fernwahrnehmung und schwacher „psychokinetischer" Effekte veranlaßte dort die Übertragung des in der Quantenmechanik zur Beschreibung atomarer energetischer Strukturen gebräuchlichen Potential-trichter-Modells auf das menschliche Bewußtsein. Danach erscheint dieses für die Dauer des irdischen Lebens gebunden an bzw. zentriert auf die materiell-körperliche Struktur und in der Reichweite begrenzt auf deren unmittelbare Umgebung. Analog zum Tunneleffekt können Bewußtseins-Wellenfunktio-nen eines Menschen mit denen raumzeitlich entfernter Perso-nen und Objekte koppeln, d.h. Informationen vermitteln. Freie Wellenfunktionen entsprechen mystischen Zuständen.

Im Vergleich dazu mögen andere Analogien untergeordnet erscheinen. So spricht unser Autor von dunklen, negativen „Klötzen" innerhalb des durchlichteten Trichters, die es zu be-seitigen gelte, und wie ein Echo klingt die über einen Home-Computer in England aufgezeichnete Jenseitsbotschaft: „Werft eure Ziegelsteine heraus" (Get out your bricks).

Bei der Analyse der ihm im „klinisch-toten" Zustand bewußt ge-schauten, trichterähnlichen energetischen Struktur des Men-schen stieß der Autor auf charakteristische Manifestationen des ICH, die er in einer Tabelle zusammengefaßt hat. Die einzelnen Felder, Ebenen, Sphären oder Wesensglieder können dadurch klarer definiert und erkannt werden.

Einige der wichtigsten Bemühungen des Verfassers gelten der Einordnung und Anpassung seiner Visionen an historisch über-lieferte esoterische Vorstellungen und an die psychophysikali-sche Feldtheorie des deutschen Theoretikers Burkhard Heim. Aufwendige Literaturrecherchen erlaubten die Aufstellung der Vergleichstabelle „Der Mensch in verschiedenen Auffassun-gen", die in Art und Umfang bisher einmalig sein dürfte. Man kann nicht erwarten, daß sich darin alle Details vollkommen decken oder entsprechen, zu lang sind die zeitlichen Abstände über Jahrhunderte hinweg, zu groß die geographischen und völkischen Unterschiede der Quellen. Auch sind die benutzten Begriffe einschließlich jener, die in der Physik meßtechnisch scharf definiert sind, hier nur als „weiche Koordinaten" zu verstehen. Wer diesen Synopsen hinreichende Aufmerksamkeit widmet und sich von ihnen zum selbständigen Weiterstudium anregen läßt, kann sie nur als aufschlußreiche Hilfsmittel empfinden.

C.F. von Weizsäcker äußerte einmal, Philosophie sei eigentlich zu schwer für die Philosophen. Die darin verborgene Resignation könnte leicht alle Bemühungen um die Lösung der Grundfragen des menschlichen Daseins verfehlt erscheinen lassen. Aber noch einmal Raudive post mortem: „Nachdem die Menschheit jahrelang im Dunkel gesessen hat, hat man plötzlich das Dach über dem Kopf weggehoben und blendendes Licht ist eingefallen. Man kann kaum etwas erkennen, und es herrscht große Konfusion. Dabei stellt sich die Frage nach der Kreativität: Soll man fliegen oder sitzen bleiben? Wie aber legt man beim Fliegen Eier, ohne daß ihre dünnen Schalen beim Fallen zerbrechen?"

Wohin käme die Menschheit, wenn jeder sitzen bliebe? Wie könnte sie sich entwickeln, wenn die vom „eingefallenen blendenden Licht" Erleuchteten sich ängstlich in Schweigen hüllten oder bestenfalls in exklusiven Zirkeln versteckten?

Dem Verfasser ist die Funktion des aus All-Energie bestehenden Menschen deutlich erschienen. Sie erlaubt ihm die großen menschheitlichen Probleme (Gesundheit – Krankheit, Freude – Depression, „gute/böse" Entscheidungen, die Rolle des ICH) für seine Person sinnvoll zu erklären. Seine philosophischen Ausführungen entstammen der Transzendenz, sie sind gekennzeichnet durch tiefe Gläubigkeit und eine grundsätzlich positive Einstellung zum Leben. Er versucht, seine Visionen mit schulwissenschaftlichen Begriffen zu erläutern. Schließlich ist es sein vornehmstes Anliegen, mittels des *ICH-Trichter*-Denkmodells das Urprinzip der Schöpfung und das Wirken der größten Energie überhaupt, der Liebe, selbst zu verstehen, anderen Menschen verständlicher zu machen und dadurch zur Verbesserung des sozialen und ökologischen Umfeldes unseres Planeten beizutragen.

Hier schrieb einer, der nicht vor der Aufforderung „Erkenne dich selbst" zurückschreckte, und der, ohne Rücksicht auf das eventuelle „Zerbrechen einiger dünner Schalen", von jenem überwältigenden tröstlichen Licht kündet, das er als Ur-Sprung und End-Ziel menschlich-kosmischer Entwicklung schauen durfte. Sein Werk ist keine Lektüre für diejenigen, die „sitzen bleiben" wollen. Es kann ein Lehrbuch sein für wagemutige „Flugschüler".

Mainz, den 19.1.1989
Ernst Senkowski

Vorwort des Verfassers

Dieses Buch ist ein Versuch, mein Ganzheitserlebnis des Menschen, das ich im klinisch toten Zustand mit unvorstellbarer Klarheit wahrgenommen habe, zu deuten.

Die Schwierigkeiten bestehen darin, daß ich das, was ich erlebt habe, spüre und auch weiß – aber dieses „Wissen" auszudrükken, zu beschreiben, fehlen mir die Worte. Je mehr man denkt, desto weniger wird man fähig sein, das Wissen in irdische schulwissenschaftliche Modelle, Schemen einzuordnen und entsprechend zu beschreiben.

Hier haben wir es mit Erfahrungen zu tun, die von außerhalb unserer materiellen Welt stammen, deren Wurzeln im Metaphysischen oder in mystischen Bereichen zu suchen sind. Deshalb kann man solche Eindrücke mit materiellen Sinnesorganen gar nicht oder nur durch Analogie erfahren. Es geht einfach nicht, sie wahrheitsgetreu zu beschreiben. Es ist so, daß wir über die Probleme der materiellen Welt sehr viel theoretisieren können. Wir Menschen schreiben und schreiben … und reden und reden … aber damit kommen wir der ursprünglichen Wahrheit nicht näher. Im Gegenteil, im Laufe der sogenannten Entwicklung des Menschen hat er viel verlernt, vergessen. Deshalb verstehen wir heute nicht, wie die Ägypter z.B. einen 1200 t schweren Monolith (Granit-Obelisk) ca. 1000 km transportieren konnten … oder wie die noch heute bestehenden, merkwürdigen Bauten in den Anden entstehen konnten. Deshalb können wir Erlebnisse, die ihren Ursprung außerhalb des Einsteinschen Raum-Zeit-Kontinuums haben, nur demütig erahnend zu deuten versuchen.

Menschen, denen die Gnade Gottes zuteil geworden ist, durch das Erlebnis des klinisch-toten Austritts etwas mehr zu erfahren, schweigen lieber. Auch in Mozarts Zauberflöte muß der Einweihungskandidat Tamino schweigen, während der erdgebundene, „normale" Mensch, Papageno, plappert.

So ist es auch bei mir. Ich habe die größten Schwierigkeiten, das,

15

was im Innersten meines Bewußtseins ist, in Worten auszudrükken, zu formulieren …

Noch schwieriger sind die Interpretationen der erahnten Wahrheiten. Eine große Hilfe waren mir die ganz primitiven Skizzen von verschiedenen Visionen, die ich – noch eingegipst – kurz nach der Wiederbelebung anfertigte. Diese dienen mir jetzt als brauchbares Denkmodell, Dinge zu erahnen, die ich selbst nicht verstehen kann. Der energetische *ICH-Trichter* ist auch so eine Vision, die mir hilft, durch Analogie viel Verborgenes zu verstehen.

Noch eine Bemerkung finde ich wichtig: Dieses Buch ist kein wissenschaftliches Buch. Der Inhalt beruht nicht auf „erlerntem", sondern eher auf „erfahrenem", erahntem Wissensgut. Ich habe mich nicht an die eine oder andere östliche oder westliche philosophische oder religiöse Richtung angeschlossen, obwohl immer wieder viele Übereinstimmungen zu erkennen sind. Meine Erlebnisse sind für mich die einzigen Quellen meiner – für mich schwer erarbeiteten – Philosophie. Ich versuche diese Gedanken ehrlich und mit meinen – oft einfachen – Worten darzustellen als „mein Weg", ohne den Anspruch zu erheben, die Wahrheit für alle Menschen gefunden zu haben. Ich will auch nicht missionieren. Ich sage immer wieder in meinen Vorträgen, daß ich gar nicht erwarte, daß meine Zuhörer mir glauben, was ich als ehrliche eigene Meinung sage, aber ich habe eine Bitte: Denken Sie über das nach, was ich dargestellt habe und versuchen Sie, sich Ihre eigene Meinung zu bilden.

Ich will nur Denkanstöße vermitteln durch die Schilderung meines eigenen Weges, den ich für mich als einzig richtig erachte. Jeder Mensch ist mit anderen vorherigen Erfahrungen jetzt in dieses Leben reinkarniert. Jeder hat seine Aufgaben selbst gewählt, jeder hat andere Prüfungen abzulegen – deshalb hat jeder einen anderen Weg – aber alle Wege führen schlußendlich zu derselben Wahrheit, zu dem unerfaßbaren, allmächtigen Baumeister aller Welten … zu Gott.

Ich habe keine Mühe, alles als meine „eigene Wahrheit" zu akzeptieren. Meine Schwierigkeiten beginnen erst dann, wenn ich „meine Wahrheit" mit meinem materiellen Gehirn aufarbeiten und formulieren will.

Die Schulwissenschaft wird wahrscheinlich meine Auslegungen, meine Formulierungen als „nicht wissenschaftlich" abtun. Dies interessiert mich aber nicht. Analytisch kann man mit dem gehirngebundenen Denken im Bereich der Transzendenz nicht weiterkommen, und es ist fast unmöglich, die dort gemachten Erfahrungen mit dem materiellen Gehirn zu formulieren.

Ich hoffe, daß meine Leser die hier primitiv formulierten Gedanken aufnehmen, sich in diese einleben und einfühlen werden, und dann – und nur dann – wird der intuitive Rezeptor durch das kosmische Bewußtsein wirken, jedem die geeigneten, passenden intuitiven Impulse geben und damit die einzelnen Persönlichkeiten näher zum Gottes-Bewußtsein führen können.

An dieser Stelle möchte ich Herrn Professor Dr. E. Senkowski herzlich für seine Hilfe als Fachlektor, für seine Anregungen und Korrekturen danken. Ich fühle mich zu Dank Annemarie Vitel verpflichtet für das Abschreiben und die Gestaltung des Textes.

I. Teil

Wer bin ich?

1. Einführung in die Problematik

Am 16. 9. 1964 wurde ich in der Nähe von Bellinzona, Ticino, in der Schweiz, infolge eines schweren frontalen Zusammenstoßes mit einem Lastwagen, als Beifahrer aus dem Auto geschleudert, landete nach ca. 6 m Flug auf dem Betonboden und brach dabei 18 Knochen. Nach einigen Minuten war mein Kreislauf völlig zusammengebrochen; ich war klinisch tot. Nach 5½–6 Minuten gelang es einem Arzt, mir ein Adrenalin-Präparat direkt ins Herz zu spritzen und mich wiederzubeleben. In dieser Zeit des klinisch-toten Zustandes kam mein Bewußtsein zurück, aber nicht als das gewohnte, in materieller Raum-Zeit-Dimension verankerte Tages- oder Wachbewußtsein, sondern viel breiter, transparenter, intensiver und klarer als vorher. Es war von der Materie befreit, anderen, höheren Schwingungsbereichen, Sphären oder Ebenen zugeordnet. Diese Änderung des Bewußtseins hat bei mir ein Tor geöffnet, und dadurch wurden mir unvorstellbare Erlebnisse, verbunden mit klaren und überwältigenden Erkenntnissen, zuteil. Ich habe durch den physischen Tod meines Körpers eine Fülle von außerkörperlichen und außersinnlichen Wahrnehmungen (ASW) erfahren, wie das Bewußtwerden des Todes, Beobachtung des eigenen Todes inkl. genauer Wahrnehmung allen Geschehens samt Gesprächen und Gedanken der Anwesenden, Rückschau über das gesamte Leben, mit Beurteilung, Wertung aller Taten und aller Gedanken – nach den allgemeinen kosmischen Gesetzen der Liebe. Ein überwältigendes Gotteserlebnis in Form des strahlend reinen, weißen Lichtes … und mir wurde auch meine Herkunft von Gott, meine Substanz als Energie, das Ziel meines Lebens, der Sinn meiner früheren Inkarnationen, die Struktur der Welten und vieles andere in einer persönlichen Art und Weise klar. Dieser lange Vorgang, welcher nach irdischer Zeitmessung 5½–6 Minuten dauerte, war die echte, persönliche *Einweihung* für mich.

Es ist gar nicht neu, daß man durch den Tod, oder besser gesagt

durch eine Art von mystischer Erfahrung im Tod oder im todes-
nahen Zustand, neue Impressionen, Erfahrungen, ja sogar
Erleuchtung erlebt. In diesem Zustand der Befreiung des Geistes
von den Hemmnissen des Körpers und durch das Sich-Öffnen
für die ursprüngliche Wahrheit geht im Menschen ein Individuationsprozeß vor sich. Ähnliches erlebten Pharao Echnaton,
Moses, der heilige Paulus, Mohammed, Michelangelo und viele
andere Menschen auch, die nach diesen Erlebnissen das ganze
Leben geändert, umgedacht haben.

So war es auch bei mir. Alles, alles war mir „irdisch" gesehen
zuerst neu, unerklärlich, unverständlich – dann versuchte ich,
für mich alles zu ordnen, zu formulieren, zu deuten, zu interpretieren, obwohl „kosmisch" plötzlich alles selbstverständlich
war.

Erschüttert war ich, weil ich nun die Menschen, die Welt und
mich selbst ganz anders sah als bisher. War alles falsch, was ich
gelernt hatte? Zweifel zermürbten mein Wissen. Alles, was ich
bisher gelernt hatte, stellte ich in Frage. Ich fand keinen Anhalts-
punkt mehr …, daher mußte ich auf die Basis, auf meine Erlebnisse an der Schwelle des Jenseits zurückgreifen und als verzweifelt Suchender meine philosophische, qualvolle Arbeit
weiterführen.

So kristallisierte sich bei mir, aufgrund meiner direkten Erlebnisse im körperlosen Zustand, ein neues Weltbild über die
Schöpfung heraus.

Ich habe gespürt, daß die Quelle aller Energien eine all-intelli-
gente Wesensheit ist, die wir der Einfachheit halber Allah, Gott,
Jehova usw. nennen. Von hier stammt die Gesamtheit der vorhandenen Energien, besser gesagt, ER ist die Gesamtheil aller
Energien selbst. Bildlich gesprochen – wie aus einer tiefhängenden, glühenden Sonne, welche unendlich klares, reines Licht mit
unvorstellbarer Intensität ausstrahlt, bildet sich ein winziger
Wirbel heraus, welcher sehr schnell rotiert, sich um die eigene
Achse dreht in Form eines Hyperboloid-Trichters, dessen
Spitze bis in die materielle Wirklichkeit hinunterreicht. Ich identifizierte mich selbst mit diesem trichterförmigen, rotierenden

Energiequantum und benannte das Gebilde spontan *ICH-Trichter*. Diese Analogie scheint mir sehr zutreffend, da ich auf dem offenen Meer und auch über dem Plattensee oft vor einem Sturm Tornado-Trichter gesehen habe, die von tiefhängenden Wolken plötzlich gebildet wurden, schnell rotierten und deren Spitzen von den Wolken bis zu der dichteren materiellen Wirklichkeit (Wasser) hinabreichten, dort alles aufwirbelten und sich mit der Zeit plötzlich wieder von der Wasserfläche ablösten und sich in die Wolken, von wo sie stammten und wo sie gebildet worden waren, zurückzogen, um sich dort aufzulösen, sich mit der ursprünglichen Wolkenmasse zu vereinigen.

Ich spürte plötzlich: „So bin ich." Ich komme vom Licht, von Gott … Ich bin auch Energie Gottes – ein winziger Teil von IHM – ich rotiere, habe meine persönlichen Eigenschaften, lebe mein eigenes Leben, ich existiere infolge des Austrittes aus dem ursprünglichen Licht, aufgrund des Abstandes von Gott; dort kann ich frei rotieren, schwenken – hin und her –, bis ich den Weg oder die Modalität finde, die es mir ermöglichen, zum Ursprung zurückzukehren, meine Persönlichkeit aufzugeben, mich mit Gott zu vereinigen. Diese Gedanken kamen mir bei der Vision des *ICH-Trichters*.

Die unendlich große periphere Geschwindigkeit eines Punktes am Trichterumfang oben – welche der unendlich schnellen Vibration der Energie entspricht – wird je nach der Entfernung von der Urenergie immer langsamer und langsamer, bis sich an der Spitze des Trichters selber die „erstarrte" Materie bildet. Von der obersten, göttlichen Energie bis zu der niedrigsten Manifestation der Energie in der Materie sind verschiedene Bereiche, Kraftfelder, Ebenen, Sphären usw. zu verzeichnen, die wir sehr willkürlich ganz verschieden bezeichnen können. In Wirklichkeit hat das ganze Trichter-Gebilde eine kontinuierliche Fläche, sie weist keine Stufen, Abgrenzungen auf…, die Schwingungen gehen stufenlos ineinander über. Die Charakteristik eines beliebigen Bereiches – oder einer Ebene – geht stufen- und nahtlos in die Charakteristik der benachbarten Bereiche über.

Es war sehr, sehr merkwürdig, daß ich mich selbst mit diesem energetischen, rotierenden Spiraltrichter identifizierte und immer mehr spürte, daß ICH dieser Spiraltrichter selber war, daß alle meine Bestandteile in diesem Spiraltrichter integriert

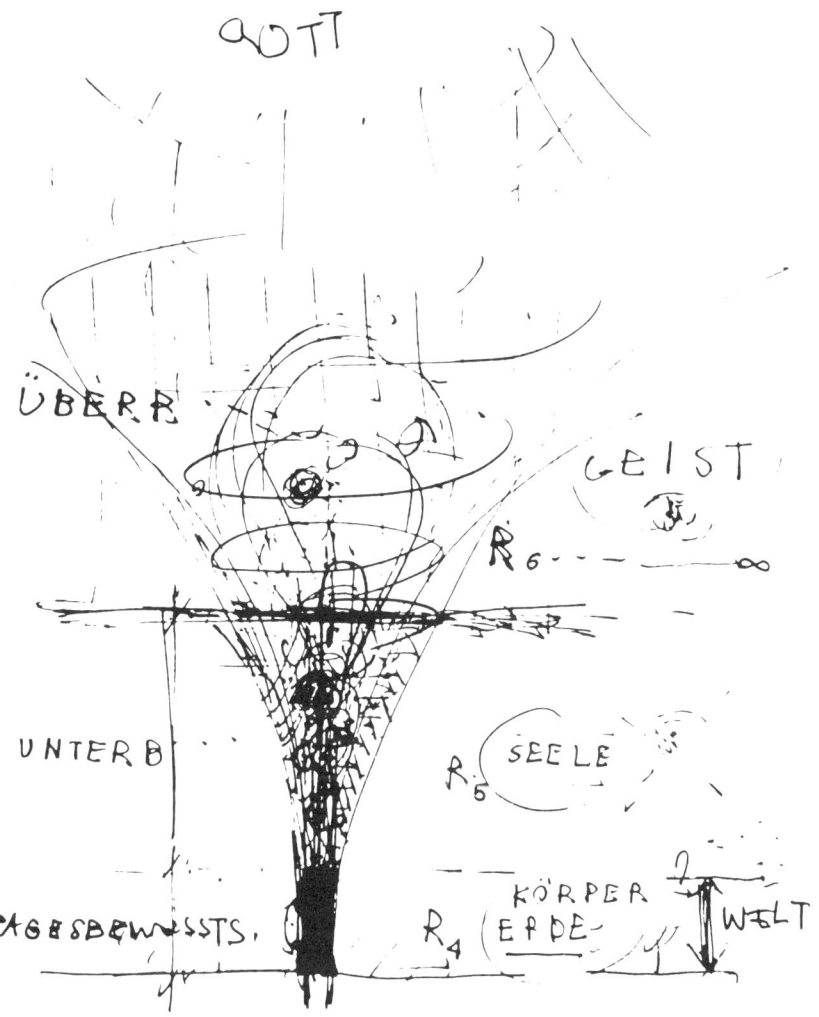

„Der Mensch im Kosmos." Meine erste Skizze im Spital, kurz nach dem Unfall.

waren, daß mein Existenzbewußtsein, Materie-Bewußtsein, das Leben und alle meine Emotionen und Gedanken in diesem Spiraltrichter ganz klar und deutlich erkennbar waren.

Meine Vision dieses rotierenden Spiraltrichters war so stark, daß ich – noch von Kopf bis Fuß eingegipst – versuchte, diese Struktur – damals mühsam und deshalb sehr primitiv – auf dem Papier festzuhalten (siehe Abb. Seite 23).

War es eine bedingte Gehirnfunktionsstörung, eine Vision, das Erkennen einer Realität oder ein Produkt meines schwerverletzten Körpers mit Gehirnerschütterung? War es ein Symbol? Waren ein Traumbild oder eine Projektion des Unterbewußtseins im Spiel? Nein, für mich war es damals eine Realität. Es war ein Bild der Wahrheit, die ich entdecken durfte, die Antwort auf die Frage: „WER BIN ICH?"

Sieben Jahre lang arbeitete ich an mir und versuchte den rotierenden Spiraltrichter zu entziffern, zu deuten, zu verstehen, mit dem denkenden Kopf. Es war ein schweres Unterfangen, weil der für das logische Denken geschulte Kopf versagte. Die beiden Gehirnhälften konnten mir nicht weiterhelfen. Ich mußte mich für die göttliche Intuition öffnen. Meine rechte Gehirnhälfte mußte ich aktivieren, um die metaphysischen Zusammenhänge zu erkennen, und ich versuchte mein Scheitelchakra zu sensibilisieren, um die Wahrheit zu erahnen.

Es war so merkwürdig, daß ich im klinisch-toten Zustand alles klar gesehen und alles verstanden hatte. Waren das „Woher?" „Warum?" und „Wohin?" sowie die energetische Struktur des Menschen einfach da? Als ich reanimiert wurde und in die Materie zurückkehrte, hatte ich bereits nur noch eine schwache Erinnerung daran, eine Ahnung, wie es „drüben" war, die ich, wie nach einem Traum, versuchte, schnell und krampfhaft irgendwie in Schriften, Diktaten und Skizzen festzuhalten.

So ist der *ICH-Trichter* für mich ein Denkmodell für die noch nicht ganz vergessene Wahrheit geworden.

Man kann die Struktur auch als Modell deuten. Symbole haben große Aussagekraft – viel mehr als gesprochene oder niedergeschriebene Worte.

24

Dieses Denkmodell hat mir ungeheuer viel geholfen in meiner Verzweiflung über das Fehlen passender Ausdrucksmöglichkeiten. Es war sehr interessant, daß ich Jahrzehnte nach meiner ersten „historischen" Skizze von sehr verschiedenen Seiten erarbeitete ähnliche Denkmodelle entdecken konnte. Diese Tatsache spricht für die Brauchbarkeit meiner energetischen *ICH-Trichter*-Vision. So stand ich vor einem ganz neuen Weltbild, welches für mich damals mit nichts Ähnlichem vergleichbar war. Meine bisherige Vorstellung über die Natur war schulwissenschaftlich geprägt und der Kausalität verpflichtet. Meine Überzeugung war, daß alles Naturhafte – Stein, Pflanze, Tier und Mensch – wie auch die Gefühle, Gedanken, Aktionen, Taten räumlich und zeitlich begrenzt, also vergänglich seien. Es unterliegt infolge materialistischer Charakteristik der Kausalität und ist dadurch erkennbar, erfaßbar. In diesem Weltbild der materiellen raumzeitlichen Realität (R 4/Einstein) fehlt jedoch alles, was metaphysischer, nichtmaterieller Art ist, was anders, zeitlos, ewig, übermateriell usw. ist. Es ist nicht vollständig, weil es nicht über die Grenzen der Lichtgeschwindigkeit sieht und der Ursprung, der Sinn der Schöpfung verschlossen bleibt.

Man muß sich von der Materie befreien, aus der Materie austreten ... um, z.B. im Tod, das „Mega Mysterion" zu erleben und so in die metaphysischen Erkenntnisse eingeweiht zu werden. Dann, nach einem solchen Zustand, steht man doch als Mensch vor der Frage: Wie ist das möglich? Man stellt fest, daß man viele Fragen mit rationaler Kausalität verpflichtetem Denken nicht beantworten kann. Wenn der Mensch meditiert, dann öffnet sich die Türe zu höheren (R 5–R 6 etc./Heun) metaphysischen Daseinsebenen. Er bzw. sein ICH-Bewußtsein hebt sich empor aus der Biosphäre, aus dem eigenen Soma (Leib) und begegnet seiner Seele und seinem Geiste. Es hebt sich immer höher und höher empor ... zu dem Göttlichen. Der Mensch und sein Zuhause, das Universum, ist somit mit unseren materiellen Mitteln unerforschbar. Die Schulwissenschaft versucht es zwar und ist „bis zur Grenze der Materie" vorgedrungen, kann aber nicht weiterkommen; Materie muß durchdrungen werden.

Prof. v. Weizsäcker sagte einmal: „Die heutige Wissenschaft gleicht einem Mann, der den Schlüssel nachts im Dunkeln verloren hat und diesen unter einer Laterne sucht; nicht weil er ihn dort verloren hat, sondern weil er nur dort sieht!"

So sind wir suchende Menschen und bleiben immer Suchende. Wir suchen die Wahrheit, den Sinn der Schöpfung, das Prinzip, demgemäß wir Menschen entstanden sind. Wir eignen uns viel oder viel zu viel Wissen an, deshalb werden wir immer verwirrter und verstehen eigentlich immer weniger. Wir verstehen die Wahrheit nicht, weil wir alles wissen wollen. Wir denken viel zu viel und bleiben in dem Teufelskreis der Materie eingeschlossen.

Eine Koran-Sure sagt folgendes aus: „Allah, bewahre mich vor dem Wissen, das mir nichts nützt." Deshalb möchte ich darauf hinweisen, daß die Wissenschaft die materielle Welt – unseren Lebensraum – mit großer Mühe erforscht und schlußendlich trotz aller großen Errungenschaften nur bis zur Grenze der Materie vordringen kann, dort steckenbleibt und mit Dr. Faustus (J.W. Goethe) verzweifelt gestehen muß:

„Da steh' ich nun ich armer Tor
und bin so klug als wie zuvor …"

An dieser Grenze stehend können wir einfache Menschen – wie auch unsere genialen Wissenschaftler – nur demütig weiter ins Unendliche blicken … und dort Gott erahnen.

2. Mensch als Rätsel

Vor dem Erlebnis des klinisch-toten Zustandes hatte ich mich mit dem Problem MENSCH gar nicht beschäftigt.

Wenn ich fragte: Wer bin ich? stellte ich mich vor den großen Spiegel und sah mich an … Und der Mensch: Ich, im Spiegel, war für mich die einzige Realität: „Dies bin ich, so sehe ich aus. Ich bin dieser Körper." So dachte ich, und diese Erkenntnis genügte mir. Es hatte mich gar nicht interessiert, wie „ICH" oder mein Körper sich entwickelt hatten, was seine Bestandteile waren, wie meine Organe funktionierten, was das Leben war, usw. Ich war immer gesund und hatte mit mir, bzw. mit meinem Körper, keine Probleme.

Doch wenn man damit beginnt, den Menschen zu erfahren, ihn kennenzulernen, das Gesamtprinzip des Menschen zu verstehen, seine Bestandteile zu analysieren, dann steht man auf einmal und immer mehr vor unerklärlichen Tatsachen.

Ich glaube, es darf deshalb ruhigen Gewissens behauptet werden, daß der Mensch, so wie er erschaffen ist und in seinen verschiedenen Daseinsebenen existiert, das größte Rätsel überhaupt für uns ist.

Nach Angaben der Schulwissenschaft existiert seit ca. einigen Millionen Jahren der von den Hominiden unterscheidbare HOMO ERECTUS. Nach diesen Quellen erschien vor ca. 700 000 Jahren der HOMO SAPIENS als denkender Mensch mit einem sogenannten Encephalisations-Quotienten (Verhältnis Körpergewicht zu Gehirngewicht) von annähernd 12 auf dieser Erde. Mit anderen Worten: damit begann der Mensch sein Dasein, mit einem biologisch voll entwickelten Gehirn als Träger des Denkvermögens.

Grabfunde in Europa und in Vorderasien haben nun aber bewiesen, daß bereits vor ca. 60 000 Jahren der damalige HOMO SAPIENS an ein Leben nach dem Tode glaubte, bereits abstrakt denken konnte, Gott verehrte und deshalb die Toten auch in rituellem Sinne begrub.

Die älteste bekannte schriftliche Aufzeichnung, ein Mond-kalender auf Knochen, wurde in Europa gefunden und datiert ca. 36 000 Jahre zurück; zumindest darf dies als die erste Spur der „Wissenschaft" bezeichnet werden.

Die nächste Etappe wird durch die Funde an bemalten Höhlen-wänden in Südfrankreich und Spanien belegt. Dort sind die ersten bekannten Kunstwerke durch die Cro-Magnon-Men-schen entstanden. Diese Kunstwerke dienen der Schönheit und mögen magische Bedeutung gehabt haben.

Sicher beschäftigt sich der Mensch seit mehreren zehntausend Jahren mit sich selbst, analysiert sich und stellte Theorien auf. Doch die Schulwissenschaft kann bis heute keine klare Antwort geben auf die Frage: „Wer und was ist der Mensch?" Außerhalb der klassischen Schulwissenschaften existieren viele Formulierungsvarianten im theologischen, psychologischen, philosophischen und im sehr bunten parapsychologischen Be-reich, die alle vorgeben, eine mögliche Antwort auf diese zen-trale Frage geben zu können. Aber mit Sicherheit ist das Rätsel Mensch bis heute nicht gelöst.

In erster Linie müssen wir festhalten, daß nicht nur der Mensch als solcher ein Rätsel ist, sondern auch seine Bestandteile, We-sensglieder, der aus Materie bestehende, lebende Körper. Ein noch viel größeres Rätsel ist die unbewußte Welt, unserer Psyche und ihre Strukturen. Am wenigsten schließlich kennen wir das Überbewußte, das innerste ICH-Bewußtsein, unsere wahre ENTITÄT = Persönlichkeit, das sich als unser ICH-BIN-ICH-Bewußtsein manifestiert. Die Lösung aller Rätsel findet dann statt, wenn das ICH sich SELBST findet.

Wenn schon die Bestandteile des Menschen solche Rätsel und Wunder sind, ein wieviel größeres Rätsel sind die Lebensregeln dieser Bestandteile, ihre Strukturierungen und Funktionen. Es sieht zwar danach aus, als wäre alles ein einheitlicher, großer Gedanke mit einer klaren Konzeption, bei welcher der Mensch als „KRONE DER SCHÖPFUNG" dargestellt wird. Doch wir Menschen wissen nicht, was wir sind, wie wir aufgebaut sind, wie wir funktionieren. Wir wissen auch nicht, *warum* wir sind.

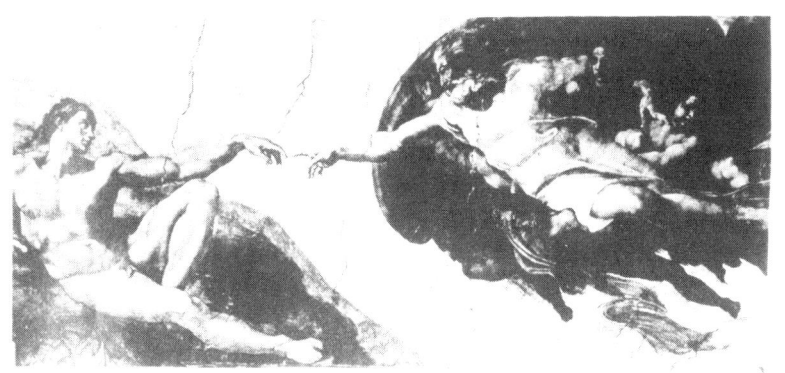

Michelangelo: Die Schöpfung Adams. Capella Sistina, Vaticano – Roma.

Noch weniger wissen wir, wie wir uns verhalten und unser Leben richtig leben sollen, denn wir kennen ja nicht einmal das Ziel unseres Lebens!

Fragen, nichts als Fragen … Wir studieren, forschen und kommen trotz allem nicht weiter.

Eines der großartigsten Bilder überhaupt ist Michelangelos „Die Schöpfung des ADAM" in der Sixtinischen Kapelle im Vatikan. Adam – der Urmensch – wurde aus Lehm, d.h. also aus irdischer Materie geschaffen. Dies ist natürlich symbolisch zu verstehen. Der Körper Adams entspricht den Gesetzen der Materie und stammt somit vom Prinzip „ERDE" ab, wie alle Lebewesen. Der Körper hat eine Entwicklung durchgemacht, von der ersten Zelle bis zum differenzierten Körper ewiger Menschenaffen oder des Menschen. Auch diese haben 23 Chromosomenpaare in ihrer Zellstruktur, wie es für die menschliche Rasse charakteristisch ist. Das Blutbild des Gorilla entspricht demjenigen des menschlichen Blutes. Der Gorilla hat auch die gleichen Blutgruppen wie der Mensch. In diesem Zusammmenhang möchte ich eine Expedition erwähnen, an der ich teilnehmen konnte und die uns in den schwer zugänglichen Urwald südlich des Äquators, zwischen Zaire und Rwanda, auf Bisoke, einen 3600 m hohen Vulkan, führte.

Dort konnten wir eine Gorilla-Großfamilie ausfindig machen, die uns sieben Weiße „freundlich" aufnahm. Wir durften einen ganzen Tag lang inmitten dieser Familie verweilen und auch mit ihr zusammen fressen und marschieren. Die Ähnlichkeit des Verhaltens war verblüffend ... aber auch der große Unterschied, nämlich das fehlende höhere Denkvermögen.

Gerade dies hat Michelangelo mit der kleinen Distanz zwischen dem Finger des Schöpfers und Adam symbolisch aufgezeigt: Die göttliche Energie, das ICH-BIN-BEWUSSTSEIN (die Menschenseele und der Geist) springen in der Form eines unsichtbaren Funkens von der schöpferischen Hand Gottes in den tierischen Körper Adams über. Erst dadurch war er als MENSCH mit mehreren und verschiedenen Strukturen erschaffen. So erschien er als ADAM-KADMON, als Urprinzip des Menschen. Alle diese Strukturen können als verschiedene Aggregatformen der einen Urenergie verstanden werden. In einem einfachen Denkmodell sieht dies etwa so aus:

– Physis	= grobstoffliche *Materie* als Baustoff des Körpers
– Bios	= *Lebensenergie* im materiellen Körper; feinstoffliche Körperstrukturen
– Psyche	= *Seele* mit Empfindungen, Gefühlen und Emotionen
– Pneuma	= *Geist* mit Intellekt und mit logischer Denkweise sowie abstraktem Denkvermögen
– Rezeptor, Pons (Brücke)	= die Fähigkeit, durch *Intuition* die göttliche Führung wahrzunehmen
– ICH-BIN-ICH-SELBST-BEWUSSTSEIN	= das Kontroll- und Befehlszentrum mit Entscheidungsvermögen und dem Willen, die Entscheidungen auch durchzuführen, das *ICH als Ganzheit von mir SELBST*

Alles in allem ist der Mensch ein Individuum, eine Entität, eine Persönlichkeit: er ist SELBST.

Natürlich ist es jedem freigestellt, auch noch andere Aggregatzustände der göttlichen Urenergie, die auf uns wirken, zu erkennen und zu definieren. Doch schließlich und endlich ist alles eine EINHEIT, die verschiedene Strukturen haben kann. Alle diese Strukturen arbeiten natürlich nach einem ursprünglichen, göttlichen Prinzip, bzw. nach Seiner Idee, nach Seinem Plan und Programm harmonisch zusammen.

Es gehört zum allgemeinen Wissensgut der Menschheit, daß mehrere Daseinsebenen bzw. Existenzprinzipien in uns wirken. Ich habe im klinisch-toten Zustand die Trennung der nicht-materiellen Bestandteile des Menschen, also Seele – Geist – Astralkörper – Ätherkörper – Biokörper – Unterbewußtsein – Überbewußtsein – mein ICH usw., vom materiellen Körper selbst erfahren. Daher ist für mich die mehrfache Struktur des Menschen und auch der Welten eine unabdingbare Tatsache. In jedem Existenzbereich, jeder Struktur, Ebene, Sphäre, sind Manifestationen, verschiedene Phänomene des ursprünglichen EINS erkennbar, die wir von unserem Standpunkt aus wegen der Eingeschlossenheit unseres ICH in die materielle Zwangsjacke des Körpers auf verschiedenste Art und Weise aufnehmen können.

Für mich selbst habe ich aus dieser Erkenntnis heraus diese mehrfache Struktur folgendermaßen zusammengefaßt:

– Unsere materielle Welt, die R 4, das Raum/Zeit-Kontinuum von Einstein, ist eine Projektion der Schöpfung. Wir *nehmen* diese mit dem Tagesbewußtsein als Realität *wahr*.

– Dazu kommen die im Unterbewußtsein verankerten Emotionen der Seele, die zu anderen Daseinsebenen gehören und die wir nur *spüren* können.

– Über diesen Strukturen steht der *denkende* Geist, der das Wissen ausdenkt, die Intelligenz; ein Prinzip, das wir mit den Überbewußtseinsfunktionen identifizieren können.

– Dank unserer Fähigkeit, Intuitionen wahrzunehmen, bildet

sich der Rezeptor aus, als Brücke zum Ursprung, damit wir das Metaphysische *erahnen* können.

Das ICH-BIN-ICH-SELBST-Bewußtsein, die wahre Entität, die Persönlichkeit, die göttlichen Ursprungs ist, ist in der tiefsten Struktur des Menschen zu Hause. Von hier kommen alle Entscheidungen und der Wille, diese durchzuführen. Es ist das Kontrollsystem und Befehlszentrum meiner selbst.

Hier findet die Integration aller Strukturen und Bestandteile des Menschen statt. Hier vollzieht sich die Menschwerdung. Hier verbindet sich das ICH mit dem SELBST.

Über allen Strukturen steht der Ur-sprung, das Alpha und Omega, das göttliche Prinzip, also Gott selbst, den wir nur erahnen und dem wir nur mit demütigem Glauben begegnen können. „Wahrnehmung, Spüren, Erkennen, Intuition, Wissen, Ahnen und Glauben" sind meiner Meinung nach diejenigen Stufen, die zum Verständnis der Welt, des Universums und des Menschen selbst führen können. Was über uns steht, können wir nur erahnen und an Gott glauben, weil wir es nie erforschen und auch nicht verstehen können.

Gott ist unser Schöpfer. – Aber wer etwas gestalten will, muß zuerst einen Gedanken, eine Leitidee, eine Vorstellung, einen Plan erarbeiten, und dann die Fähigkeit aufbringen, den Plan zu verwirklichen. Im Johannes-Evangelium steht: „Im Anfang war das Wort…", lateinisch „verbum", Altgriechisch „logos", ungarisch „ige". Was ist das „Wort"? – Es ist ein ausgesprochener Gedanke, eine bereits formulierte Vorstellung, ein Planziel, ein Richt-Plan. Im alten aramäischen Bibeltext ist das heute gebrauchte Wort „Wort" als „Idee" bezeichnet. Es bedeutet tatsächlich eine vorgestellte Lösung, ein Planziel, ein Programm, ein Leitgedanke. „Im Anfang war das Wort" … und aus diesem „Wort", aus dieser Idee, dem Plan, der Vorstellung und Zielsetzung stammt alles, was in uns und um uns als reale Welt ist. „Das Wort" ist der Schöpfungsplan, das Programm des Anfangs und der Entwicklung des Universums, des Entstehens der Menschheit und auch des Endes der Welt …

Betrachten wir einmal unseren Körper, der aus MATERIE besteht. Kennen wir sie denn? – Nicht einmal die Gesetze der materiellen Strukturen sind erforscht. Wir wissen heute ja auch, daß die Materie gar nicht als feste Materie existiert, wir nehmen sie nur so wahr. Tatsächlich ist sie nichts anderes als Energieballung, Energiekonzentration, die durch starke und schwache nukleare Kräfte mit wunderbaren und rätselhaften Wirkungen zusammengehalten wird. Bereits im Jahre 1933 hatte Max Planck am Atomphysiker-Kongreß in Florenz erklärt: „Es gibt keine Materie, die Materie ist lediglich eine Erscheinungsform der Energie." – Und was ist Energie? – Meiner Meinung nach eben Gott selbst..., besser gesagt die Manifestation Gottes in die Raum-Zeit, in die materielle Welt.

Ein noch größeres Rätsel, das sich für uns als wahres Wunder entpuppt, ist das LEBEN. Die kleinsten lebenden Zellen sind aus Materie geschaffen. Wir können hier nicht einmal kurz die Problematik des Lebens streifen. Es ist im voraus festzuhalten, daß der Wissenschaft ein als „Leben" bezeichneter Zustand der Materie nicht bekannt ist. Das Leben ist ein unabdingbares, empirisches Faktum, das bis jetzt nachweisbar zumindest auf einem, und zwar auf unserem Planet Erde, innerhalb des physischen Universums in dieser Form existiert und sich in steter Evolution befindet.

Als ich damals meinen leblosen Körper auf der Straße „von oben" sah, wurde es für mich klar, daß nicht ich es war, der nun dort lag, weil ICH bereits daraus ausgetreten war. Dort lag etwas Lebloses, weil die Lebensenergien den Leib nicht mehr durchströmten. Ich erkannte, daß eine zusätzliche göttliche Kraft auf die sogenannte leblose Materie wirkt und sie so in einen lebenden Organismus verwandelt. Das Leben ist für uns Lebewesen eine Tatsache. Wir können anhand der Regelmäßigkeit gewisser Ereignisse kategorische Eigenschaften des Lebens erkennen, aber die Lebensenergie als solche können wir nicht einmal definieren, ganz zu schweigen davon, daß wir sie separieren oder kondensieren, analysieren, erzeugen oder lenken könnten.

Beim Studium der Zusammensetzung dieser merkwürdigen

Strukturen, die schlußendlich den Menschen als solchen bilden, müssen wir erkennen, daß der Leib nicht nur von der Materie, d.h. von chemischen Stoffen „leben" kann. Er braucht als offenes System eine ständige Energiezufuhr von außen. Aber von wo? – Die nicht grobstofflich-materiellen „Bestandteile" des Menschen bewirken und steuern das Leben des materiellen Körpers. Diese Bestandteile wandeln die „Urenergie" um und machen sie so dem ganzen Körper zugänglich.

So strömen dem materiellen Leib unaufhörlich neue Informationen von den geistigen Urquellen zu. Der Energie-, Ätheroder feinstoffliche Körper, wie immer man ihn nennen will, dient dabei als Transformator bzw. Übermittlungsmechanismus, wie z.B. mit Hilfe der Chakras. Heute weiß man, daß es Chakras gibt. Ich kann sie selbst aufspüren, ihr Funktionieren diagnostisch erfassen. Aber damals in der Intensivstation im Ospedale San Giovanni in Bellinzona, nach 18 Knochenbrüchen von Kopf bis Fuß eingegipst, hatte ich keine Ahnung davon. Ich spürte, daß ich von einem „Energie-Mantel" umgeben war – wie ich ihn damals spontan bezeichnet habe –, welcher meinen leblosen Körper belebte und ständig versorgte. Dieser Mantel, so meinte ich damals ganz naiv, sei durch 7 große, rotierende und farbige „Patent-Druckknöpfe" an meinen Körper geheftet. Ganz unabsichtlich habe ich so die Existenz der Chakren erkannt und diese als „Druckknöpfe" auch richtig lokalisiert und ihre Farbe notiert (siehe Farbtafel 1). Später habe ich diese Erkenntnis in meinem Chakra-Bild festgehalten. Diese Chakren sind für mich Realitäten, die existieren, wirken und die unsere körperliche Gesundheit sehr stark beeinflussen, da sie die Übermittlungsorgane der Lebensenergie sind.

Wir kennen aber das Grundprinzip dieser Lebensenergie nicht. Wir wissen auch nicht, wie diese Energie auf die Materie wirkt. Hier tappen wir völlig im dunkeln. Daher können wir das Leben nicht definieren, sondern nur die Phänomene, die charakteristischen Merkmale des Funktionierens, das wir Leben nennen, erkennen.

Welches sind die gemeinsamen Merkmale aller Lebewesen

überhaupt? – Da ist einmal der selbsterhaltende Stoffwechsel; dann die Selbstreproduktionsfähigkeit als Mittel zur Erhaltung der Rasse. Dann aber auch die Mutationsmöglichkeiten, welche die Evolution ermöglichen. Die erste lebende Zelle auf dieser Erde war bereits unglaublich kompliziert. Ihr Bauplan war im geheimnisvollen Code ihrer Moleküle schon festgelegt. Und ihre Funktion weist eine großartige Intelligenz, einen „Geist" auf. Werfen wir in diesem Zusammenhang auch noch einen kurzen Blick auf den vor gar nicht so langer Zeit von Crick und Watson entdeckten Zellenaufbau mit dem Doppelhelix-Code, der einer Wendeltreppe ähnelt (siehe Abbildung in Kap. 7):

Zwei gewundene Stränge, der Aufstieg $= +$, der Abstieg $= -$. Die Verbindungen, wenn man so will, die „Tritte", haben Dreier-Struktur und bestehen aus vier verschiedenen Arten von Bausteinen, die entsprechend 64 Prinzipien zusammengesetzt werden können. Diese wiederum können sich reproduzieren und tragen Milliarden von Informationen, die für die Entwicklung der reproduzierten Zelle nötig sind.

Welch unfaßbare Möglichkeiten hat Gott dadurch geschaffen? Eine einfachste Bakterienzelle besteht aus 4 Millionen Bausteinen. Wenn wir fragen, wie viele Alternativen in einer einzigen Bakterienzelle bestehen, lautet die Antwort: $10^{2\,\text{Mill.}}$. Dies ist die Zahl 10 mit einer Reihe von 50 km Nullen! – (Zitat)

„Da steh' ich nun, ich armer Tor" . . ., wie Goethe sagte. Und das ist nur eine einzige Zelle! Da bleibt uns wirklich nichts anderes übrig, als still den Hut zu lüften und uns in Demut vor Gott zu verbeugen.

Auch die erste lebende Zelle der Welt konnte nicht durch Zufall entstehen, ebensowenig wie alle anderen, die sich daraus entwickelt haben. Meiner Meinung nach ist dies überhaupt das größte Wunder, daß aus einer einzigen befruchteten Zelle die vielen Milliarden spezifischer Zellen des menschlichen Körpers entstehen können, und dies mit der größten Regelmäßigkeit und als Träger aller Eigenschaften und Zukunftsinformationen. Wenn nach einem so unfaßbar großen Informationspaket, das im DNA-Code der Zellkerne verborgen ist, nur einmal ein einziger Mensch fehlerlos entsteht, dann müssen wir dies schlicht als Wunder bezeichnen. Denn nach und nach entstehen in jeder Minute und rund um die Erde perfekte Menschenkörper aus einer einzigen Zelle. – Welch ein großes, unfaßbares Wunder! Oder denken wir an die verschiedenen Tierarten. Wir wissen, daß für jede Rasse eine andere Zahl von Chromosomenpaaren charakteristisch ist. Und das Geschlecht bestimmende Chromosomenpaar besteht aus einem männlichen X- (+) und einem weiblichen Y-Partikel (–). Die Spaltung des Menschen in Mann und Frau erfolgte so ganz am Anfang. Gerade hier erkennen wir das Ur-Prinzip der Schöpfung, die Polarität, wieder.

Der Mensch ist das größte und wunderbarste Kunstwerk des Kosmos. Es besteht nach unserem heutigen Wissen aus ca. 60 Billionen (60 000 000 000 000) lebenden Zellen, also ca. 10 000mal mehr als die Bevölkerung der Erde. Und aus wie vielen Atomen? – Aus der unfaßbaren Zahl von 10^{27} Atomen, also 1 000 000 000 000 000 000 000 000 000. Das ist selber ein Universum. Und größenwahnsinnige Menschen bilden sich heute ein, einen solchen Kosmos, ein solches Universum durch Gen-Manipulation „verbessern" zu können!

Die lebenden Zellen formen spezifische Zellgruppen, diese wieder Organe und Organgruppen, die den lebenden Körper bilden. Ist dies aber alles? – Kann die Biologie, die Medizin, alles mit dem Zellaufbau und den Zellfunktionen erklären? – Mit Sicherheit nicht! – Es gibt noch und noch Geheimnisse, welche die bereits erfaßten, biologischen Lebensfunktionen eines sehr komplizierten Organismus, wie es jeder menschliche Organismus ist, bestimmen. Diese sind mit den Gesetzen der materiellen Strukturen durch schulwissenschaftliche Kenntnisse nicht zu erklären.

Diese Dimensionen des menschlichen Körpers sind für uns, d.h. für unser aus Materie bestehendes Gehirn, unfaßbar. Ein bekanntes Beispiel ist unsere Lunge: Wenn wir alle unsere Lungenbläschen ausglätten und aneinanderreihen würden, könnten wir einen Fußballplatz damit zudecken!

Denken wir auch daran, daß unser menschlicher Körper zu

mehr als ¾ aus Wasser und zu weniger als ¼ aus Mineralien besteht.

Noch spannender ist der Aufbau unseres Gehirns. Diese ca. 1,5 kg wiegende, geléeartige Substanz besteht aus ca. 82% Wasser und ca. 18% Mineralien... und repräsentiert den wunderbarsten Computer der Welt. Auf seinen Nervenzellen haften unzählige Synapsen, die als Digital-Schalter funktionieren und die nach einem noch nicht entdeckten, geheimnisvollen Code den Nervenzellen im Körper gezielt Impulse übertragen. Die Gehirnzellen sind vielfach durch unvorstellbar winzige, feine Fäden miteinander „verdrahtet", welche die Hirnströme leiten. Wenn man diese Fasern eines einzigen Gehirnes aneinanderreihen und zusammensetzen würde, ergäbe das eine Strecke von 500 000 km – mehr als die Entfernung Erde—Mond! Unfaßbar! (es-Quelle)

Oder: Werfen wir noch einen kurzen Blick auf unser Blut. Bei jedem Menschen werden täglich 250 Milliarden rote und 15 Milliarden weiße Blutkörperchen und 500 Milliarden Blutplättchen produziert und in die Blutbahnen gebracht. Man stelle sich diese ungeheure Leistung einmal vor: Tag für Tag und dies bei jedem der 5 Milliarden Menschen auf dieser Erde! – Laut Professor Carl Sagan enthält die erste befruchtete menschliche Zelle so viele knapp formulierte Informationen, wie 1000 Medizinbücher mit je 500 Seiten zusammen. Dies entspricht 5 Milliarden Bits, d.h. 5×10^9 Informationseinheiten pro Zellkern! Hier also ist das Rätsel des individuellen Körperaufbaus von allen 5 Milliarden Menschen verborgen. Jeder Mensch hat 60 Billionen Zellen, die alle vollständig sämtliche Informationen enthalten, auch diejenigen, die bestimmen, wann und wie die Differenzierung der einzelnen Zelle erfolgen soll.

Betrachten wir das Blut. Es fließt unaufhörlich durch die kleinen Kapillarschlingen, durch das Arterien- und Venensystem in alle Zellen, um den Stoffwechsel zu ermöglichen.

Wir haben ca. 5 Milliarden Kapillarschlingen von je einem halben Millimeter. Würden wir diese kleinen Röhrchen aneinanderreihen, ergäbe dies eine Länge von 2500 km, eine Distanz von Zürich zu den Kanarischen Inseln. Und dies in jedem menschlichen Körper! – Ist das nicht ein Wunder, wenn bei jedem Menschen alles so perfekt funktioniert? – Eine solche Leistung steht weit über dem, was wir verstehen können.

Man könnte noch tausend andere, faszinierende Beispiele über den lebenden Körper des Menschen anfügen. Der denkende Mensch muß auch hierin wiederum die Existenz Gottes erkennen.

Der Mensch an sich ist ein Rätsel! Sein Körper, seine Seele und sein Geist, sie alle sind Rätsel! Es werden auch in Zukunft noch viele Nobel-Preise in Biochemie vergeben werden, ohne daß wir das Rätsel des menschlichen Körpers je werden lösen können.

*

Der Mensch hat ja auch eine SEELE. Kennen wir die Regeln der psychischen Vorgänge? – Wir sind noch lange nicht so weit! Freud, Adler, C.G. Jung und andere haben da wirkliche Pionierarbeit geleistet, aber immer noch sind Psyche und die Funktion des Unterbewußtseins weitgehend unerforscht. Die Psychiatrie steckt trotz vieler großartiger Entdeckungen immer noch in den Kinderschuhen. Auch das sich im Überbewußtsein manifestierende geistige Prinzip ist und bleibt nach wie vor ein Rätsel für uns.

Uns interessiert hier in erster Linie jedoch, wie unsere Persönlichkeit, unser ICH als Ganzheit durch unser ICH-BIN-ICH-SELBST-Bewußtsein, unsere Seele und unser Geist stimuliert werden können, welche Wechselwirkungen hier am Werk sind, die unsere Verhaltensweise und die geistige Entwicklung bestimmen.

Die Psyche ist dem Menschen unmittelbarer gegeben als der Leib; aber die Psyche führt auch ein Eigenleben, das dem Menschen ebenso sonderbar erscheinen kann wie seine Beziehung zum eigenen Körper. Die Aktivitäten der Psyche sind nicht dem materiellen Weltprinzip zugeordnet, sondern manifestieren sich als Zugehörige höherer Dimensionen. Als Wirkungsfeld der Psyche erkennen wir das Unterbewußtsein.

Die Psyche setzt den Menschen einer Fülle von Regungen und Spannungen aus, die er in widersprüchlicher Weise als ihm angehörig und ihm dennoch fremd erleben kann. Triebe, Affekte, Emotionen, Gefühle, Stimmungen und gelegentlich sogar Leidenschaften nehmen von ihm Besitz. Er fühlt sich einer beinahe übermächtigen Psychodynamik ausgeliefert, unter welcher er fortwährend leidet und die er nicht immer meistern kann. Die jeweilige Quelle psychodynamischer Impulse ist dem Menschen meistens unbekannt. Doch weiß man immerhin, daß die Psyche mit dem Unbewußten in Verbindung steht. Das Unbewußte im Sinne der Tiefenpsychologie ist bekanntlich eine psychische Größe, die der Mensch nur in ihren Wirkungen erfahren kann, die aber die psychische Welt des Menschen, seine Lebenseinstellung und sein ganzes Leben weitgehend bestimmt. Das Unbewußte könnte man auch als fünfdimensionale Struktur (R 5) erdenken.

Das Gefühlsleben, das Einfühlungsvermögen, Gemütsformen wie z.B. Liebe, Haß, Neid usw., das Schönheitsempfinden, das die Grundlage aller Künste ist, all dies ist in der Seele, in der Psyche verankert und dem Unbewußten zugeordnet.

Kennen wir diese Phänomene der Psyche wirklich, kennen wir uns selbst? –Wir sehen, so wird das „Rätsel Mensch" immer schwieriger zu lösen.

*

Aber der Mensch hat auch einen GEIST, ein Pneuma, das sich in verschiedenen Formen als rational, konkret denkender Geist, oder als transzendental, abstrakt denkender Geist manifestiert. Hier sind andere Ebenen im Spiel: das Überbewußtsein, das kosmische Bewußtsein, das Gottesbewußtsein usw.

Wir können hier leider nicht darauf eingehen, die geistigen Funktionen im Detail zu studieren oder versuchen, diese auszuarbeiten. Wir wissen nicht, wie die INTUITION durch den

Rezeptor, durch eine Art Brücke zum Göttlichen auf uns wirkt, woher unsere innere Stimme kommt.

*

All dies muß erwähnt sein, damit das Bild des Menschen in seiner ganzen Komplexität vor unseren Augen steht. Aber was ist der Mensch schlußendlich, sein ICH als Ganzheit? Was für eine Struktur hat mein ICH? Bin ich schlußendlich mein ICH? Kann das ICH sich selbst erfahren?

Das größte Rätsel für uns sind also wir SELBST. Verstehen können wir dies nicht; um aber mit diesem Phänomen arbeiten zu können, benötigt man zumindest Denkmodelle. Meine *ICH-Trichter*-Vision ist für mich selbst ein solches Hilfsmittel, bzw. ein Denkmodell, mit dem ich zwar das Rätsel nicht lösen, aber wenigstens die verschiedenen biologischen, psychischen, geistigen Funktionen und den Intuitions-Rezeptor des Menschen zu einem Teil besser verstehen und so das eigene ICH besser unter Kontrolle bringen kann.

3. Die Welt als Schwingung

Im klinisch-toten Zustand, als das ICH-Bewußtsein von der materiellen Zwangsjacke befreit war, hatte ich wunderbare Visionen und Halluzinationen, die mir Realität waren:
Erlebnisse von Farben, Formen, Bewegungen, Töne wie Musik, etc. Alles war unbeschreiblich und mir fehlen die Worte und Begriffe, um dies alles wahrheitsgetreu zu beschreiben.
Das Farbenerlebnis war ganz besonders merkwürdig. Ich kann nicht definieren, ob die Farben rot, blau, gelb oder grün waren. Alle Farben waren vorhanden, und alle Farben waren Bestandteil der leuchtenden, weißen Farbe. Die Farben waren hochleuchtend, hell und gleichzeitig transparent und pastellfarbenähnlich. Die Verteilung änderte sich, als ob sie eine wunderbare Projektion wären. Die Schwingungen der Farben spürte ich ganz deutlich …, im Gesamtbild der weißen Farbe standen alle Farben harmonisch zueinander, aber sie waren Bestandteil der weiß leuchtenden Grundfarbe, die auch dominierte.
Aber diese weiße Grundfarbe war nicht statisch, sondern dynamisch, sie pulsierte, vibrierte und wurde immer lichter und strahlender. Sie war wie eine strahlende Sonne, und je näher ich sie betrachtete, um so stärker wurde sie, aber um so weniger blendete sich mich auch. – Alles war so merkwürdig, unvorstellbar, seltsam, doch selbstverständlich und natürlich …, es mußte so sein.
Das Musikerlebnis war ähnlich. Ich hörte Musik von allen Seiten, als ob diese aus einer Multi-Stereoanlage käme. Was für Musik war das? – Auch dies kann ich nicht definieren. *Alles* war Musik, *alles* war Schwingung; es war eine klare, feine, stark vibrierende, aber sehr harmonische Musik. Diese Musik wurde auf allen Instrumenten gespielt …, sie erfüllte mit ihrer Schwingung den gesamten Raum um mich herum.
Gleicher Art war auch das Erleben der Formen. Ich nahm undefinierbare, jedoch klare Formen und Bewegungen wahr – eine Show ohnegleichen. Aber das Gesamte entwickelte sich har-

monisch, gleichzeitig und zusammen mit den Farben und der Musik.

Nach meiner Wiederbelebung notierte ich diese Erlebnisse einfach so: „Alles war Schwingung, alles schwang mit allem in Harmonie." Hier wurde das Wort „Harmonie" klar betont. Die Schulwissenschaft liefert uns das Grundgesetz der Schwingungslehre: „Jede Schwingung ist eindeutig aus harmonischen Schwingungen zusammengesetzt." (Gesetz von Fourier)

Mit anderen Worten: Die ganze Schöpfung besteht aus harmonischen Schwingungen. Durch Überlagerung, Interferenz, entstehen alle überhaupt existierenden Schwingungen.

„Alles war Schwingung." – Was bedeutet dies? – Alles war also „schwingende Kraft", Vibration im natürlichen, ungestörten, harmonischen Urzustand.

Ganz spontan diktierte ich das mir wichtig Erscheinende: „Ich spürte, daß die Schwingungen meines körperlosen ICH-Bewußtseins begannen, sich an die schneller pulsierende, göttliche Schwingung der höheren Sphären anzupassen."

Mit anderen Worten: Im Tod werden die langsam schwingenden Bestandteile des ICH in höhere Frequenzbereiche transformiert. Diese Wandlung in höhere Frequenzbereiche ist der eigentliche Todesvorgang: denn zur Materie gehörende charakteristisch langsame, niedrigere Schwingungen werden wegbleiben. Damit wird aber auch ausgesagt, daß der Mensch mit seinen vielfachen Frequenzbereichen ein komplexes, schwingendes System ist. Geburt und Tod sind demnach Wandlungen der Eigenschwingungen des ICH.

Als Auswertung meiner Erlebnisse schrieb ich damals spontan das folgende:

„Jede erschaffene Welt hat ihre Grenzen. Diese Grenzen sind die Schwingungsfrequenzen, die man nicht überschreiten kann. Wo eine Grenze ist, da ist auch ein Anfang und ein Ende. Genauso, wie es für jedes Wesen, das in der Welt lebt, einen Anfang bzw. eine Geburt gibt, genauso muß es auch ein Ende bzw. einen Tod geben. Aber die Substanz des eigenen Bewußtseins kann nicht aus nichts entstehen und kann sich daher nicht einfach auflösen. Somit kommt jedes Wesen, d.h. jedes ICH-Bewußtsein, von irgendwoher, z.B. durch Geburt in dieser Welt, und es geht durch Auflösung des Körpers auch irgendwohin, z.B. durch den Tod. Entsprechend ist die Geburt ein Übergang von einer Welt zur anderen. Wenn man in der anderen Welt stirbt, und hier neu geboren wird, fängt man in dieser Welt an zu leben. Ebenso ist der Tod in dieser Welt eine Neugeburt in eine andere Welt."

Da die Gesamtwelten aus vielen, vielen verschiedenen Welten zusammengesetzt sind und eine Welt die andere (genauso wie die elektromagnetischen Wellen einander) durchdringen kann, so liegt die Idee sehr nahe, daß überall viele Welten gleichzeitig am gleichen Ort existieren können. Dies ist deshalb möglich, weil die göttlichen Kräfte in Form von verschiedenen Energieschwingungen diese Welten vibrieren lassen.

Diese spontane Aussage kann auch mit der schulphysikalischen Schwingungslehre bekräftigt werden, die sagt:

„Zwei oder mehrere Wellensysteme (Schwingungen), die sich überlagern und übereinander hinweglaufen, beeinflussen sich gegenseitig nicht."

So können Welten sich gegenseitig ohne Störungen durchdringen. Da jede Schwingung eine Energie darstellt, kann man umgekehrt sagen, daß jede Energie-Erscheinungsform mit einer Schwingung verbunden ist. Der Mensch besitzt neben seinem materiellen Körper auch noch einen feinstofflichen sowie andere immer schneller schwingende Energiehüllen. So besitzt er mehrere Körper in seelischen und außerdem auch mehrere in höheren Geistesbereichen Denn unser wahres ICH ist der Gottesfunke oder die Ur-Gottheit in uns. Bestandteile, d.h. Wesensglieder des Menschen haben verschiedene Schwingungen und strahlen diese auch ständig aus. Dadurch kann man z.B. die Kraft der Gedanken spüren. Es ist bekannt, daß ein Mensch mit einem starken Willen seine Wünsche auch zur Verwirklichung bringen kann. „Klopfet an, und es wird euch aufgetan." – Christus sagte dies. Wenn man etwas aus ganzem Herzen begehrt und es sich entsprechend vorstellt, wird man die entsprechende

Energie ausstrahlen, und der Wunsch wird sich schließlich auch erfüllen. Dies ist auch der Grundgedanke von Coué gewesen. Diese Gedanken mögen zum besseren Verständnis der allgemeinen kosmischen Schwingungsgesetze dienen.

Damals war für mich nur alles neu, unverständlich und unbegreiflich, aber doch gleichzeitig auch Realität. Daß ich diese Erlebnisse ganz spontan und mit dem Wortschatz eines noch unwissenden Menschen niedergeschrieben hatte, läßt die Veröffentlichung in der Zeitschrift „Esotera" im Dezember 1970 erkennen. Das Zitat lautet wie folgt:

„Alles ist Schwingung."

Eine der größten Erkenntnisse, die mir während des Todes und nach den vielen Meditationsstunden zuteil wurde, ist das Schwingungsprinzip. Ich habe im astralen Bereich bzw. in den mehrdimensionalen Schwingungen gespürt, daß wir aus der All-Gottheit stammen. Ich bin jetzt überzeugt, daß alles, was wir überhaupt mit unseren sehr begrenzten Sinnesorganen empfinden können, Energieschwingungen sind. In vielen Philosophien, Riten und Religionen wird erwähnt, daß das Wort „Gott", d.h. der Sinn Gottes verlorengegangen ist, und es das Ziel des Menschen ist, bewußt oder unbewußt, dieses Urprinzip zu suchen und wiederzufinden. Was ist die schwingende Energie? – Gott selbst! – Dieses verborgene Geheimnis wurde mir offenbart. So habe ich für mich Gott „wiedergefunden".

Seit dieser Zeit stellt „Gott" für mich eine Urkraftquelle dar. Diese Quelle ist unerschöpflich und zeitlos, sie strahlt ständig Energie aus, absorbiert aber auch selbst Energie, pulsiert ständig. Sie ist in sich absolut und hat um sich herum und in sich eine unendliche Fülle harmonischer Schwingungen, d.h. sie ist die vollendete Harmonie selbst.

Alles – sei es Materie, Lebensenergie, seien es Emotionen, Gedanken, schöpferische Ideen, Intuitionen, Wille usw. – ist ein kleiner Frequenzbereich dieser Urschwingung und stellt einen kleinen Teil der Kräfte dieser Urkraftquelle dar."

Dieser Text wurde im Original einige Wochen nach der Wiederbelebung auf der Intensivstation im Ospedale San Giovanni diktiert. Er zeigt, daß ich zu jenem Zeitpunkt plötzlich die ganze Welt anders als bisher zu verstehen begann.

Alles ist Energie, und diese Energie vibriert und schwingt in den ihr eigenen und charakteristischen Frequenzen. Wo aber Energie fließt, entsteht auch ein Kraftfeld, analog zu den elektromagnetischen Kraftfeldern. Alle spezifischen Frequenzen bzw. Frequenzbereiche können sich demnach auch verschiedenartig manifestieren.

In unserer materiellen Welt haben wir jedoch nur sehr begrenzte Möglichkeiten, gewisse Frequenzbereiche mit unseren Sinnesorganen direkt wahrzunehmen oder/und mittels von uns speziell konstruierter Geräte zu registrieren, wie z.B. Elektronenmikroskop, Radio, Radar, EKG, EEG, etc.

Und wie stellen wir uns diese Frequenzbereiche vor?

Einer davon zum Beispiel umfaßt die Wärme, ein anderer den Klang, ein weiterer die Farben oder die verschiedenen chemischen Stoffe, die Materie, usw. Alle zusammen bilden die Vielfalt unserer materiellen Welt.

Noch vielfältiger ist unsere Welt der Empfindungen, Emotionen, Begierden ..., das Kraftfeld unserer Seele also. Denn alle Gedanken erscheinen mir als Kräfte, die ebenfalls ihre spezifischen Frequenzen haben. So ist auch die göttliche Intuition, die Gnade für uns eine Art von Energieschwingung.

Alles was existiert, ist eine Kraft, die sich in Schwingungen manifestiert. Dies ist für mich eine der erstaunlichsten und größten Erkenntnisse seit jenem körperlosen Zustand.

Viele Jahre später kam mir ein Zitat von Max Planck in die Hände, das aus seiner im Jahre 1933 gehaltenen Rede an der Atomphysik-Konferenz in Firenze stammt. Dies ist um so wichtiger, als es sich um den Ausspruch eines Naturwissenschaftlers handelt. Wörtlich sagte Planck:

„Als Physiker, also als Mann, der sein ganzes Leben der nüchternsten Wissenschaft, nämlich der Erforschung der Materie diente, bin ich sicher frei, für einen Schwarmgeist gehalten zu werden, und so sage ich Ihnen nach meinen Erforschungen des Atoms dieses: Es gibt keine Materie an sich!

Alle Materie entsteht und besteht nur durch eine Kraft, welche die Atomteilchen in Schwingung bringt und sie zum winzigsten Sonnensystem, des Atoms, zusammenhält. Da es aber im ganzen Weltall weder eine intelligente, noch eine ewige Kraft gibt, so müssen wir hinter dieser Kraft einen bewußten, intelligenten Geist annehmen. Dieser Geist ist der Urgrund aller Materie! Nicht die sichtbare, aber vergängliche Materie ist das Reale, Wahre, Wirkliche, sondern der unsichtbare, unsterbliche Geist ist das Wahre! Da es aber Geist an sich allein ebenfalls nicht geben kann, sondern jeder Geist einem Wesen gehört, müssen wir zwingend Geistwesen annehmen. Da es aber Geistwesen nicht aus sich selber sein können, sondern geschaffen worden sein müssen, so scheue ich mich nicht, diesen geheimnisvollen Schöpfer ebenso zu benennen, wie ihn alle Kulturvölker der Erde früherer Jahrtausende genannt haben: GOTT. So sehen Sie, meine verehrten Freunde, wie in unseren Tagen, in denen man nicht mehr an den Geist als Urgrund aller Schöpfung glaubt und darum in bitterer Gottesferne steht, gerade das Winzigste und Unsichtbare es ist, das die Wahrheit wieder aus dem Grabe materialistischen Stoffwahnes herausführt und die Welt verwandelt, und wie das Atom der Menschheit die Tür öffnet in die verlorene und vergessene Welt des Geistes."

Diese Aussage von Max Planck hat mich außerordentlich stark beeinflußt. Ich nahm daher meine eigene, ursprüngliche Beschreibung der Materie wieder hervor, so wie ich sie als Laie nach meiner Wiederbelebung formuliert hatte und studierte sie nochmals durch. So habe ich auch mit meinem Kopf verstanden, was ich damals als Unwissender spontan gespürt und diktiert hatte. Hier ist sie:

„Die Frage nach dem Wesen der Materie beschäftigt uns jetzt. Was ist Materie? – Wir wissen bereits, daß die Atome keine materiellen Kügelchen sind, sondern daß sie aus elektromagnetischer Energie bestehen. Es sind in sich kleine Sonnensysteme, wobei diese ‚Kügelchen' entsprechend der Bohrschen These nichts anderes als konzentrierte Energie sind."

„Das Atom irgendeiner Materie – und sei dies auch die schwerste und komplizierteste Uranart – ist im Grunde genommen keine feste Materie, sondern ein leerer Raum. Darin sind vermutlich in ganz großen Abständen Energiekonzentrationen vorhanden.

Schauen wir zum Firmament. Dort besteht der Kosmos aus unzähligen Sonnensystemen. Aber was ist dies für eine Konzentration? – Das Sonnensystem ist ebenfalls ein leerer Raum. Genauso leer ist ein Atom der Materie. Die Materie ist also alles andere als fest. Man kann durch sie hindurchdringen. Dies ist jedoch nur vierraumdimensionalen Gegenständen und Wesenheiten möglich.

Jedes Atom hat eine andere Schwingungsfrequenz, aus welcher die physischen Eigenschaften dieser Materie gebildet werden. Diese Elemente sind die Bestandteile der chemischen Verbindungen verschiedenster Art. Und diese Verbindungen haben wiederum verschiedenste Schwingungen. Ein feinfühliger, sensibler Mensch kann fühlen, welche Materie vorhanden ist. Zahlreiche Versuche bestätigen diese Tatsachen."

„Da der Mensch ebenfalls einen materiellen Körper hat und Seele und Geist ihre eigene Schwingung haben, kann man natürlich die Schwingungen der eigenen Seele ebenso wie des eigenen Körpers, aber auch irgendeiner Materie untersuchen. Als Resultat wird man dann feststellen, ob diese Schwingungen miteinander harmonisieren oder nicht. Aus diesem Grunde ist es auch sehr leicht verständlich, daß ein Mensch gewisse materielle Gegenstände als angenehm empfindet, wohingegen er gegenüber anderen geradezu allergisch sein kann.

So gibt es z.B. sehr viele Fälle, bei welchen gewisse Personen weder Gold, noch Silber oder Kupfer ertragen können. Die Ursache hierfür ist eben dieses Nicht-Zusammenpassen der verschiedenen Schwingungen. Natürlich vertragen sich aus dem gleichen Grunde auch gewisse Materialien nicht miteinander. Ebenso ist es im Tierreich; die Tiere haben genauso ihre eigenen Schwingungen wie die Menschen."

Ich habe sehr lange darüber nachgedacht, wie man das Energieprinzip des Weltalls und jenes der Gottheit mit der materiellen

Welt und damit natürlich auch mit der seelischen und mit der geistigen Gedankenwelt unter einen Hut bringen kann.

Ich bin heute überzeugt, daß der ganze Kosmos aus schwingender Energie besteht. Quelle aller Kräfte aber ist die Gottheit selbst. Mit anderen Worten: Gott ist für uns in der materiellen Welt die schwingende Energie selbst. Alles ist Gott und alles ist Schwingung.

Die Wellenlängen aller existierenden Schwingungen sind unzählig, ebenso die Wellen- und Frequenzbereiche. Alle diese Schwingungen durchdringen einander, ohne sich gegenseitig zu beeinflussen. Aus jedem Schwingungsbereich kann eine gewisse Welt entstehen und aufgebaut werden. So ist auch die materielle Welt aus einer Gruppe von Schwingungen aufgebaut, die wiederum einen ganz schmalen Bereich in den unendlichen Frequenzmöglichkeiten darstellen.

Viele Welten mit unterschiedlichen Frequenzen können so bestehen. Da die verschiedenen Schwingungsbereiche verschiedene Welten darstellen und da gewisse Schwingungen die anderen Schwingungen, mit denen sie nicht korrespondieren, gar nicht beeinflussen, kann man sich vorstellen, daß gleichzeitig am gleichen Ort verschiedene Welten existieren können. Was ich hier sage, scheint paradox zu sein, aber es ist durchaus möglich. Und es wird sofort für jedermann verständlich werden, wenn man daran denkt, daß unsere materielle Welt mit elektromagnetischen Schwingungen ganz und gar durchdrungen ist, ohne daß wir dies überhaupt merken.

Radiowellen durchdringen den Äther, und wenn wir an ein Wesen denken, dessen Existenz elektromagnetisch ist, kann dieses Wesen unseren Körper, unsere Häuser, die Natur durchdringen, ohne dabei irgendwelchen Schaden anzurichten. Alle diese Schwingungen sind nur mit geeigneten Organen oder Instrumenten erkennbar. Diese wurden zur Wahrnehmung gewisser Frequenzbereiche geschaffen. Für alle anderen sind sie unempfindlich. Entsprechende Beweise von anderen Schwingungsbereichen, d.h. von entfernt liegenden Welten, sind nicht möglich. Diese sind nur durch Logik und philosophische Erkenntnisse sowie durch Erleuchtung von höheren Intelligenzen wahrnehmbar bzw. erfaßbar.

In gewissen Frequenzbereichen liegende Schwingungen – sei es im materiellen oder im seelischen Bereich – sind daher auch sehr verschieden und unterliegen dem Gesetz der Harmonie. So, wie in der Musik gewisse Töne harmonisch zusammenpassen, d.h. eine gewisse Verwandtschaft durch Terz, Oktave usw. bilden, bestehen ebenso in jedem Schwingungsbereich untereinander harmonisierende Schwingungen (siehe das Phänomen der Resonanz), desgleichen aber auch nicht harmonisierende sowie neutrale Schwingungen.

Durch diese Erkenntnis kann man die chemische Affinität verstehen, die zur Formung der Materie notwendig ist. Gewisse Elemente haben eine starke Affinität, d.h. eine starke Anziehungskraft, und die Moleküle, die von diesen Elementen gebildet werden, sind sehr stabil. Andere Molekülkonstruktionen dagegen sind labil, da die Anziehungskraft, d.h. das harmonische Nebeneinandersein von gewissen Elementen, nicht vorhanden ist.

Wir können Harmonie und Disharmonie nicht nur in der materiellen, sondern auch in der psychischen Welt erkennen. In der Welt der Seele gibt es Gefühle wie Sympathie, Antipathie, Liebe, Anziehung, Abstoßung, Haß usw. Das erleben wir tagtäglich. Ebenso ist es sehr gut möglich, daß Geister in höheren Geistessphären sich sehr gut verstehen; sie brauchen sich nicht viel mitzuteilen, denn sie stimmen irgendwie überein. Andererseits ist es aber durchaus auch möglich, daß ein Geist große Schwierigkeiten hat, sich mit einem anderen zu verständigen. Es kommt oft vor, daß man einen anderen Menschen schon bei der ersten Begegnung spontan sympathisch findet, man versteht sich sofort sehr gut, als ob man sich schon lange kennen würde. In diesem Falle sind diese beiden „verwandte Seelen" oder haben die gleiche Wellenlänge. Wenn man diese Schwingungen messen könnte, dann hätte man schon viele Tragödien in Ehen, bei Geschäftspartnern, Freunden, usw. vermeiden können.

Die Grundlage der Schwingungslehre ist, daß verschiedene

Welten aus verschiedenen Schwingungen gebildet werden. Die Höhe dieser Schwingungen bzw. die Frequenzen bestimmen die Eigenschaften dieser verschiedenen Welten. Deshalb gibt es ein-, zwei-, dreidimensionale und sogar vier-, fünf-, sechs- oder noch mehr dimensionale Welten. Die vierte Raum-Dimension z.B. kann mathematisch erfaßt werden, aber vorstellen können wir uns diese Dimension nur mit gewissen Gedankenformen, da wir sie mit unserem dreidimensionalen Hirn nicht richtig erfassen können. Ein dreidimensionales Wesen kann nicht in den vierdimensionalen Raum aufsteigen. Ebenso wenig kann ein vierdimensionales Wesen in den dreidimensionalen Raum heruntersteigen. Jede Welt hat ihre ganz bestimmten Gesetze. Der Übergang von einer Dimension in die andere ist nur durch Schwingungsänderung möglich. Dies ändert dann aber auch das Prinzip des Wesens. Entweder wird die Schwingungsfrequenz erhöht, d.h. man geht auf eine höhere Ebene hinauf, oder die Schwingungsfrequenz wird reduziert, dann steigt man hinab. In der Bibel ebenso wie in allen anderen Religionen findet man genügend Beispiele, wie ein ICH-Bewußtsein in die höheren Sphären hinaufsteigt oder Wesen von höheren Sphären in unseren dreidimensionalen Raum heruntersteigen und hier als Menschen neu geboren werden. Jesus von Nazareth ist dafür ein Beispiel.

Die Schwingungsfrequenzen gehen stufenlos ineinander über. Je nach Wahrnehmungsmöglichkeiten belegen wir die einzelnen Bereiche mit verschiedenen Namen. Die nachfolgende Tabelle stellt die verschiedenen elektromagnetischen Schwingungen dar:

Wellenlängenbereiche der elektromagnetischen Strahlung

Wellenlängenbereich	Frequenzbereich	deutsche Bez.	internationale Bez.	Verwendung
36000 km	8 Hz			Zellenschwingungen
18000 km	16²/₃ Hz	[techn.] Wechselstrom	–	elektr. Bahnen
6000 km	50 Hz		–	allgemeine Energieversorgung
18000 – 15 km	16 – 20000 Hz	Tonfrequenz	af	Übertragung von Sprache und Musik
∞ – 30000 m	0 – 10 kHz	Niederfrequenz	–	Regeltechnik, Telegraphie, induktive Heizung
30000 – 10000 m	10 – 30 kHz	Längstwellen	vlf	Überseetelegraphie, Frequenznormale, Boden-Unterwasser-Verbindungen
10000 – 1000 m	30 – 300 kHz	Langwellen	lf	Kontinentaltelegraphie, Presse und Wetterdienst, Langwellenrundfunk
1000 – 182 m	300 – 1650 kHz	Mittelwellen	mf	Rundfunk, Schiffsfunk (SOS), Flugfunk, Polizeifunk
182 – 100 m	1,650 – 3 MHz	Grenzwellen	–	Küstenfunk
100 – 10 m	3 – 30 MHz	Kurzwellen	hf	Überseetelegraphie und Telephonie, Rundfunk, Flugfunk, Amateurfunk
10 – 1 m	30 – 300 MHz	Ultrakurzwellen	vhf	Rundfunk, Fernsehen, Flugfunk, Polizei- und Richtfunk
1 m – 1 dm	300 – 3000 MHz	Dezimeterwellen	uhf	Fernsehen, Richtfunk, Militär, Satellitensteuerung
10 – 1 cm	3 – 30 GHz	Zentimeterwellen	shf	Richtfunk, Radar, Satellitenfunk, Maser
1 – 0,1 mm	30 – 300 GHz	Millimeterwellen	ehf }	
	300 – 3000 GHz	Mikrowellen		noch nicht technisch ausgenutzt
1 mm – 0,78 µm	$3 \cdot 10^{11} – 3,8 \cdot 10^{14}$ Hz	Infrarot	ir	Wärmeortung, Infrarot-Nachrichtentechnik, Laser
0,78 – 0,36 µm	$3,8 \cdot 10^{14} – 8,3 \cdot 10^{14}$ Hz	[sichtbares] Licht	– }	Lichttelephonie, Lasertechnik, opt.-elektr. Entfernungsmessung
0,36 – 0,01 µm	$8,3 \cdot 10^{14} – 3 \cdot 10^{16}$ Hz	Ultraviolett	uv	
60 – 0,1 nm	$5 \cdot 10^{15} – 3 \cdot 10^{19}$ Hz	Röntgenstrahlen (weich)	Röntgendiagnostik, -therapie	
$10^{-2} – 10^{-3}$ nm	$3 \cdot 10^{19} – 3 \cdot 10^{20}$ Hz	Röntgenstrahlen (mittel)	Materialprüfung	
$10^{-3} – 10^{-8}$ nm	$3 \cdot 10^{20} – 2 \cdot 10^{25}$ Hz	Röntgenstrahlen (hart)	Kern-, Elementarteilchenreaktionen	
$0,4 – 10^{-4}$ nm	$8 \cdot 10^{17} – 4,7 \cdot 10^{21}$ Hz	Gammastrahlen	γ	Strahlentherapie, Materialuntersuchung, Kernreaktionen

51

Alles ist Schwingung! – Alles ist „Kraft"! – Nicht nur die elektromagnetische Energie ist für unsere Welt charakteristisch, sondern auch andere Energieformen. Bis in die heutige Zeit hinein
wurden so viele Energiearten bekannt, daß es nötig war, dafür
eine Ordnung zu schaffen und diese verschiedenen Energien
entsprechend zu charakterisieren.

Diese ganze mühsame Arbeit führte zu immer komplizierteren
Theorien, bis man schlußendlich doch versuchte, eine Zusammenfassung und Vereinheitlichung zu erreichen.

Bis in die sechziger Jahre unseres Jahrhunderts differenzierte
man in der materiellen Welt, in welche unser Körper/Leib eingebettet ist, vier verschiedene Arten von Wechselwirkungen gemäß der genialen Vereinfachung der Forscher Glashow, Weinberg und Salam. Diese werden charakterisiert nach ihrer zeitlichen Manifestation, der Art von Reaktion, Anziehung,
Abstoßung sowie den elementaren Partikeln, also der kleinsten
wahrnehmbaren Einheit. Diese vier Naturkräfte oder Wechselwirkungen sind:

- Die starke nukleare Kraft,
- die schwache nukleare Kraft,
- die elektromagnetische Kraft,
- die Gravitationskraft.

Die ersten drei sind in den mikrokosmischen Strukturen wirksam, die vierte Energieart hingegen ist im makrokosmischen
Bereich wirksam.

In diesen bis zum Grund vereinfachten Bezeichnungen der vier
Energieformen, welche die materielle Welt bilden, manifestieren
sich nach meiner Meinung ganz grundsätzliche Erkenntnisse:
Nur die Schwingungsfrequenzen sind die charakteristischen
Merkmale der Grundordnung, also der Bausteine unserer Welten. Da sind auf der einen Seite die unvorstellbar schnell
schwingenden, atomaren Kräfte, die sogenannten starken,
schwachen und elektromagnetischen Kräfte. Ich nenne sie
gerne in einem Atemzug, weil sie die Materiestruktur unseres
Mikrokosmos bilden, und dann ist da auf der anderen Seite die

Gravitationskraft, als Grundlage unseres Makrokosmos. Eine weitere Vereinfachung der Klassifizierung wie

– mikrokosmische Kräfte und
– makrokosmische Kräfte

fasziniert mich ganz besonders, obwohl diese Aufteilung bzw. Gruppierung durch die Schulwissenschaft nicht sanktioniert ist. Es sind jedoch heute (1987) außerordentlich interessante Entwicklungen im Gange, die meinen energetischen Visionen von 1964 immer näherkommen. Bei neuesten Foschungen hat sich unter anderem erwiesen, daß die elektromagnetischen Kräfte und die sogenannte schwache Wechselwirkung bei hoher Energiedichte miteinander identisch sind und damit gemäß der Eichtheorie durch ein einziges Gesetz beschrieben werden können.

Es wird heute sehr intensiv daran gearbeitet, die oben genannten zwei Grundenergieformen mit den starken Wechselwirkungen in einer großen, vereinheitlichenden Theorie zusammenzufassen. So können vielleicht einmal alle nicht gravitativen Wechselwirkungen als gemeinsame Kräfte beschrieben werden.

Diese allgemeine Vereinfachung entspricht völlig meinen Ahnungen von allen Naturgesetzen:

Alles ist einfach, unendlich einfach und selbstverständlich.

Aus unserer Froschperspektive heraus können wir die großen Zusammenhänge ja gar nicht erkennen. Deshalb ist unser Weg so mühsam und führt durch einen Irrgarten komplizierter Theorien.

Einstein wurde einmal gefragt, wieso es möglich war, die einfache Formel $E = mc^2$ aufzustellen; darauf antwortete er den staunenden Journalisten wie folgt: „Wenn die Antwort einfach ist, hört man Gott laut denken!" –

Während des klinisch-toten Zustandes habe ich Gott deutlich im Mikro- und Makrokosmos gespürt. Daher sind in meiner eigenen Weltanschauung beide Bereiche nur verschiedene Ma-

$$E = m\,c^2$$
Gott, der „allmächtige Baumeister aller Welten", Bible moralisée
(um 1250, österr. Nationalbibliothek, Wien).

nifestationen derselben Ur-Energie göttlichen Ursprungs, die wir wiederum als materielle Energie in einer Art allgemeine Feldtheorie („Supergravitation") zusammenfassen können. Es ist bekannt, daß Einstein versucht hat, die mathematische Formulierung dieser Supergravitation zu erarbeiten.

Demnach wird vielleicht meine energetische Vision irgendwann einmal wissenschaftlich bestätigt werden, und dann bleibt nurmehr die Erkenntnis übrig, daß die makrokosmischen und mikrokosmischen Kräfte analog sind, sich also nur durch die Frequenzen unterscheiden. Mit anderen Worten: Es ist nur eine einzige Kraft im ganzen Universum vorhanden, die Kraft Gottes … GOTT SELBST.

Damit wird aber auch ausgesprochen, daß die neuen Theorien der modernen Kosmologie immer mehr mystisch gefärbte Weltanschauungen sind! Und damit müssen die Menschen schließlich auch die Ebene der sachlichen, klassischen Schulwissenschaften verlassen, um sich den Fragen nach dem „Woher – Wohin – Warum – Was für ein Sinn?" – mystisch anzunähern. Also werden auch die Schulwissenschaftler anerkennen und sich daran gewöhnen müssen, daß die legendäre Auffassung richtig ist, nach welcher sich aus dem ursprünglichen Chaos eine Ordnung herausgebildet hat und die weitere Entwicklung vom Urknall bis zum bewußten Menschen von Gott gewollt und demnach ein sinnvoller, schöpferischer Naturprozeß ist. Dabei werden die schöpferischen Energieimpulse, welche die Evolution vorantreiben, als Schöpfungsenergie Gottes manifestiert. Auf diese Weise wird man das Gottesprinzip wieder in die wissenschaftliche Weltanschauung einbauen müssen. Grundsätzlich besteht die ganze Welt aus schwingenden Energieballungen, wobei jedes positiv geladene Elementarteilchen einem negativ geladenen Antiteilchen in den mikrokosmischen Strukturen entspricht. Im makrokosmischen Bereich hingegen sprechen wir von Koino-Materie und Anti-Materie. Ohne diese Polarisierung entstünden keine Schwingungen, alles würde erstarren und neutralisiert werden. Damit würden Materie, alle Welten, das ganze Universum gar nicht existieren.

Hier erkenne ich den Schöpfungsakt: Vibrationen, Schwingungen der allerhöchsten Ur-Kräfte wurden erzeugt. Damit wurde durch das Auseinandersprengen der Ur-Einheit, durch die Polarität, unsere materielle Welt geschaffen.

Die Schöpfung erzeugt die Spaltung. Die Pole + und – entstehen durch diese Trennung des Ur-Prinzips. Dadurch wird die Energie schwingend, und durch die Polarität wird der Dualismus erzeugt. Dieser Dualismus in der Schöpfung ist das Schöpfungsprinzip an sich. Fast alle Religionen und philosophischen Richtungen erkennen dieses Prinzip an:

Gott trennte das Licht von der Finsternis, er spaltete den Ur-ADAM in Mann und Frau.

Alles um uns herum ist den Kräften mit positiven und negativen Vorzeichen ausgesetzt. Entsprechend der Kräfteverhältnis-Gesetze bilden die kleinsten Teilchen die Bausteine der materiellen Welt, die uns bekannten 92 Elemente.

Das Grundprinzip dieser materiellen Welt ist die Kausalität, das Gesetz von Ursache und Wirkung. Deshalb können wir diese Welt auch mit analytischen, wissenschaftlichen Methoden erforschen und langsam, Schritt für Schritt, immer mehr erkennen ...

Aber die Naturwissenschaften beziehen sich nur auf die materielle Welt und ihre Phänomene, wie Mathematik, Geometrie, Physik, Chemie usw.

Dazu ist noch zu bemerken, daß die Materie in vier Aggregatzuständen vorkommt:

- Feste Materie
- Flüssige Materie
- Gasförmige Materie und
- Plasmische Materie

Diese entsprechen den verschiedenen Energiezuständen in der Materie selbst.

Mikrokosmos ist die wunderbare atomare Struktur der Materie, aus welcher wir selbst, unser materieller Körper, zusammengesetzt sind. Wir tragen dies alles in uns und sollten über das wunderbare, göttliche Prinzip der Materie meditieren. Es muß uns ganz bewußt werden, daß wir in uns selbst wunderbare Mikrokosmen tragen.

Je nach Empfindsamkeit jedoch spüren wir Menschen viele andere Energien, auf der seelischen, geistigen, intuitiven oder auch metaphysischen Ebene. Daher ist auch nicht zu leugnen, daß wir eine unausgesprochene Anziehungs- oder Abstoßungskraft spüren, je nachdem, ob uns etwas gefällt oder wir es ablehnen. Erst recht spüren wir dies ja bei den ungeheuer starken Kräften der Liebe, des Hasses, des Neides, usw. Oft haben wir Menschen den Eindruck, wir seien diesen Kräften ausgeliefert.

Diese Emotionen, zu welchen auch die sexuellen Emotionen Freudscher Deutung gehören, sind so stark, daß sie Menschenschicksale, ja sogar Schicksale ganzer Völker bestimmen können. Auch diese psychischen Kräfte manifestieren sich in uns wohlbekannten Polaritäten, denn wir leben mit ihnen ja jeden Tag.

Gedanken sind so starke Kräfte, daß sie nicht nur unsere geistige Haltung oder unseren seelischen Zustand beeinflussen können, sondern sie können auch auf Funktionen des lebenden Körpers, ja sogar auf die Materie wirken. Dies ist eindeutig nachweisbar. Sie können positiv, aufbauend, konstruktiv, liebevoll sein, sie können jedoch auch im Gegenteil negativ, zerstörerisch, destruktiv, mit negativen Aspekten angefüllt sein.

Alles, aber auch wirklich alles ist Kraft, und diese Kräfte sind durch die Schöpfung entstanden. Durch die Trennung im UR-EINS ist diese Einheit in Polarität zerfallen.

Zwischen den Polen, die den Gegensatz in der Einheit repräsentieren, sind Kraftfelder entstanden. Diese zwei Teile, positiver und negativer Pol, streben nach Vereinigung, nach Wieder-Herstellung des UR-EINS. Sie streben nach der Vernichtung der Polarität, nach der Verschmelzung der Gegensätze, nach der Auflösung zweier Attribute in die Harmonie, in die ewige Ruhe, wo keine Bewegung, keine Schwingung, sondern das UR-SEIN, das göttliche Prinzip ruht.

Solange die Schöpfung dauert, und man kann annehmen, daß

1 Periode in unserem Kosmos, d.h. eine Schwingungsperiode 50 Milliarden Jahre dauert, existiert auch die polaritätsbedingte Energie mit allen ihren erfaßbaren Schwingungsfrequenzen.

Gerd Lüdemann (Autorenname Peter Andreas) schrieb mir am 29.11.1973, nachdem ich ihm die All-Schwingungstheorie erörtert hatte: „Sie haben recht … Ich taste mich zur Zeit noch suchend durch zu einer neuen Behandlung des Themas und bin vielleicht in 2 oder 3 Jahren soweit. Dabei wünsche ich mir sehr, daß ich ausdrücken kann, daß – wie Sie selbst es sagen –, alle Paraphänomene wohl mit von übermenschlichen Kräften gebildeten Schwingungsfeldern erklärbar sind …"

Es ist schon so: Alles, was wir wahrnehmen, ist Schwingung. Alle Schwingungen sind untereinander und miteinander durch die Resonanzgesetze verbunden. So entstehen harmonische und disharmonische Schwingungskombinationen. So gehören gewisse Töne, Farben, Bewegungen, Temperaturen, Düfte, Empfindungen und Gedanken zusammen, deren Frequenzen in harmonischen Oktaven ausgedrückt werden können. Es ist so wunderbar, daß in den alten ägyptischen Weisheiten diese Erkenntnisse bereits präsent waren. In den ursprünglichen Gesetzen von Hermes Trismegistos, des „Dreifach Weisen", lesen wir:

„Gott Thot hat durch Hermes Trismegistos die sieben folgenden wunderbaren Grundprinzipien als Zentrum der Gedanken an die Menschen gestellt:

1. Der ALLES ist *Geist*, und alles ist geistig.

2. In ALLEM herrscht eine grundsätzliche *Harmonie* – alles entspricht allem. Die Entsprechung schafft natürliche Harmonie.

3. ALLES ist *Vibration*, ALLES ist Schwingung. Diese Schwingungen können auch umgewandelt, verändert werden.

4. Die Schöpfung bedeutet *Polarität*, welche Energie erzeugt. Der ALLES ist der Polarität unterworfen.

5. Der ALLES existiert im zeitlichen *Rhythmus*. Alles erfolgt im Rhythmus, alles manifestiert sich rhythmisch.

6. In der erschaffenen Welt herrscht die *Kausalität*, das Gesetz von Ursache und Wirkung.

7. In uns ist *Dualität* mit andersartiger Geschlechtigkeit. Das männliche und weibliche Prinzip sind die zwei Aspekte des menschlichen ICH.

Diese wunderbaren Grundgedanken sind wirklich die Schlüssel zur Wahrheit. Die Eingeweihten beschäftigen sich ein Leben lang mit diesen sieben Grundgesetzen der Natur und erarbeiten in sich immer höhere Stufen ... bis zur Beherrschung der Psyche, des Bios und der Materie durch die geistigen Kräfte. Ohne die Anwendung dieser Gesetze ist die hohe ,Technik' der altägyptischen Kultur völlig undenkbar."

Als ich diese hermetischen Gesetze mehrere Jahre nach meinem Unfall in die Hände bekam, stellte ich ganz natürlich fest: „o.k. – auch er hat den Tod erlebt und die Grundgesetze der Schöpfung sehr gut formuliert."

Für mich war es keine Sensation, sondern eine selbstverständliche Tatsache, weil auch ich in der zwölften Bewußtseins-Änderungs-Phase des klinisch-toten Zustandes so gefühlt oder geahnt hatte.

4. Vision: Der „*ICH-Trichter*"

Wie ich den *ICH-Trichter* wahrnahm, ist eigenartig und kann fast nicht in Worten ausgedrückt werden.

Beim Austritt aus dem Körper nach dem Herzstillstand wollte ich mich in euphorischer Stimmung von der Erde lösen. Ich interessierte mich für meinen „ehemaligen Körper" nicht mehr und wollte in Richtung des Lichtes weiterfliegen.

Viele Wiederbelebte sagen dasselbe aus: Das Licht ist das Ziel gewesen. Auch ich habe die große Sehnsucht verspürt, direkt ins Licht zu fliegen und mich dort mit dem göttlichen Licht zu vereinigen. Die Erde und alle „irdischen" Probleme interessierten mich nicht mehr. Ich wollte „da oben" bleiben und keinesfalls auf die Erde zurückkehren. Dies alles geschah in der Anfangsphase nach dem klinischen Tod.

Aber nachdem der Lebensfilm abgelaufen war und ich erkannt hatte, wie viele Fehler ich bei meinen Entscheidungen gemacht hatte und in wie vielen Situationen ich versagt hatte, weil ich egoistische Gedanken entwickelt und mich nicht vom Grundgesetz der Liebe bei meinen Entscheidungen hatte leiten lassen, mit anderen Worten also viele Prüfungen des Lebens nicht bestanden hatte, da spürte ich, daß ich auf die Erde zurückkehren muß.

Gleiches geschieht auch vor der großen himmlischen „Soll-Tafel". Wenn man davorsteht und sieht, wie viele Lehrgänge und Prüfungen noch zu bestehen sind, dann wird die Rückkehr zur Erde eine Realität, weil man einen Drang verspürt, wiedergeboren zu werden, um alles besser zu machen als vorher. So war es auch bei mir: Nachdem ich meinen Lebensfilm gesehen hatte, war mir klar, daß ich wieder auf die Erde zurückkehren mußte, um mein Leben „kosmisch" besser nutzen zu können. Ich hatte nämlich gesehen, daß der „Erfolgsmensch Stefan" das Leben noch nicht genug für seine geistige Entwicklung genutzt hatte, denn diese letztere ist ja schließlich das Ziel einer Kette von mehreren Leben.

Übrigens heißt es auch in der Bibel, „zum Angesicht Gottes" zu gelangen durch eine ständige Vervollkommnung, das ist das Ziel des gläubigen und gerechten Menschen … durch alle Leben.

Ich war weit von diesem Reifegrad entfernt und spürte das, was im Tibetanischen Totenbuch als „Sipa – Bardo" bezeichnet ist, nämlich den kosmischen Drang, wieder auf die Erde zu kommen, um in neuen Rollen die neuen Aufgaben der Entwicklung nachzuvollziehen. Ich weiß nicht, was mit meinem Kopf los war, weil in diesem Zustand ja das „Kopfdenken" ausgeschaltet ist, aber „irgendwie spürte" ich, daß ich entweder durch Reinkarnation ein neues Leben beginnen sollte, oder aber, daß mir durch die Wiederbelebung die Möglichkeit der Umwandlung in der zweiten Hälfte des jetzigen, irdischen Lebens gegeben werde. Aber ich spürte eine Auflage:

Ich muß meine Erlebnisse irdisch genau festhalten, damit ich den Menschen meine Erfahrungen kundtun kann. Ich soll meine Erfahrungen irdisch auch prüfen, kontrollieren, um glaubwürdig zu werden. Meine Wiedergabe soll real und wahrheitsgetreu bleiben. Damit wird vielen Menschen geholfen werden. Ich „wählte" diese Möglichkeit – und die Regie der Wiederbelebung klappte wunderbar. Durch eine Kette von „Zufällen" wurde ich erfolgreich in diese Welt zurückgeholt.

Als diese Entscheidung zur Rückkehr gefällt worden war, wurde mir auch alles klar. Es wurde mir dieses „Woher?" – „Wohin?" – „Warum?" gezeigt. Ich konnte die Zusammenhänge aller Fragen verstehen. Ich spürte, was ICH BIN …, ich durfte durch ein Schlüsselloch die Wirklichkeit und Wahrheit erblicken, ich durfte den Vorhang, der bisher alles verdeckt hatte, ein wenig auf die Seite ziehen und so den Sinn des Lebens „entdecken".

Es war ein wunderbares Erlebnis, nicht mehr in der Materie gefangen zu sein, sondern in diesem Zustand frei das Licht zu „erleben". Dadurch konnte ich meine eigene Einweihung, die mir einfach zuteil wurde, in völliger Hingabe empfangen. Es war ein Zustand der Erleuchtung, als die bisher nicht erkannten und noch verdunkelten Antworten auf grundsätzliche Fragen des

menschlichen Seins plötzlich beleuchtet wurden … Und ich staunte nur, wie einfach die Wahrheit ist…, alles, was ich wissen wollte, wußte ich plötzlich …, alles war klar.
So spürte ich, wer ICH BIN.
So erkannte ich den Sinn des Seins.
So erkannte ich das Prinzip Gott.
Ich war tief beeindruckt, im positiven Sinne schockiert von dem unendlich starken Licht, das ich mit dem allmächtigen Gott, mit dem Baumeister aller Welten, mit der unendlichen Kraftquelle, mit der ewigen, echten Intelligenz, mit Alpha und Omega, mit dem Anfang und auch dem Ende, mit dem unbeschreiblichen Prinzip der Liebe, mit der Summe aller existierenden Energien, mit dem unaussprechlichen, namenlosen Urprinzip identifizierte. Das Wort „GOTT" ist für mich heute zu sehr abgenutzt… Aber wie soll ich IHN denn sonst nennen? – Ich bleibe bei dem Namen – GOTT.
Ich war überwältigt von dieser Gottes-Erfahrung oder dem göttlichen Prinzip. Erzählen kann ich es nicht. „Es wurde mir gezeigt", und in demütiger Hingabe habe ich es vernommen, aufgenommen, in mir integriert. Ich konnte sicher nicht alle Wahrheit sehen. Das Licht des Dornbusches war viel zu hell… Was ich konnte? – Ich konnte die Schwingung Gottes verspüren. Es war eine unendlich schnelle, unendlich starke Schwingung. Ich spürte, daß ich von dieser Urquelle, der All-Schwingung, stammte, nein… noch mehr: Daß ich ein Teil dieser All-Schwingung bin … und noch mehr: Diese All-Schwingung ist in mir, ich bin ein Teil dieser All-Schwingung… weil ICH BIN, und damit bin ich auch ICH SELBST in dieser All-Schwingung.
Ich spürte – irdisch ausgedrückt – mein Sein, meine Existenz als winziger, kleiner Wirbel an der Oberfläche dieser All-Schwingung, welche dadurch entstanden ist, daß ein Teil der göttlichen Kräfte von dem homogenen Kraftfeld Gottes ausgetreten ist. Diese Absonderung (biblisch: Engelsturz) erzeugt die Identifizierungsmöglichkeit der entstehenden Struktur: ein ICH-Bewußtsein ist entstanden.
Entsprechend: Wie bin ich entstanden? – Wie ein kleines Wölk-

chen, das sich dreht und dadurch wie ein Trichter oder eine Windhose, wie ein Mini-Wirbelsturm eine selbständige Form und Funktion annimmt. Ich spürte, daß ich dieses Gebilde bin. Ich fühlte mich als ein mit Energie geladener elektromagnetischer Wirbelsturm … Ich BIN ENERGIE, ICH BIN SCHWINGUNG. Ich wußte nichts, doch es war mir plötzlich klar, daß dieses ganze Trichtergebilde ICH SELBER BIN.

Warum? – Keine Ahnung. – Warum der rotierende Energie-Trichter? – Ich weiß es nicht. Aber für mich war es so. Mir war das Wesen und die Funktion des Energie-Trichters kristallklar. Ich brauchte keine Erläuterung, Erklärung. Ich verstand plötzlich alles. Und diese Erkenntnis hat mich so beruhigt. Alles war klar, alles war einfach … und so ist es bei mir auch immer noch. (siehe Farbtafel 2)

Das Problem beginnt dann, wenn ich darüber in der „irdischen Welt" sprechen muß bzw. es formulieren will. Deshalb quälte mich der Zustand, daß ich mich selbst nicht darstellen oder beschreiben konnte. Ich versuchte daher, das in diesem erleuchteten Zustand erhaltene Wissen in irgendeiner Form mit irdischen Wahrnehmungen und Visionen zu vergleichen und zu deuten. Trotz aller Versuche kann ich leider diese Wahrnehmungen und Ahnungen nicht in irdische Worte kleiden und ausdrücken. Aber bereits im Spital in Bellinzona faszinierte mich dieses Problem: Wie kann ich doch noch ein Bild, ein Symbol erarbeiten und irdisch formulieren ? – AUS WAS BIN ICH? WER BIN ICH? – WIE BIN ICH ENTSTANDEN ? – Ich versuchte, von mir selbst ein anthromorphologisches Bild zu schaffen, ein Bild, das ich auch mit dem Gehirn verstehen kann, damit ich mit dieser Bild-Hilfe das Wesen, das Prinzip des Menschen anderen Mitmenschen näherbringen kann.

Noch mit der eingegipsten rechten Hand skizzierte ich daher spontan und sehr rudimentär dieses Gebilde aus mir selbst und sagte mir: Dieses rotierende Energie-Gebilde BIN ICH SELBST. Und was bin ich? – Ich wußte plötzlich, daß ICH BIN und daß ich dieses ICH BIN BEWUSSTSEIN bin. So fand ich den *ICH-TRICHTER* als Darstellung des menschlichen ICH – BE-

WUSSTSEINS. Dies war eine „Eingebung", eine Art „mediale Zeichnung", eine Darstellung, eine geistige Vision über das wichtigste Problem: Woher? Warum? Wohin? – (siehe Abbildung Seite 23) Die Skizze war blitzschnell fertig – quasi „automatisch". Dann sah ich sie mir voller Genugtuung an, da ich alle Striche kristallklar verstanden hatte. Ich spürte, daß ich etwas Wunderbares gefunden hatte, daß ich den schützenden Mantel von einer Ur-Wahrheit entfernen durfte, sie endlich entdecken konnte. Ich war so glücklich mit dieser primitiven Skizze. Ich freute mich wie ein Kind und versteckte die Skizze wie ein frisch entdecktes Geheimnis.

Nachdem ich endlich aus dem Spital entlassen worden war, ordnete ich die Aufzeichnungen meines Erlebnisses. Dabei nahm ich die Skizze wieder zur Hand, und es wurde mir alles wieder so deutlich und klar. Ich staunte, daß ich Worte wie „Gott" – „Welt" – „Tagesbewußtsein" – „Unterbewußtsein" – „Überbewußtsein" – „Körper" – „Seele" – „Geist", sowie die Dimensionsbezeichnungen -R4 – R5 – R6 – spontan, aber doch richtig gebraucht hatte.

Aber nicht viel erstaunlicher ist, wie ich damals meine Belastungen, meine negativen Eigenschaften als schwarze Punkte oder „Klötze" in den unterbewußten Bereich des *ICH-Trichters* eingezeichnet hatte, die es verhinderten, daß das Göttliche Licht tief in den Trichter hineinschien ...

Diese Belastungen bzw. Eigenschaften werfen Schatten und machen unser Leben in den Bereichen „Welt" auf der „Erde" schwer; sie beeinflussen auch unseren „Körper".

Damit ist diese Skizze für mich ein „historisches Dokument" meiner persönlichen Einweihung in das Geheimnis des Menschen, des Seins, geworden.

Da die Skizze inhaltlich mit allen Meditationsresultaten, philosophischen Erwägungen, erahnten Möglichkeiten übereinstimmte, fühlte ich mich gezwungen, sie nochmals „richtig" als Rotations-Hyperboloid-Trichter aufzuzeichnen. (siehe Farbtafel 3)

Die inzwischen erarbeiteten Begriffe und erlernten Bezeichnun-

gen habe ich eingetragen und so eine Abbildung meines Denkmodells angefertigt ... . gut und richtig ... ., aber irgendwie „hän-
ge ich" sehr stark an der ursprünglichen Skizze vom Bild des
„Menschen als *ICH-Trichter*", weil sie intuitiv, spontan, automatisch, medial entstanden ist. – Man kann es bezeichnen wie man
will, denn sie ist entstanden, ohne daß ich – Stefan – etwas dazu
tat. Nicht „ich" habe hier skizziert, sondern „es" wurde blitzschnell gezeichnet.
Deshalb betrachte ich diese Skizze meditativ und entdecke
immer wieder neue Wahrheiten, grundlegende Prinzipien in ihr,
wie z.B.

– Unendlichkeit Gottes
– das Energie–Prinzip
– die Rotation
– Erde/Gott – Lichtachse durch mich
– das Licht = Gott – Prinzip
– was ist die Welt
– was ist Materie
– was ist das ICH?
– Bestandteile, Wesensglieder des Menschen
– das Funktionieren der verschiedenen Energiefelder
– die harmonische Gesamtschwingung als Ziel
– die Bestandteile des Menschen, die alle Energie sind
– es sind keine „Stufen", sondern stufenlose Energiemodulatio-
  nen
– die untere Grenze, auf die wir abgestürzt sind: die Materie
– das Ziel allen Lebens: die Entwicklung, das Höhersteigen in
  die Richtung des Lichtes, zu Gott
– die Auflösung des *ICH-Trichters*, wenn innen alles rein ist
– was ist Licht, die Liebe?
– Proben des Lebens
– Probleme, Belastungen, usw., die auf der seelischen und geistigen Schwingungsebene den Trichter blockieren
– was ist der Tod?
– der Sinn der Reinkarnation

- was ist die Zeit
- Schwingungsstörungen durch negative Schwingungen, die als „Knoten" oder „Schatten" im Unterbewußtsein festsitzen
- die Reinkarnation als Grundprinzip der Entwicklung
- Gott als einzige Kraftquelle
- die Grenze zwischen Leben und Tod
- die Nichtexistenz des Gegenpols von Gott: das Böse
- der *ICH-Trichter* wirft keinen Schatten
- beim Höhersteigen kommt einem immer mehr Licht, Kraft, Liebe und Erleuchtung entgegen
- Das Woher?
- das Wohin?
- das ICH BIN-BEWUSSTSEIN steht über dem Trichter
- Veränderlichkeit der Trichterform
- was bedeutet die Drehgeschwindigkeit (spin) des Trichters?
- jede geistige Stufe enthält mehr Energie
- was ist das Leben?
- Charakteristik der Seele und deren Funktion
- was ist das Denken?
- wie entstehen die göttlichen Intuitionen
- was ist Gnade?
- wie kann das ICH meinen Geist, meine Seele und meinen lebenden Körper unter Kontrolle halten
- die Existenz der Weltdimensionen
- die Menschwerdung
- das ICH-BIN-SELBST Prinzip usw. usw.

Mir wurde offenbar, wer ICH BIN, was mein ICH ist, deshalb nannte ich den Trichter: *ICH-Trichter*. Und je mehr ich den *ICH-Trichter* als Meditationsbild benutze, umso mehr strahlt das Licht dann auch und um so mehr verstehe ich etwas Neues von den verborgenen Wahrheiten. So dient mir der *ICH-Trichter* weiterhin als Symbol von mir selbst, zur weiteren Entwicklung und als Denkmodell für die Erklärung des gefundenen Wissens. Es war notwendig, daß ich den *ICH-Trichter* in Farben erlebt hatte. Er vibrierte an der weißen Oberfläche der unendlichen Energie. Je weiter sich die Oberfläche vom weißen Licht entfernte, um so mehr änderte sich die Farbe stufenlos, wie bei einem Regenbogen, von ultraviolett über blau-grün-gelb-orange bis zu infrarot. Die dunkle, rote Farbe war somit das Symbol der langsam rotierenden und langsam schwingenden, fast erstarrten Materie …

Nach dem Verlassen des Spitals versuchte ich, diese Farbvision des *ICH-Trichters* als Aquarellbild festzuhalten. Ich wußte damals gar nicht, daß und welche Bedeutung diese Farben hatten und daß diese meine Vision mit vielen anderen Visionen von deutenden, meditierenden und medialen Menschen in Form und Farbe übereinstimmt (siehe Farbtafel 2).

Wenn ich heute über diese „Eingebung" des *ICH-Trichters* demütig nachdenke, dann bin ich sehr dankbar für diese Ideen und Symbole, die ich dieser „irdischen" Welt in meiner, wenn auch primitiven, aber doch vorstellbaren Form vermitteln kann.

Um etwas zu formen, bauen und erschaffen, braucht man zuerst einen Gedanken, eine Idee, eine Vorstellung; dann einen intelligenten Plan, die Ausführungsinstruktionen, einen Code, ein Programm, eine Formel; und dann die „technischen" Mittel wie eine Gußform, ein Mess-System, ein Bezugssystem, ein Schema, ein Modell …. ganz gleich wie man es nennt. Mein *ICH-Trichter* ist dementsprechend ein Denkmodell für mich geworden.

5. Eigenschaften des rotierenden „ICH-Trichters"

Was ist der „ICH-Trichter"?

– Er ist ein Denkmodell, mit dessen Hilfe ich das Wesen, die Struktur und das System des Menschen für mich visuell dargestellt habe.
– Er ist ein Arbeitsmodell für mich, mit dessen Hilfe die harmonischen und disharmonischen Vorgänge in Körper, Seele und Geist verdeutlicht werden können. Durch Studien der Morphologie und der physikalischen Eigenschaften kann man – wenigstens ich – die Phänomene des Menschen als ganzes besser verstehen.
– Er ist eine Vision, eine „science fiction", welche für mich die Wahrheit verborgen hält und in Symbolen ausdrückt.
– Er ist ein Meditationsbild, durch dessen Hilfe das Wesen, die Struktur, die Existenz des Menschen, der Sinn des Lebens, die Probleme des Menschenlebens, die Menschwerdung.... visualisiert und verstanden werden können.
– Er ist eine Bild-Darstellung eines philosophischen Gedankens und als solcher eine Hilfe, eine Krücke für unser Vorstellungsvermögen um die Phänomene des Lebens, der Teilung des Gesamtmenschen (Körper/Seele/Geist) besser verständlich zu machen.

Ich bestehe nicht darauf, daß „es so ist". Nein, für mich dient der *ICH-Trichter* als Arbeits- und Denkmodell ohne irgendwelche wissenschaftliche Grundlage. Er kann als reines Phantasieprodukt aufgefaßt werden, man kann ihn als Arbeitshypothese gebrauchen. Wenn wir die morphologischen, physikalischen Eigenschaften des *ICH-Trichters* betrachten, können wir brauchbare Aufschlüsse über das Wesen, die Struktur und die Probleme des Menschen erhalten.

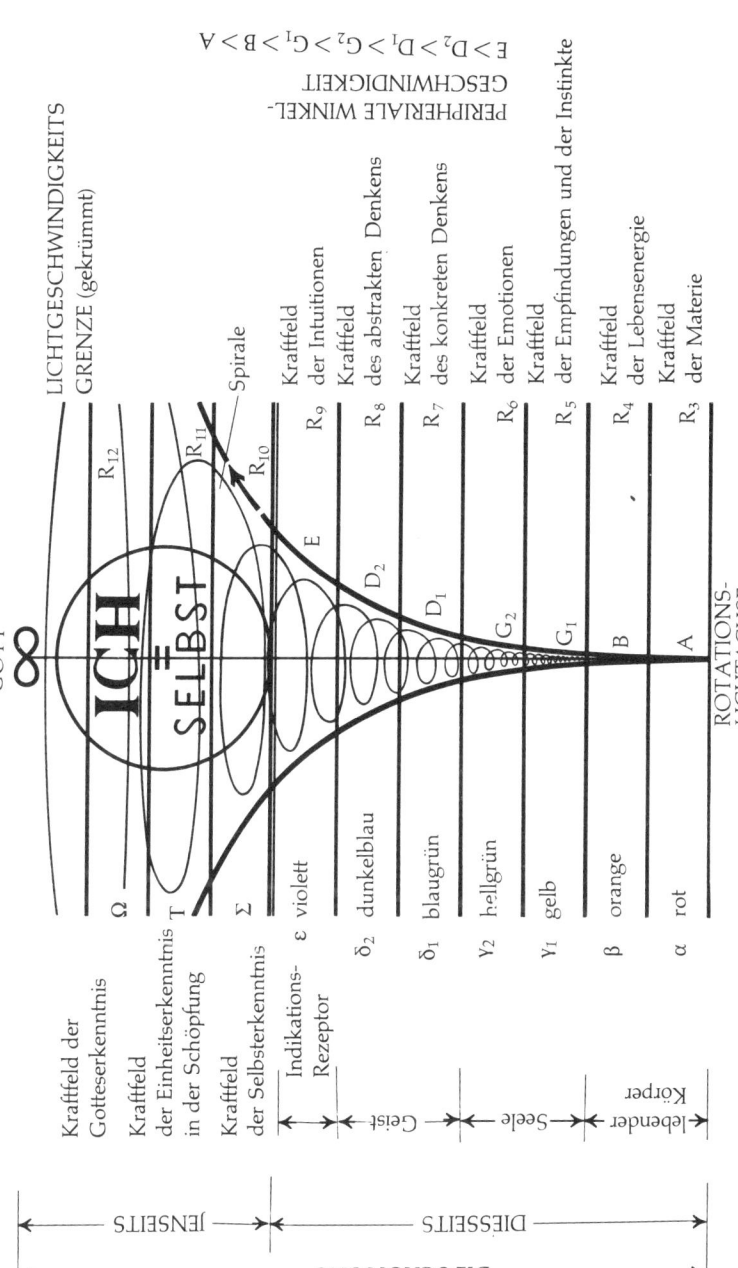

LICHTGESCHWINDIGKEITS-
GRENZE (gekrümmt)

PERIPHERALE WINKEL-
GESCHWINDIGKEIT

$E > D_2 > D_1 > G_2 > G_1 > B > A$

GOTT

Kraftfeld der Gotteserkenntnis

Kraftfeld
der Einheitserkenntnis
in der Schöpfung

Kraftfeld
der Selbsterkenntnis

Indikations-
Rezeptor

Kraftfeld
der Intuitionen

Kraftfeld
des abstrakten Denkens

Kraftfeld
des konkreten Denkens

Kraftfeld
der Emotionen

Kraftfeld
der Empfindungen und der Instinkte

Kraftfeld
der Lebensenergie

Kraftfeld
der Materie

Spirale

ICH
SELBST

R_{12}
R_{11}
R_{10}
R_9
R_8
R_7
R_6
R_5
R_4
R_3

Ω
τ
Σ
E
D_2
D_1
G_2
G_1
B
A

ε violett
δ_2 dunkelblau
δ_1 blaugrün
γ_2 hellgrün
γ_1 gelb
β orange
α rot

ROTATIONS-
LICHTACHSE

lebender Körper
Seele
Geist

JENSEITS
DIESSEITS

DIE SCHÖPFUNG

Versuchen wir zuerst, den *ICH-Trichter*, physikalisch zu beschreiben und dann als Denkmodell die charakteristischen Eigenschaften zu analysieren.

Betrachten wir zunächst die morphologischen und physikalischen Eigenschaften des *ICH-Trichters*, wie ich es im klinisch-toten Zustand als Vision erlebte.

Die charakteristischen Eigenschaften können wir wie folgt zusammenfassen:

1. Eine Ballung der All-Energie

Der Trichter ist eine rotierende Energieballung, dessen Basis die hypothetische Oberfläche der göttlichen ALL-ENERGIE ist. Seine Form ist ein Rotations-Hyperboloid, dessen Rotations-Achse senkrecht zu der Basis-Oberfläche des All-ENERGIE-Gebildes steht und dessen Fläche sich asymptotisch der Basisfläche nähert.

2. Der Trichter besteht aus Energie

Das ganze ICH-Trichter-Gebilde besteht aus reiner Energie, die nicht weiter definierbar ist.

3. Die Rotation

Die Rotation kann im Uhrzeigersinn oder umgekehrt erfolgen, sehr wahrscheinlich je nach dem Geschlecht des inkarnierten ICH-Bewußtseins. Bei mir spürte ich – von der Spitze gesehen – eine Rechts-Drehung in der Uhrzeigerrichtung.

4. Die Rotationsachse

Die Form des Rotationshyperboloides sowie der Rotationsachse ist nicht starr, sondern kann wie ein Luftwirbeltrichter oder ein Tornado-Trichter eine elastische, biegsame Rotationsform aufweisen und so eine ebenso biegsame „Rotationsachse" haben. Die Rotationsachse ist eine Lichtachse welche von der Mitte von ALLEM, von Gott in die Materie hinabreicht.

5. Die Rotations-Geschwindigkeit

Die Rotationsgeschwindigkeit des Hyperboloid-Trichters ist veränderlich. Mit erhöhter allgemeiner körperlich/seelisch/geistiger Aktivität wird sie größer, in passivem Zustand kann sie sich verlangsamen. Eine mögliche Hypothese kann behaupten, daß bei der Geburt die Rotationsgeschwindigkeit die größte ist – da durch die Geburt ein „Spin", ein Drehmoment gegeben ist. Mit der Zeit verlangsamt sich die Drehung, weil die im ersten Moment auftretende treibende Kraft ausbleibt und sich das ganze Gebilde noch durch Trägheit weiterdreht, bis es mit der Zeit völlig abgebremst wird.

6. Frequenzen

Die periphere Geschwindigkeit eines Punktes auf der Basisfläche ist gleich der Lichtgeschwindigkeit. Je entfernter ein Punkt des Trichtermantels von der Basisfläche ist, desto kleiner wird die Umfangsgeschwindigkeit sein; an der Spitze wird dann der Punkt einfach still stehen.

7. Die Fläche

Die Fläche des Hyperboloid-*ICH-Trichters* ist kontinuierlich, ununterbrochen und weist keine Stufen auf; so werden die entsprechenden Schwingungen stufenlos variiert, wenn man die Oberfläche betrachtet.

8. Die Farbe

Den *ICH-Trichter* habe ich in den Farben vom schnellschwingenden Ultraviolett bis zum fast sehr langsam schwingenden Infrarot visualisiert. Das weiße Licht leuchtet an der Grenze der Lichtgeschwindigkeit. Darüber könnte man das ALL-LICHT als unendlich schnell schwingende oder sogar nicht mehr erfaßbar schwingende Energie betrachten.

9. Bestandteil der Schöpfung

Der *ICH-Trichter* ist durch die Schöpfung entstanden, ist Bestandteil des Kosmos bzw. ist im Kosmos integriert. Er hat eine

Rotationsachse, welche den Fluß der göttlichen Energie von „oben" (vom Plus-Pol) bis in die Materien-Wirklichkeit nach „unten" (zum Minus-Pol) leitet. So ist der *ICH-Trichter* der Polarität der Schöpfung unterworfen.

10. Kraftfelder
Beim Fluß von Energien entstehen Kraftfelder, die die Rotations-Hyperboloid-Fläche bilden. Die positive Seite der Fläche ist die Innenseite, die auch mit der von „oben" herunterströmenden göttlichen Energie (= Licht) ausgefüllt ist – oder sein soll. Die äußere Fläche weist das negative Potential auf, da außerhalb von ihr die schwarze Leere besteht.

11. Innenseite
Alle Energien, die den ganzen *ICH-Trichter* bilden, bzw. dort gebunden sind, befinden sich wegen der Rotation an der Oberfläche, mit anderen Worten, diese Energien bilden die Fläche des Rotationshyperboloids. Der Trichter ist deshalb eigentlich leer, aber doch mit Licht erfüllt, falls das Licht ungehindert hineinfließen kann.

12. Höhe
Wie lange die Rotationsachse ist, mit anderen Worten, wie hoch das ganze Rotationshyperboloid ist – ist mir nicht eingefallen, aber in meiner Vision habe ich kleinere und größere, schneller und langsamer rotierende Gebilde gesehen, die alle von mir als verschiedene Menschen empfunden wurden.

13. Qualität
Es waren wenige intakte Rotations-*ICH-Trichter*, die sich gleichmäßig harmonisch, quasi auf geölten Rädern, drehten. Sie waren fast alle beschädigt, verdreht, die Fläche gekrümmt, wiesen Unregelmäßigkeiten auf, sie drehten sich stolpernd, wurden gerüttelt, geschüttelt mit Ach und Krach.

14. Inhalt

Einige *ICH-Trichter* waren transparent, leuchtend, rein, mit göttlichem Licht erfüllt, andere waren von Innen trüb, unrein, darin waren dunkle „Klötze" in verschiedenen Höhen, die einen Schatten nach „unten", in Richtung des Gemütslebens und der materiellen Ebenen warfen.

15. Zerstörung

Da waren *ICH-Trichter*, die sich plötzlich verlangsamten und deren untere rot-orange Spitze sich ablöste und die oberen Teile sich zurückgezogen hatten .... Andere waren im Entstehen begriffen .... sogar merkwürdig – einige reichten von „oben" nur zur blauen, andere bis zur grünen Zone hinunter. Warum? Weil sie es nicht nötig haben, sich dort unten zu manifestieren. Diese Wesenheiten blieben in den höheren Sphären.

16. Spirale

Auf der Oberfläche des Trichters waren Spiralen erkennbar, die von „oben" bis zur Spitze hinuntergeführt waren und von der Spitze bis zur Basis sich wieder nach „oben" drehten. Den Symbolgehalt habe ich nicht erkannt.

17. Zeit-Dimension

Die Zeit als Dimension wurde mir als Winkelgeschwindigkeit offenbart .... als irrationale Komponente.

18. Öffnung nach oben

Der *ICH-Trichter* ist eben ein Trichter, d.h. inwendig ist er nach oben offen, wo das Licht, die Energie hineinstrahlen kann, falls der Trichter inwendig intakt ist.

19. Antrieb

Der Trichter ist ein aus Energie bestehender Rotor, dessen Antrieb die von oben hineinscheinende strahlende Kraft ist. Diese sollte frei hineinfließen können.

Diese Charakteristiken eines geometrisch definierbaren Visions-Gebildes könnte man versuchen, auch mathematisch zu erfassen und dadurch im höheren Bewußtsein des Menschen, im Bereich des abstrakten Denkvermögens, auszudrücken. Hier sehe ich noch eine Entwicklungsmöglichkeit des menschlichen Verstandes, die bisher nicht erfaßbaren Visionen mit mathematisch/geometrischen Mitteln als Hilfe für eine transzendente Philosophie auszudrücken.

Es sind natürlich auch hier Grenzen gesetzt, die ich als höhere Schwingungsfrequenzbereiche bezeichnen möchte .... jene Grenzen, wo das Erkennbare aufhört und das intuitiv spürbare anfängt. So kann man Gott nie mathematisch erfassen oder nur annähernd deuten. Doch mathematisch definierbare Denkmodelle sind Krücken, Impulse für uns Menschen, für unsere abstrakte Philosophie.

6. Der „ICH-Trichter" als Denkmodell

Versuchen wir jetzt die Charakteristik des *ICH-Trichters* philoso-
phisch zu betrachten und so als Denkmodell für das Wesen, die
Struktur, die Entstehung, das Verhalten, etc. des Menschen zu
gebrauchen.

Alles, was Menschen „ausdenken" und wie jeder einzelne ein
Phänomen oder eine Realität „interpretiert und abfaßt", ist mit
Fehlern behaftet. So sind auch unsere Gedanken, die hier dargestellt sind, nicht von diesen Fehlern verschont. Aber ohne Denkmodelle und Hypothesen kommt die Wissenschaft nicht weiter.
Man lernt auch von Fehlern, die durch die Weiterentwicklung
immer mehr ausgemerzt werden können.

Mein Denkmodell ist nichts weiter als ein Mittel, durch bildhafte Vorstellungen denken zu helfen.

Man könnte das Denkmodell *ICH-Trichter* auch als Meditationsbild gebrauchen, um die ganze energetische Struktur auch
des Menschen zu visualisieren. Ein jeder könnte dann etwas
„herausdenken", was eben genau gebraucht wird, um ein Problem des Lebens, des Alltags, des Zustands des Körpers oder
Probleme der Psyche besser verstehen zu können. So ist ein
Denkmodell nichts anderes als visualisierte Denkhilfe für ein
weiteres, abstraktes Denken.

Diese morphologischen, geometrischen und physischen Charakteristiken des *ICH-Trichters* sind für mich Realitäten, die die
Grundlage der bildhaften Analogien von Lebensproblemen
und von deren Lösung in meditativer Durcharbeitung bilden.

Mir wurde sofort klar, daß der *ICH-Trichter* eigentlich ICH-
SELBST-BIN, so wie er da ist, so wie er rotiert, so wie er in ver-
schiedenen Farben erscheint, in seiner ganzheitlichen Realität.
So hilft mir die Interpretation, die Deutung, die Sinngebung des
Trichters, meine eigenen Probleme zu lösen, die richtigen
Antworten auf verschiedene Lebensfragen zu finden, das We-

sen der Menschen besser zu verstehen, den Sinn meines Lebens zu entdecken, d.h. mit anderen Worten, den Weg meiner eigenen Entwicklung besser abstecken und bestimmen zu können. So wurde die ursprüngliche Vision eine Hilfe, welche visuell und sinngemäß die Fragen und die darauffolgenden Antworten darstellt und so ohne wissenschaftliche (theologische, psychologische, usw.) Vorkenntnisse und Rüstzeug die wesentlichen Probleme zu verstehen hilft.

Was waren die Grunderkenntnisse bei der Visualisierung meiner selbst als trichterähnliches Energiegebilde? Der Mensch wurde mir als Ganzheit und als Teil des Göttlichen dargestellt. Wir versuchen, diese Erkenntnisse zusammenzufassen:

1. Alles, was überhaupt ist, ist durch die Schöpfung entstandene, durch Polarität charakterisierte Energie, die sich in verschiedenen Frequenzen manifestiert. Es gibt nur eine Quelle dieser UR-ENERGIE, die ich als Prinzip Gottes oder einfach als Gott erkannt habe. ER ist die einzige Quelle alles SEINS, und ER war schon vorher, bevor das erste SEIN entstand! Ich habe irgendwie gespürt, daß die Quelle aller Energien eine unendlich intelligente Wesenheit ist oder ER ist wirklich alles, alles, was überhaupt ist, war und sein wird.

Gott ist für mich, den in der Materie eingeschlossenen Menschen, unerfaßbar, unvorstellbar, unbegreifbar – wir können nicht darüber nachdenken. Was wir tun können, ist nur erahnen, intuitiv verspüren.

Ich versuchte einmal dieses Prinzip nach dem großen ungarischen Dichter-Denker Berzsenyi wie folgt auszudrücken:

„GOTT"

Das Gehirn
des größten Weisen
kann Dich nicht …. erfassen
Nur mein Herz
mit tiefem Glauben
kann sehnsüchtig Dich …. erahnen

Dein SEIN leuchtet hell
wie eine stark strahlende Sonne
In die wir Menschen
nie hineinschauen können

Stefan von Jankovich, 1985

Ich visualisierte Gott als den ganzen Himmel umfassenden, unendlich großen, weiß strahlenden, harmonischen, stationären Energieball, ein ewiges SEIN.

Alles war Licht für mich, und ich spürte, daß ich diese Lichtkraft mit den Worten „Kraft der unendlichen, vollkommenen, bedingungslosen Liebe" bezeichnen konnte. Alles war Licht, alles war Liebe .... und mir wurde klar, daß alles Erschaffene Gott ist .... es gibt keinen Gegenpol zu Gott, keinen Widersacher. Gott ist symbolisch das Licht, das unendliche Positivum. Mangel an Licht ist Finsternis. Es ist kein Zustand, es ist die Leere.

2. Die Schöpfung

Von dem ewigen, stationären, unendlichen SEIN fällt ein kleines Teilchen in die Polarität, mit dem Ziel, diese wieder aufzuheben und wie alles in das ewig ruhende SEIN zurückzukehren. Die Entstehung der Polarität ist die Schöpfung an sich. Zwischen den Polen bildet sich ein Kraftfeld. Plötzlich sind intelligente Gesetze da, die bis zur Aufhebung der Polarität, d.h. bis zur Wiedervereinigung der Pole, gültig sind. Es entstehen Energien, die sich bewegen, schwingen, gemäß den Gesetzen herum „tanzen", vibrieren. Dies bezeichnen wir als Kosmos oder als unser Zuhause, unsere Welt.

3. Die Zeit

Der durch die Schöpfung entstandene Zustand, d.h. die Existenz der Energien, ist nicht ewig, sondern zeitlich begrenzt .... So entstand dieser irreale Begriff: die Zeit. Sie ist eine relative Einschränkung der Existenz in einem Zustand der Energie. Für mich ist die Zeit eine kosmische Dimension mit irrealem Charakter. Die Zeit wird eines Tages zu Ende gehen.

4. Unser Kosmos

Aus einem Teil des in die Polarität gefallenen Ur-Prinzipes entstand die Energie, welche unseren Kosmos bildet, d.h. die Welt als solche entstand. Es ist das Bestreben alles Geschaffenen, wieder im UR-Sprung aufzugehen …. dieses Bestreben erscheint als eine stetige raumzeitliche Entwicklung, welche als imaginale Weltdimension betrachtet werden kann. Der Physiker Burkhard Heim betrachtet sie als Projektion einer Transdynamik aus der 5ten entelechialen und 6ten eonischen Dimension.

Da die Energien, die unseren Kosmos d.h. unsere Welt bilden, spezifische Strukturen haben, ist es für mich selbstverständlich, daß auch noch andere, viele, sehr viele ähnliche oder ganz verschiedene Welten existieren können, mit anderen Energieformen, anderen Gesetzen, anderen Zielsetzungen, die unsere Welt durchdringen können (Parallel-Welten).

5. Materie ist Energie Gottes

Von diesem Ur-Gott-Energie-Prinzip stammt alles Erschaffene – der Geist – die Seele – das Leben – und die Materie mit ihren hoch komplexen und intellektuel erscheinenden erstaunlichen atomaren Strukturen.

Meine Erfahrung mit der Materie war: „Es gibt keine feste Materie – wie wir sie sehen –, sondern der Mikrokosmos ist die Materie, welche dem Makrokosmos ähnlich ist. Beide sind eigentlich leer und bestehen nur aus Energie Gottes." So ist für mich die Materie göttlich, eine hoch intelligente Aggregatform der UR-Energien. Ihre Schwingung ist die langsamste, ihre Existenzebene ist die niedrigste.

6. Alles, was ich bin, ist Manifestation derselben Energie

Da alles Energie ist – alles, was wir wahrnehmen oder nicht wahrnehmen – ist alles, was überhaupt ist, ein Schwingungszustand, ein Frequenzbereich derselben göttlichen Energie. Wir können die verschiedenen Frequenzbereiche als verschiedene Aggregatzustände benennen oder diese durch die verschiedenen charakteristischen Manifestationen identifizieren. Es kommt auf das gleiche heraus. Alles ist Energie, und alles unterscheidet sich voneinander nur durch die verschiedenen Frequenzen.

So ist mein ICH, so bin ich eigentlich eine Energieballung, und alle meine Wesenseinheiten, Bestandteile, meine ganze Struktur, wie Rezeptor der Intuitionen, Geist, Seele, Leben, Materie, sind frequenzbezogene Manifestationen derselben Energie Gottes!

Alle meine Wesensglieder und Bestandteile sind deshalb eigentlich nur eines: Die göttliche Energie. Entsprechend kann man eigentlich alle Frequenzbereiche unter einem Kriterium behandeln – wie im Denkmodell Frequenzvariation.

7. Ich bin – „der ICH-Trichter"

Ich habe mich mit diesem rotierenden hyperboloiden Energie-ICH-Trichter in Visionen vollständig identifiziert. Ich fühlte mich damals im OOB-Zustand (out of body) als dieser ICH-Trichter, und ich fühle mich immer noch in tiefer Meditation als rotierende Energieballung, welche das göttliche Licht von oben empfängt, mit diesem Licht ausgefüllt ist, davon lebt, davon abhängig ist, weil das Licht nicht nur das Leben bedeutet, sondern die Fähigkeit des positiven Fühlens, positiven Denkens, der Intuition, der Erkenntnis, der Erleuchtung .... und dieses Licht zog mich zu sich. Ich betrachtete diese Lichtquelle als Ziel meiner Energie-Trichter-Existenz, in der ich mich aufzulösen wünschte. Die Rotation des Trichters entspricht der energetischen Ladung, und die Randgeschwindigkeit charakterisieren die Vibrationen auf den verschiedenen Ebenen.

8. Wesensglieder, Bestandteile des Menschen

Eigentlich ist alles eine Einheit. Der ganze Trichter symbolisiert die Ganzheit des Menschen, indem alle bekannten und unbekannten Wesensglieder und Bestandteile integriert sind. Was sind diese Wesensglieder, diese Bestandteile? Man kann die ICH-Trichter-Fläche mit der Basis paralleler Ebenen in 2-3-4-5-6-7 oder noch mehr Scheiben beliebig aufteilen und so durch die charakteristischen Funktionen die einzelnen Bereiche definieren. Es ist sicherlich sehr nützlich, dies alles zu studieren, um unser Wesen als Mensch besser verstehen zu können. Aber ich habe deutlich gespürt, daß der Unterschied zwischen diesen so willkürlich bestimmten Ebenen nur in den differenzierten Frequenzen besteht, die alle gleich beeinflußbar und umformbar sind. Alle diese Frequenzbereiche gehen stufenlos ineinander über und bilden den Menschen als Ganzes.

Die Schwingungsfrequenz der Randgeschwindigkeit eines Punktes ist die größte bei der Urquelle der Ur-Energie an der obersten Basis des Trichters (Lichtgeschwindigkeit), und fast Null an der Spitze, welche die Materie, die feste Materie kennzeichnet.

Deshalb ist meiner Meinung nach die Aufteilung des *ICH-Trichters* in Schwingungsbereiche nützlich, um die verschiedenen „Ebenen", „Stufen", „Wesensglieder" oder „Bestandteile" des Menschen eingehender studieren, analysieren oder selbst erleben zu können. So können wir die einzelnen Bereiche benennen und bewußt machen, bewußt erleben.

Von den vielen willkürlichen Aufteilungsmöglichkeiten pflegt man die 4-Teilung (Materie-Leben-Seele-Geist) anzuerkennen. Ich habe diese mit Unterteilungen zur 7- und später nach „oben" zur 10-Teilung für mich als Arbeitsmodell ergänzt.

9. Keine Begrenzung – stufenlos

Die Oberfläche des *ICH-Trichters* weist keinen Sprung, keine Stufen auf. So habe ich die Manifestationen der einzelnen, willkürlich erfolgten abgegrenzten Aufteilungen als stufenlos ineinander übergehende Energien empfunden. Wie die Farben des Regenbogens stufenlos ineinander übergehen, so habe ich den *ICH-Trichter* ebenso in Farben erlebt – so werden die Schwingungen stufenlos verändert. Abgegrenzt sind die verschiedenen Bereiche voneinander nicht.

Das ist eine sehr wichtige Feststellung, denn entsprechend können wir die niedrigen Gefühle durch die Kraft des „Lichtes" z.B. in Liebe umwandeln.

Dann dienen die stufenlos steigenden, spiralförmigen Zeichnungen auf der Oberfläche des Trichters quasi als „Wegweiser" zur nächsten, nach oben folgenden Fläche des Trichters, als Weg des Aufstieges: *die Spirale.* Die ganze Fläche des Trichters ist also kontinuierlich, so wie unsere Wesenheit als Mensch eine Einheit, eine Ganzheit ist.

10. Trichter als Gefäß des Lichtes

Die Vision, daß der *ICH-Trichter* von dem ursprünglichen göttlichen Licht bestrahlt und ausgefüllt wird, hat eine große Bedeutung. Das Licht ist nicht nur Energie von allem SEIN, sondern beinhaltet den göttlichen Plan zur Verwirklichung der kosmischen Funktionen des Trichters in allen Bereichen. Da sich diese mit der Distanz von der oberen Basis, mit der Entfernung von Gott, für uns immer anders manifestieren, haben wir es mit viellen verschiedenen Strukturen, Plänen, Ideen, Aufbausystemen, Funktionsmethoden usw. zu tun, entsprechend den „Stufen" oder „Bereichen" des *ICH-Trichters.*

Inwendig ist der Trichter – im Idealfall – voll mit Licht, Kraft, Intelligenz, Liebe – als Attribute des Göttlichen, der Ur-Energie und des Geistes. Entsprechend wird auf jeder Ebene der dazu passende Plan, die Idee, „das Wort" (siehe Johannes I) verwirklicht. Der ganze Trichter rotiert, vibriert planmäßig, harmonisch und wird vollkommen sein. So wird der *ICH-Trichter* Symbol des göttlichen Plans, der Idee des Gesamtmenschen, des vollkommenen Menschen, des Ur-Adams.

11. Hierarchie des göttlichen Planes

Wenn man den *ICH-Trichter* symbolisch als Energieform der göttlichen Intelligenz betrachtet, kann man erkennen, wie genial der einfachste Plan, der Plan der Materie bzw. die einfachste atomare Struktur, das Hydrogenatom (H), ist …. und wie unvorstellbar perfekt, wie großartig ist die Idee, der Aufbauplan dieses einfachsten Atoms! Wie wunderbar sind die Kraftfelder und die Größe und Distanzen der sich bewegenden Energieballungen geplant! Alles weist auf eine großartige Idee einer allumfassenden Intelligenz hin. Davon stammt der Funktionsplan, der „Geist", die „Intelligenz" dieses einfachsten Hydrogenatoms. Hier treffen wir den Geist in der Materie oder die Intelligenz, die Software, gemäß welcher diese Hydrogenatom-Struktur funktioniert.

Und so kommen wir von der Spitze des Trichters weg, und wir werden immer kompliziertere und komplizierter Atome antreffen, die immer intelligenter und intelligenter funktionieren und gemäß dem Kräftespiel im göttlichen Plan festgehalten sind, sich behaupten.

Wir studieren diese in der Atomphysik.

Später, nach oben – aber stufenlos, sind verschiedene, zuerst einfache (wie z.B. H_2O = Wasser), danach immer kompliziertere chemisch genannte Verbindungen von den sogenannten anorganischen bis zu den organischen sehr komplizierten Verbindungen anzutreffen.

Alle, alle haben einen intelligenten Plan und einen Geist, der die Fuktionen steuert. Je höher man steigt, desto schneller schwingende, anspruchsvollere, uns komplizierter erscheinende Strukturen trifft man an.

Die Entwicklung produziert dann Protein-Verbindungen, welche eine neue Qualität des göttlichen Planes und der dazu nötigen Energie haben: diese können sich selbst beschränkt programmieren …. die ersten Proteine können „leben" ….

Die höhere Entwicklung von der ersten lebenden Zelle mit Stoffwechsel, Selbsterhaltungsfähigkeit, Selbstproduktionsfähigkeit, Mutationsmöglichkeiten, usw. bis zu der höchst komplizierten biologischen Systemstruktur des menschlichen Körpers ist groß, aber alle diese Stufen sind im *ICH-Trichter*-Mantel präsent als einzelne, aber stufenlos ineinanderwachsende Entwicklungsstufen der göttlichen Intelligenz.

Je komplexer aber die lebenden Zellen sind, die dann als Zellgruppe zu höheren Funktionen fähig sind, desto empfindlicher sind sie gegenüber Umwelteinflüssen. So fangen die Zellen, Zellgruppen, Organe und Ortsgruppen an, die Umwelt wahrzunehmen, zu empfinden, zu fühlen …. als neue, höhere Qualitäten der göttlichen Intelligenz oder als stärkere Manifestation des göttlichen Geistes.

So habe ich deutlich gespürt, daß jede Zelle einen Geist, ein Bewußtsein hat und daß jede Zellgruppe einen übergeordneten Geist bzw. ein übergeordnetes Bewußtsein besitzt. Ebenso haben die noch übergeordneten Organe und Organgruppen einen immer höher stehenden Geist bzw. ein höheres Bewußtsein. Im Menschen als Ganzes sind alle diese „Geiste" bzw. „Bewußtseine" integriert.

Vom Verspüren von Wünschen und Emotionen, die wir als Manifestation der Seele betrachten, die alle immer eine höhere Qualität der göttlichen Intelligenz darstellen, gleitet man stufenlos in das einfachste, realitätsbezogene, konkrete Denken hinein.

Eine weitere Entwicklung der göttlichen Intelligenz führt immer mehr zum abstrakten Denken in Symbolen, wie Zahlen, Buchstaben, Noten, Zeichnungen, Farben etc. Zu diesen Funktionen gehört immer ein ursprünglicher Plan, eine Idee, ein den Stufen entsprechender Trägergeist mit Intelligenz, mit spezifischen Qualitäten .... welcher die Fähigkeit besitzt, seinen „Status quo", die eigene Entwicklung selbst zu programmieren, die vorhandenen Programme mit Hilfe der göttlichen Kraft zu ändern, sich zu entwickeln.

Und dann kommt noch der Bereich der Intuition und der Sublimierung aller niedrigen Aspekte in den göttlichen Geist.

So wird das Gebilde des Trichters von unten nach oben immer breiter und kann immer mehr Licht-Kraft in den Querschnitt aufnehmen. So ist verständlich, daß wir über immer mehr Lichtpotential verfügen, je mehr sich unsere Ebenen von der Materie her dem göttlichen Geist nähern.

Der *ICH-Trichter* beinhaltet dementsprechend alle Aspekte des Menschen, alle Entwicklungsebenen der Intelligenz, alle Schwingungsbereiche der göttlichen Energie. Die ganzheitliche Gesamtstruktur stellt demzufolge die ganze Hierarchie aller Energien dar. Wir sind als Mensch die Ganzheit des *ICH-Trichters*.

12. Achse des ICH – Weg der Entwicklung

Die Rotationsachse des *ICH-Trichters* stellt die Achse des SEINS des Menschen und die Richtung der aus den höheren Dimensionen gesteuerten Entwicklung dar. Wir Menschen als solche haben auch die langsamste Schwingung der Materie in uns. Die Materie ist die vom göttlichen Licht entfernteste, dunkelste Ebene. Dieses Ende der Rotationsachse ist der negativste, „unterste" Pol des Gesamtgebildes, der Gesamtstruktur des Menschen. Der positivste Pol ist „oben" im Licht, bei Gott. So ist die Rotationsachse symbolisch das kosmische Rückgrat der Gesamtstruktur und dadurch die Achse meines ICH, meines SELBST.

Da der Mensch eigentlich in den gottentferntesten Punkt, bis zu dem negativen Pol der Achse hinabgestürzt oder hinabgestiegen ist, symbolisiert die Achse mit dem positiven Pol im Licht den Weg der Entwicklung des Menschen. Es ist unwahrscheinlich, daß wir der Achse entlang in einem einzigen Leben bis hin zum Licht, wie eine Rakete, hinaufsteigen können. Dadurch ist die mühsame Erklimmung der Höhe auf der Oberfläche des Trichters in spiralförmigem, aufsteigendem Weg bis zur Vervollkommnung, zum Licht in meinen Visionen symbolisiert.

13 Polarität des ICH-Trichters

Der rotierende Hyperboloid-Trichter war in meinen Visionen mit energiespendendem Licht ausgefüllt .… Innen war das Licht. Deshalb spürte ich, daß alles, was positiv ist, was Liebe als Ursprung hat, Gedanken, Gefühle, Emotionen, Lebenskraft usw. irgendwie im Trichter *innen* ist. Diese innere Fläche des Trichters ist meiner Vorstellung nach positiv geladen und beleuchtet; die äußere Oberfläche des Hyperboloids liegt im eigenen „Schatten", hat Mangel an Licht, ist nicht unbedingt „böse", aber negativ geladen.

Somit ist die Polarität auf jeder einzelnen Ebene vorhanden: die beleuchtete Innenoberfläche ist positiv, die im Eigenschatten stehende äußere Oberfläche ist negativ geladen. Der Trichter hat eine Wand, die zwei Seiten, zwei Flächen hat. So sind jedem Punkt auf allen Ebenen die dualistischen positiven und negativen Aspekte zugeordnet. Damit können wir erfassen, daß zu jedem positiven Aspekt polar ein negativer Aspekt gehört. Es liegt an uns, mit welchen Aspekten wir uns beschäftigen, welche wir bewußt erleben und welche wir ignorieren.

In meinem Denkmodell soll sich unser ICH-Bewußtsein immer innerhalb des Trichters im Licht, in der Kraft, in der Liebe bewegen und Verwirklichung suchen, durch das Licht selbst immer leuchtender werden und so immer mehr aufsteigen.

An der dunklen, schattigen Außenseite haften negative Aspekte, die der Mensch meiden sollte.

14. Trichter als Speicher aller Erfahrungen

Es gehört zu den Charakteristiken des Trichters, daß er eine feste Schale hat und innen leer ist. Genauso ist es beim *ICH-Trichter* auch. Anfänglich war er leer. Aber bald nach dem ersten Leben wurden darin die ersten Erfahrungen im körperlichen, seelischen, geistigen und intuitiven Bereich gespeichert, gelagert.

Sind diese Erfahrungen positive, gute liebevolle Gedanken und Motivationen, so sind sie entsprechend transparent, lichterfüllt und lassen das göttliche Licht durchscheinen, die göttliche Energie der Intuitionen, des Gefühls und des Lebens hindurchfließen. Dadurch ist die harmonische Grundfunktion der Energien aller Ebenen gesichert. Sind dagegen die Erfahrungen negativen Ursprungs, so sind sie „undurchsichtig" und dunkel, blockieren die göttlichen Energieströme und verursachen Störungen in den Funktionen. Eine disharmonische Grundsituation „im Schatten" ist so entstanden, die zu Destruktion und Zerstörung führen kann.

Alle diese Erfahrungen sind auf den entsprechenden Ebenen gespeichert und können bewußt (im Gedächtnis) oder unbewußt (im Traum oder in Meditation) wieder ins Tagesbewußtsein geholt werden. Der tiefste Traum ist der Tod .... so werden dann alle Erinnerungen und Erfahrungen im sogenannten Lebensfilm wieder vorgeführt, wieder erlebt. Auch die Erfahrungen aus früheren Leben haften an der Schale des *ICH-Trichters* und wirken in den unbewußten Bereichen weiter.

Es ist sehr, sehr wichtig daran zu denken, *was* ich in mir selbst, in meinem *ICH-Trichter* ein Leben lang speichere, auf welchen Ebenen ich mich bewege, und wie ich diese Erfahrungen zu meiner Weiterentwicklung, zur Vervollkommnung gebrauchen kann.

15. Qualitäten der gespeicherten Informationen im ICH-Trichter

Die gespeicherten Informationen sind verschiedenen Ursprungs: zum Teil sind es Tatsachen des irdischen Lebens, zum Teil sind es Impressionen, Gefühle, Emotionen sowie konkrete oder abstrakte Gedanken, Intuitionen, die dort alle als Realität erscheinen. Das wichtigste und entscheidendste Kriterium zur Beurteilung des Lebensfilmes sind immer die Motivationen, welche unseren Entscheidungen zugrunde liegen.

Falls die Erfahrungen positiv, transparent, selbstleuchtend sind, ermöglichen sie das Durchströmen des göttlichen Lichtes der Liebe und der Energie, von der obersten großen Öffnung bis zu der untersten Spitze des hyperbolischen Trichters. Der Trichter ist von innen weiterhin beleuchtet, die Energie kann ungehindert durchströmen. Dieser Mensch ist nach meinem Denkmodell gegenüber Gott *offen*, geistig *positiv*, seelisch *liebevoll* und körperlich *gesund*.

Falls die Erfahrungen negativ, düster, undurchsichtig, fest und schwer sind, dann „verstopfen" sie den Trichter und behindern das Fließen des göttlichen Lichtes. Wenn diese Blockaden auf geistiger Ebene sind, dann werfen diese „Klötze" Schatten auf die unteren Ebenen, wo der Mangel an Energie und Licht Störungen verursacht. Dieser Mangel an Licht, Liebe und Energie ist dann verantwortlich für geistig dunkle Gedanken und Emotionen, für Lieblosigkeit und psychische Belastungen, Depressionen, negative Emotionen im Bereich des Seelenlebens sowie auch für gestörte biologische Funktionen des Körpers, welche dann als irgendeine Krankheit sich manifestieren.

Hier ist die Ursache von geistigen, psychischen und physischen Krankheiten zu suchen im Mangel an Licht, Liebe und Positivem. Der Trichter ist im Bereich des Materiellen und der Lebensenergie, wo die Schwingungsbereiche am schmalsten und

engsten sind, sehr schnell „verstopft": Der Körper wird krank.
Dieser Bereich ist dem Tagesbewußtsein zugeordnet. Auf den
höheren, seelischen Bereichen, welche durch das Unterbewußtsein charakterisiert werden können, ist der Trichter viel breiter,
die Speicherkapazität ist viel größer. Unser Unterbewußtsein ist
ein großes Lagerhaus. Die hier gespeicherten Erfahrungen üben
großen Einfluß auf den Körper aus. Die passiven Gefühle und
Motivationen können psychosomatische Störungen verursachen und auch nach oben wirken, unseren Geist vergiften und
schlußendlich das eigene ICH-Bewußtsein schwer belasten.
Ebenso wirken sich Erfahrungen, die im Überbewußtsein haften, positiv oder negativ auf geistige, seelische oder biologische
Funktionen der entsprechenden Schwingungsebenen aus.

16. Auswirkungen der gespeicherten Erfahrungen

– Wo keine *Öffnung* ist, ist man verschlossen (auf intuitiver
  Ebene)
– Wo kein *Licht* ist, ist Finsternis (auf geistiger Ebene)
– Wo keine *Liebe* ist, herrschen die negativen Impulse (auf seeli-
  scher Ebene)
– Wo keine *Kraft* ist, da sind Funktionsstörungen (auf körperli-
  cher Ebene)

Deshalb ist es so wichtig, daß wir im Alltag in jeder Situation
daran denken, daß uns die positiven Gedanken und Gefühle
das Hindurchströmen des göttlichen Lichtes von der höchsten
göttlich intuitiven Ebene bis tief in die Materie hinein ermöglichen. Wenn das nicht erfolgen kann, treten Blockaden und Störungen in den Funktionen der gesamtenergetischen Schwingungen auf. Diese Blockaden können wir uns als in den Trich-
tern hineingefallene, blockierende Felsbrocken vorstellen, die
den Fluß der Energien stauen und auf die tiefer liegenden Ebenen Schatten werfen. Diese Schatten sind die Störfaktoren, die
Ursachen der Anomalien, wie verschiedene Krankheiten des
Körpers, seelische Störungen/Depressionen, geistige Verwir-
rung/Desorientierung, Blockade der göttlichen Intuitionen, Ver-
stummen der inneren Stimme und führen zu falschen Entschei-

dungen, welche das ICH-Bewußtsein dann zu fällen vermag.
So können wir sagen, daß die Ursachen der körperlichen
Krankheiten zum Teil psychosomatischer Natur, zum Teil
pneusomatischer Natur sind, je nachdem, wo die schattenwerfenden Blockaden liegen …. Blockaden, die wir eigentlich als
negative Gedanken, unverarbeitete Probleme, lieblose Gefühle,
negative Emotionen usw. bezeichnen oder identifizieren können. Entsprechend können wir feststellen, daß die Ursachen fast
aller Krankheiten, die als biologische Funktionsstörungen aufzufassen sind, in den negativen, unverarbeiteten, nicht mit dem
Licht durchdrungenen Problemen des Geistes und der Seele zu
finden sind. (siehe Abbildung nächste Seite)
Die Frage ist nun: Wie kann man diese Schatten auflösen?
Durch positive Schwingungen des Lichtes und der Liebe! Wie
die Sonnenstrahlen mit ihren Energien die Wolken aufzulösen
vermögen, so kann man sich bildhaft vorstellen, wie das Licht
und die Liebe die negativen Wolken absorbiert und sublimiert
oder durchsichtig machen. Danach können die positiven, göttlichen Energien wieder durchfließen. Die Regeneration und Wie-
derherstellung des ursprünglichen Zustandes der Seele oder
des Körpers – wie sie im göttlichen Plan enthalten ist, kann erfolgen: Die Genesung, die Heilung.

17. Der „ICH-Trichter" symbolisiert das ICH-BIN-SEBST Bewußtsein
Wenn man versucht, den *ICH-Trichter* energetisch zu erfassen,
erfährt man, daß die größten Kräfte auf die geöffnete Basis wirken. Diesen Teil des Trichters kann man als Kernstück oder
Sinn-Substanz bezeichnen, und so wirkt die Spitze quasi als
„Extremität", welche, je weiter vom Kern entfernt, desto unwich-
tiger ist …. die Materie des Körpers.
Der erwähnte Kern ist, meiner Meinung nach, der Träger des
ganzen Trichterprinzipes, ist das ICH. Falls dieser die Gesamtheit aller Schwingungen des Gesamttrichters erfaßt hat, erweitert er sich zum vollkommenen ICH-BIN-SELBST-Bewußtsein.
So thront in Gottesnähe „oben" das göttliche ICH über dem
ganzen Energiepotential des Trichters und übt seine Funktionen

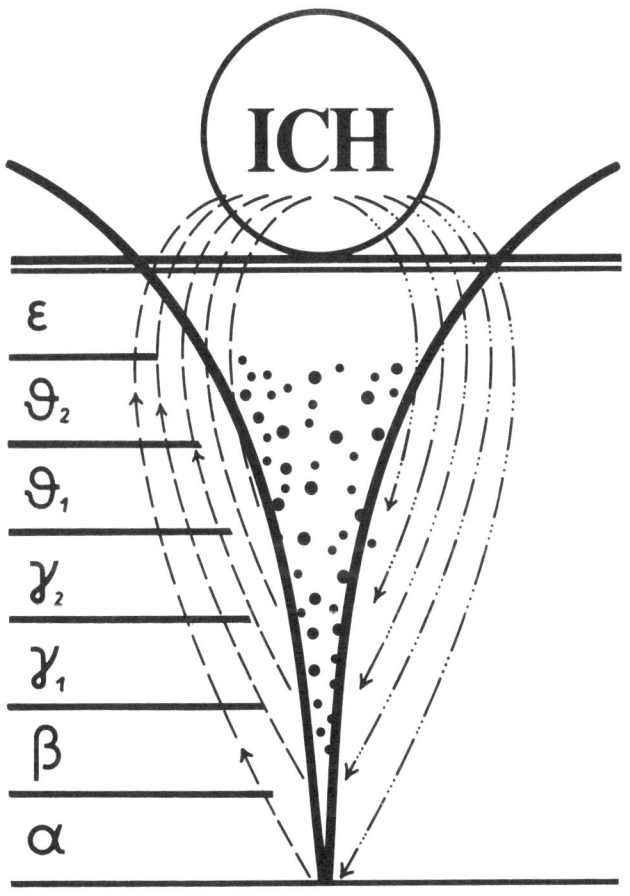

als entscheidendes Prinzip aus. Hier in diesen obersten Bereichen des Trichters werden die Entscheidungen von uns selbst gefällt aufgrund aller vorhandenen Informationen aus sämtlichen Schwingungsebenen unter Berücksichtigung der Bejahung oder Ablehnung der intuitiven, inneren Stimme, weil das ICH einen freien Willen hat …. In dieser Schwingungsebene werden die Ausführungsbefehle für das Denken, Fühlen und auch für die biologischen Funktionen, usw. gegeben. Hier ist auch der Sitz des Willens. So kann das hier schwingende ICH alle niedrigeren Ebenen und Schwingungsbereiche unter Kontrolle halten und durch direkte Befehle und Willensäußerungen dirigieren, lenken und die Funktionen bestimmen. Dies ist ein idealer Zustand, welcher die Grundlage für die Selbstverwirklichung bildet.

18. Harmonie, Ganzheit, Vollkommenheit des Menschen
Alle im *ICH-Trichter* zusammengehaltenen Energien bilden eine morphologische und funktionelle Einheit. Alle Energien sind Teil des Ganzen, und das Ganze ist die Integration aller Manifestationen, die auf den verschiedenen Ebenen erfolgen. So ist der rotierende *ICH-Trichter* eine harmonische Ganzheit, welche alle Frequenzbereiche umfaßt und eine ganz spezifische, man kann sagen „individuell geprägte" Gesamtschwingung hat. Diese funktionelle Perfektion in der Rotation, diese Vollkommenheit des Trichters in sich, als solche deutet auf den Gesamt-Schöpfungsplan des Menschen hin: Der Grundgedanke, die Grundidee Gottes „das Wort" des Schöpfers ist, den Menschen in seiner harmonischen Vollkommenheit zu gestalten, um durch einwandfreies Funktionieren ohne belastende, Schatten bildende „Klötze" oder Ballast den Aufstieg des Gesamtbildes zu der ursprünglichen Quelle zu ermöglichen, mit anderen Worten, bildlich gesprochen: der mit Licht erfüllte, schattenlose Trichter hebt sich hoch, schwingt sich in die unendliche Energiemenge hinein – löst sich in Gott auf – als vollkommener Mensch …. die Menschwerdung ist vollzogen.

19. Schöpfung des Menschen

Wenn man diese Gedanken weiter verfolgt, kann man die
Schöpfung des Menschen mit Hilfe dieses Denkmodells veranschaulichen. In Gott ist die Einheit, Gott ist die harmonische Ur-
Einheit in sich. An der Oberfläche des unendlichen Lichtballes
entsteht ein winziger Wolkenwirbel aus oberflächlichen Energien und fängt ein Eigenleben an, fängt an zu rotieren. Wenn
man die Form des rotierenden Trichters betrachtet, dann ist die
Spitze am weitesten entfernt von Gott. Durch das Entstehen dieses Gebildes erschien der Mensch als solcher und erhielt eine
spezifische, von Gott stammende, doch durch freie Funktions-
möglichkeiten charakterisierte Wesenheit, Persönlichkeit, Entität, das ICH. Diese ist so durch den Abstand vom Ursprung
entstanden. Ziel der Existenz der individuellen Wesenheit ist,
diese Distanz zu Gott wieder durch Rückkehr wettzumachen,
sich immer mehr dem Ursprung zu nähern, sich zu dem Göttlichen hin zu entwickeln, ähnlich zu werden und schlußendlich
die eigene Persönlichkeit voll aufzugeben in der Vereinigung
mit Gott.

So ist das Problem „Woher?" und „Wohin?" symbolisch besser
zu verstehen. Die menschliche Existenz ist sinnbildlich als kurze
Existenz des „Wolkenwirbels" aufzufassen. Eine Inkarnation „im
Fleisch" d.h. in der Materie ist die Ausdehnung der Spitze des
Trichters bis zu den langsamen roten Schwingungen der mate-
riellen Ebene. Das Entstehen des einzelnen Menschen vom gött-
lichen ICH bis in die Materie ist dadurch verständlich: Der
Abstand vom Ursprung wird immer charakteristischer.

Die Schöpfung ist die Distanz von Gott – Ziel der individuellen
Existenz des Menschen ist die Rückkehr und die Vereinigung
mit dem Ursprung.

20. Ziel des Lebens: Die Entwicklung

Der Aufstieg kann aber nur dann erfolgen, wenn der Trichter
einwandfrei harmonisch funktioniert. Der Trichter ist für das
göttliche Licht nicht durchlässig, wenn ungelöste geistige und
seelische Probleme als schattenwerfende Blockaden das Durch-

strömen des Lichtes behindern, wenn der Trichter als Ganzheit nicht harmonisch rotieren und schwingen kann, wenn der Trichter geknickt, eingeknickt, verstellt, verdreht oder beschädigt ist. Solange der Trichter „belastet" ist, kann der Aufstieg nicht erfolgen. Dann muß der betreffende Mensch so lange auf der niedrigeren, materiellen Schwingungsebene bleiben, bis er die harmonische Gesamtschwingung durch einen Reifeprozeß voll wieder hergestellt hat, die Blockade gelöst hat, den Ballast abgeworfen und die Probleme im Licht aufgelöst hat. Diese Harmonisierung des Gesamtenergiepotentials des Trichters ist eine geistige Arbeit, welche das ICH durch seinen freien Willen bewußt durchführen will und durch die Kraft seines Willens vollziehen kann. Diese Entwicklung, für die ein durch verschiedene Lebensprobleme motivierter Reifeprozeß charakteristisch ist, ist meiner Meinung nach Ziel und gleichzeitig Sinn und Aufgabe unseres Erdenlebens. Wenn die Entwicklung und Vervollkommnung sehr stark angestrebt wird, kann das Ziel, die Menschwerdung, erreicht werden.

21. Farbkorrelationen der verschiedenen Ebenen

Die verschiedenen Schwingungsebenen bezeichnen die verschiedenen Funktionen des Gesamtmenschen. Auf diesen Ebenen spielen sich die verschiedenen, von uns wahrnehmbaren Manifestationen ab. Jeder Sektor des Trichters, jede Ebene hat eine charakteristische Grundschwingung, deren harmonische Energiefrequenzen auch im Bereich der sichtbaren, hörbaren und fühlbaren Frequenzen definiert werden können.

So „gehört" zu jeder Schwingungsebene eine charakteristische Farbe, ein Ton, ein Duft, ein Wärmeempfinden – die noch näher untersucht werden sollten.

In meiner Mensch-Vision oder „ICH-BIN-der-Energie-Trichter"-Erfahrung habe ich den Trichter in Farben gesehen, in allen Regenbogenfarben, vom untersten Infrarotbereich der Materie ein stufenloser Übergang durch Orange, Zitronengelb, Hellgrün, Dunkelgrün, Blaugrün, Blauviolett, Violettrosa, bis ich zu „oberst" das göttliche, strahlend weiße Licht als Symbol der göttlichen Gesamtheit wahrnahm. Das weiße Licht als Gott „oben" und die farbloseste Farbe schwarz zuallerunterst, bildeten die zwei Pole der menschlichen Existenz.

Noch auf der Intensivstation in Bellinzona versuchte ich, diese wunderbare Farbvision zu entziffern und habe diese Farben mit den verschiedenen Manifestationen meines ICH in Bewußtseinstufen in Verbindung gebracht. So wurden die Farben Symbole der Schwingungsebenen, der Bestandteile meiner selbst oder meiner Wesensglieder.

Wenn ich heute meditativ denke, dann kommen immer wieder diese Farben als charakteristische Symbole der verschiedenen Funktionen in mir auf.

Als Grundlage des in Wesensgliedern definierten *ICH-Trichters* in entsprechende Funktionen empfand ich in mir folgende Farben:

Gott, die Fülle	= weiß	Wesensgleich zu Gott
Intuitionen	= violettrosa	Rezeptor, Brücke zu Gott
abstraktes Denken	= ultramarin	höherer Geist
konkretes Denken	= blaugrün	niederer Geist
Emotionen	= hellgrün	höhere Seele
Wahrnehmungen	= zitronengelb	niedere Seele
Lebensfunktionen	= orange	Leben
Materie	= zinnoberrot	Materie
Antimaterie	= schwarz	Leere

22. Was sind Geburt und Tod des Menschen?

Die Geburt ist – gemäß diesem Denkmodell – „die Einkörperung" des ICH. Entsprechende Schwingungen, d.h. die Energien des ICH's „verdichten" sich durch Verlangsamung der Schwingungsfrequenzen immer mehr, steigen immer mehr hinab/hinunter bis in die materielle Ebene. Durch diese Verlangsamung der Schwingung entwickelt das ICH um sich herum diese verschiedenen Schalen oder Schwingungsgürtel, bis sich schlußendlich der grobstoffliche Körper ausbildet. Wenn das ganze Energiegebilde entstanden ist, kann alles durch einen uns unverständlichen, wunderbaren, irdisch sehr komplizierten Vorgang in Funktion gesetzt werden: die Geburt in unsere materielle Ebene (3. Dimension) und in der Zeit (4. Dimension). Ein Mensch ist geboren. So wird eine körperlose Wesenheit ein Mensch.

Das Leben ist das Bestehen des *ICH-Trichters*. Der Tod bedeutet die umgekehrte Entwicklung: die Energien der Beta-Ebene = Leben wirken verlangsamt. Leben wird aus jeder lebenden Zelle – wie das Tibetanische Totenbuch es so schön darstellt – langsam zurückgezogen, die Energiezufuhr durch den Energiekörper und dessen Verbindungspunkte, die Chakra, wird unterbunden. Der grobstoffliche Körper beendigt seine Lebensfunktionen, er stirbt ab. Was zurückbleibt, ist ein Häufchen materieller Substanz, welches wertlos und nutzlos ist. Es muß betont werden, daß der Körper abstirbt und nicht das ICH, welches unsterblich ist. Der Mensch hört auf, als Mensch mit integriertem ICH-Bwußtsein, intuitivem Körper mit Rezeptor, Geist, Seele, feinstofflichem (Energie-) Körper und materiellem Leib (grobstofflicher Körper) weiter zu existieren. Der Mensch ist „gestorben", aber sein ICH mit den nicht materiellen Bestandteilen als seelische/geistige/intuitive Wesenheit wird weiter existieren auf nicht materiellen, sondern „höheren" Stufen.

So ist der Tod – für mich – ein Trennungsprozeß, durch welchen wir die materiellen Ballaste ablegen, uns von der Zwangsjacke der Materie befreien können. Wir öffnen uns dem Licht der Wahrheit.

23. Was ist der Tod?

Beim Trennungsprozeß werden die Lebensenergien von der Materie zurückgezogen. Das ICH ist befreit. Ballast ist abgeworfen. Das ICH-BIN-SELBST-BEWUSSTSEIN wird vom göttlichen Licht durchstrahlt. Alles, was im Innenteil des Trichters gespeichert ist, wird sichtbar, präsent. Das ICH kann alles betrachten, alle bisherigen Erfahrungen auf allen Ebenen wieder erleben. Ja, man nimmt alles wieder wahr – das ganze Leben rollt wie ein wahrer Film ab.

Das ICH betrachtet aufmerksam alle Gedanken und alle Motivationen, die zu einer Entscheidung geführt haben. Es beurteilt und erspürt sofort mit einem metaphysischen Mechanismus, der hier als Gewissen bezeichnet werden kann, ob dieser oder jener Gedanke – vereinfacht ausgedrückt – gut oder böse war. Die Beurteilung aller Gedanken erfolgt nicht nach irdischen (d.h. auf tieferen Ebenen wirkenden, mit Fehlern behafteten) Kriterien wie z.B. Gesetze des Staates, Ge-bote und Ver-bote einer Religion, Gewohnheiten einer Gesellschaft, etc., sondern nach dem *„allgemeinen kosmischen Harmoniegesetz der Liebe".*

Die positiven Gedanken und Motivationen sind leuchtend und sind selber das Licht; die negativen, die Blockaden, die Schatten, können durch geistige Prozesse wie Einsicht, Reue, Vergebung auch z.T. gereinigt, transparent gemacht und so aufgelöst werden. Sollten gewisse Blockaden, die Schatten werfen, bestehen bleiben – die bestimmten unerledigten Aufgaben, nicht bestandenen Prüfungen entsprechen – so muß auf dieser Ebene ein neuer Anlauf genommen werden, um diese Schatten in Licht aufzulösen.

24. Wohin kommt das ICH nach dem irdischen Tod und Reinkarnation?

Diese berechtigte Frage kann man je nach religiöser oder philosophischer Auffassung sehr unterschiedlich beantworten, wobei die Antwort sehr subjektiv ausfallen wird. Denjenigen, denen der *ICH-Trichter* als Denkmodell vertraut ist, ist die Antwort sehr einfach: Das ICH mit seinem ICH-BIN-SELBST-BEWUSSTSEIN ist einfach wie es ist, und so ist es. Aber die Manifestationsmöglichkeiten sind anders für die Weiterexistenz.

Nach dem Tod erfährt das ICH, wie weit das soeben abgeschlossene Leben seiner geistigen Entwicklung gedient hat und ob ihm eine Weiterexistenz ohne grobstofflichen Körper möglich ist, oder ob es noch nicht so weit ist und noch weitere Erfahrungen in der Materie sammeln muß. In diesem Fall kommt es wieder zu einer Neugeburt, einer Reinkarnation „im Fleisch", d.h. in der Materie. Über der materiellen Ebene liegen viele, viele von uns nicht einzeln definierbare Ebenen, Frequenzbereiche, die alle verschiedene charakteristische Manifestations- bzw. Aktivitäts-Möglichkeiten haben. Alle Ebenen sind mit Prüfungen verbunden, die der Mensch bestehen und lösen muß, um einen weiteren Aufstieg zu ermöglichen.

So ist es gut möglich, daß das ICH bereits schon im Erdenleben einige Proben/Prüfungen von „höheren" Ebenen bestanden hat. Es wird immer in der Zukunft auf derjenigen niedrigeren Schwingungsebene aktiv werden, wo es die Proben noch nicht gelöst und bestanden hat. Man kann sich das am einfachsten so vorstellen: Das ICH wird auf dieser niedrigen Ebene neu geboren, reinkarniert, besser gesagt aktiv, um diese Aufgaben zuerst dort erledigen zu können. Das *ICH-Trichter*-Bild sieht dann so aus, daß der obere Teil der Basis beim Licht bleibt aber die Spitze bis zu einer *bestimmten* Ebene hinunter reicht, wo noch unerledigte Aufgaben bzw. Proben vorhanden sind.

So erfolgt die viel zitierte geistige Entwicklung, die wir bildlich mit einer immer kürzeren Trichterspitze darstellen können: je flacher der Trichter, desto entwickelter das ICH.

Zusammengefaßt: Das unsterbliche ICH ist wie immer in Gottesnähe, nur die zukünftigen Wirkungsebenen werden den karmischen, noch nicht erledigten Aufgaben entsprechend zugeteilt.

25. Darstellung des Entwicklungsprozesses

Ziel aller Existenzen auf sämtlichen Schwingungsebenen ist, dem göttlichen Licht, der Energie und Liebe zum Durchbruch, zum Durchströmen zu verhelfen. Alles ist Licht. Es ist der Endzustand des ICH's. Wenn nach aufeinanderfolgenden Inkarnationen in der Materie oder der Weiterexistenz in „höheren", nicht mehr materiellen Ebenen, die Schatten werfenden Klötze immer mehr im Licht aufgelöst werden, so wird der *ICH-Trichter* immer transparenter, lichterfüllter, kürzer, flacher, bis er nichts mehr enthält, alle Aufgaben gelöst sind, alles Licht geworden ist .... dann zieht kein Ballast mehr weg von Gott. Die Schwerkraft der Fehler, Aufgaben, nicht gelösten Proben, ist aufgehoben und das ICH kann zum Ur-Sprung (dem es „entsprungen" ist) zurückkehren, sich im Nirwana, im göttlichen All-Nichts auflösen, sich mit Gott vereinigen .... der *ICH-Trichter* wird in der unendlichen Energiemenge Gottes eingeschmolzen.

Aber zurück zu unserem jetzigen Leben in der Materie: So lange man sich nicht durch kosmisch gerechtes Verhalten zur Rückkehr qualifiziert hat (Tschönid-Bardo) oder mittels der Lehre des Lebensfilmes durch Reue und Reinigung den Weg zum Licht erarbeitet hat (Tschihai-Bardo), kann man sich nicht vom Zwang der Wiedergeburt (Sipa-Bardo) befreien und muß gemäß dem *ICH-Trichter*-Modell wieder in der Materie wirken.

Wenn ein Mensch nicht mehr in der Materie inkarnieren muß, kann das ICH in „höheren" Ebenen bleiben, oder besser gesagt, auf diesen Ebenen wirken, die dortigen Probleme lösen, die entsprechenden Aufgaben erledigen, mit anderen Worten: sich dort bewähren, um auch diese Ebenen wieder zu verlassen und auf noch höheren Wirkungsebenen wirken zu können. Das ist die Entwicklung, das Ziel des Erdenmenschen und aller Existenzen, wo auch immer sie sind – bis das ganze ICH sich völlig zurückzieht und sich mit der ursprünglichen göttlichen Energie – als Vollendung, Vervollkommnung – vereinigt.

Genau das ist das Lichterlebnis im klinisch toten Zustand, wenn das von der Materie erlöste ICH in Richtung des Lichtes fliegen will und nur einen Wunsch hat: in die Mitte des strahlenden Lichtes hineinzufliegen und so sich mit Gott zu vereinigen.

26. Was ist sterblich und unsterblich im Menschen?

Wenn wir den Trichter nicht als starres Gebilde sondern als sich immer ändernde trichterförmige Struktur betrachten, können wir die Frage von einem ganz anderen Standpunkt aus betrachten. Der Trichter als Ganzes ist der Mensch selbst. Die gesamte Energie des Trichters sind immer bestehende, bleibende, aber sich ändernde Energiemengen. Mit anderen Worten: Die Energien sind unsterblich. Aber was ist dann sterblich, vergänglich? Die Präsenz, die Manifestation der Energien auf der materiellen Ebene. Wenn die Aktivität der Energien hier aufhört, d.h. die Frequenzen in höhere Bereiche transformiert werden – dann „stirbt" der Mensch. Im Tibetanischen Totenbuch ist dieses Sterben so eindrücklich beschrieben: Die Energien, welche den Prinzipien der Erd-, Wasser-, Feuer- und Luft-Elemente entsprechen, werden im Absterbeprozeß aus den einzelnen Zellen zurückgezogen. Nach dem Tod werden die Energien des ehemaligen Menschen nicht mehr in der Materie, im Leib wirksam, und so hört der Mensch als solcher auf zu existieren. Aber die laut Tibetanischem Totenbuch als zurückgezogen bezeichneten Energien existieren weiter auf höheren „Ebenen" und können dort aktiv werden, sich entsprechend manifestieren. So ist der Tod eigentlich eine Veränderung der Frequenzen, eine Transfiguration der Energien.

Ich habe dies so eindrücklich gespürt und schon kurz nach meiner Wiederbelebung versucht, es in Worte zu fassen. Das lautete ungefähr so: „Die Schwingungen meines körperlosen ICH's wurden immer mehr an die schnellen Schwingungen der höheren Sphären angepaßt, „ummoduliert".

Meiner Meinung nach ist eigentlich nichts „sterblich". Was als „sterblich", als beendet angesehen werden kann, ist die Aktivität, die Manifestation auf gleichen materiellen (Alpha) und Lebensfunktionen entsprechenden (Beta) Ebenen oder Frequenzbereichen.

Der Tod kann mit einer Himmelfahrt verglichen werden: Hochschwingen, Ummodulieren der Energien, Transfigurieren, Umwandeln .... ohne Verlust von Energien. Das irdische Leben eines Menschen ist, meiner Meinung nach, das Wirken oder die Manifestation von gewissen verhältnismäßig langsamen und sehr langsam schwingenden Energien – die alle Bestandteile des *ICH-Trichters* sind – auf der Ebene der Materie (alpha) und des Lebensbereiches (beta).

II. Teil

Das ICH

7. Wer bin ich?
Die verschiedenen Bewußtseinsstufen

Was ist Bewußtsein

Das Bewußtsein kann nicht wissenschaftlich definiert werden, weil man ein Bewußtsein braucht, um darüber nachzudenken, was Bewußtsein eigentlich ist. Ohne Bewußtsein kann man überhaupt nicht bewußt werden. Es kann nur als geistiges Zentrum oder Funktionsprinzip der menschlichen Persönlichkeit umschrieben werden. Warum wir trotzdem versuchen, das Prinzip des Bewußtseins zu verstehen, die verschiedenen Arten oder Stufen des Bewußtseins zu charakterisieren, geschieht in der Absicht, um durch unser entwickeltes Bewußtsein die verschiedenen Phänomene und die dahinter stehenden Prinzipien, Ebenen, Sphären, Kraftfelder, Schwingungen (egal wie man es nennen mag) zu verstehen, oder besser gesagt, zu erahnen. Ein Bewußtsein ist immer eine Realität auf jenem entsprechenden Kraftfeld, durch welches das Prinzip dieser Ebene für uns erkennbar sein wird.

Wenn man einen Durchschnittsmenschen im Alltag fragt: „Wer bist du?", antwortet er: „Ich bin der, den du siehst." Wenn ich selbst mich früher fragte: „Wer bin ich?" stand ich zu Hause vor dem großen Spiegel, richtete meine Krawatte, knüpfte sorgfältig meine Jacke zu, glättete meine Haare, lächelte in den Spiegel und dachte: „Der bin ich, sehr gut sehe ich aus, alles ist o.k., ich bin ein sympathischer Mann .... usw."

So denken wir Menschen wohl immer: Ich bin das, was man sieht, oder so, wie die anderen mich sehen, oder wie die Menschen mich mit den irdischen Sinnesorganen wahrnehmen. Auch ich sehe meine Mitmenschen, habe von ihnen einen „Eindruck", ein ganz spezielles Bild. Wie gut oder wie schlecht ein Mensch ist, hängt immer davon ab, wie meine Einstellung, meine Projektion ihm gegenüber ist, wie ich ihn charakterisiere, einstufe. Das Bild von mir selbst oder von einem anderen Menschen ist also eigentlich meine subjektive Projektion. Aber bin ich wirklich eine Projektion? Da jeder Mensch ein anderes Bild – ein ganz subjektives – von mir hat, welches ist dann richtig? Welche Projektion stimmt mit der Realität überein? Eine fast nicht zu beantwortende Frage. So wird also die Grundfrage: Wer bin ich? nicht geklärt, sondern nur komplizierter gemacht. Bin ich mein Körper? Bin ich das, was die Mitmenschen als mein ICH erfahren? Fragen über Fragen, die alle offen bleiben. So war es auch bei mir – bis ich im klinisch-toten Zustand, als ich aus dem Körper ausgetreten war – mit großem Schreck erfuhr, daß ich nicht mein Körper bin!

Ich sah plötzlich meinen schwerverletzten Körper in einer Blutlache auf der Straße liegen (von „oben", von einem höheren Standpunkt); einige Minuten später, als der Arzt die erste Hilfe aufgegeben hatte und meinen Tod feststellte, sah ich auch meine Leiche, welche ich damals spontan als „meinen ehemaligen Körper" bezeichnete. Es war ein echter Schock, zu sehen, daß diese Leiche einmal ich war, daß ich mich einmal mit diesem Körper identifiziert hatte. Aber jetzt war ich irgendwo anders, außerhalb dieses Körpers.

ICH bin ausgetreten. Der Körper ist dort „unten" und ICH schwebe hier „oben" – dachte ich damals. Das bedeutete, daß „ich bin" immer noch eine Realität war. Ich hatte ein existierendes Bewußtsein, weil ich auch das „ICH-BIN-Bewußtsein" hatte.

In dieser Situation des Ausgetreten-Seins identifizierte ich mich nicht mehr mit meinem „ehemaligen" Körper. Ich wußte, daß ich jetzt außerhalb des Körpers existent bin als eine einmalige Realität. Nach der Wiederbelebung hatte ich einige Mühe, mit diesen Problemen fertig zu werden, d.h. zu verstehen, „Wer bin ich?"

Das ICH hat verschiedene Funktionen, die gemeinsam die Persönlichkeit prägen, wie: Wahrnehmungsfähigkeit, Empfindungsfähigkeit, Fähigkeit Gefühle zu haben, Fähigkeit zu denken, die erhaltenen Informationen auszuwerten, alles im Gedächtnis zu speichern, die Fähigkeit, bewußte Entscheidungen zu treffen, Verantwortung zu tragen, etwas zu wollen, Emotionen zu entwickeln, die Fähigkeit Intuitionen wahrzunehmen, usw. Ich hatte dies alles auch im ausgetretenen Zustand. Wie war das möglich?

Wenn das so ist, dann bin ich, das heißt mein ICH völlig unabhängig von meinem Körper, ich bin nicht mein Körper. Aber als ich noch im Körper war, hatte ich auch ein Bewußtsein, welches auch an meinem lebendigen Körper interessiert war.

Diese und ähnliche Überlegungen brachten mich zu dem Schluß, daß wir mehrere Bewußtsein – ich führe jetzt einen differenzierten Begriff ein – mehrere Stufen des Bewußtseins haben. Alle zusammen bilden mein höchstes Bewußtsein des ICH, das ICH-BIN-ICH-SELBST.

Bewußtsein im allgemeinen

Das Bewußtsein ist charakteristisch für den Menschen - nur der Mensch hat ein ICH-Bewußtsein. Im körperlosen Zustand erkannte und bezeichnete ich das Bewußtsein des Menschen als eine Gabe, christlich ausgedrückt, als Gnade Gottes. Nur der Mensch ist sich seiner Ich-Persönlichkeit bewußt und kann bewußt sagen: ICH-BIN-ICH. Unterhalb der Stufe Mensch, auch bei den – darwinistisch gesehen – höchst entwickelten Tieren, fehlt dieses ICH-BIN-Bewußtsein. Diese haben zwar eine kollektive Art-Erkenntnis, ein Zugehörigkeitsgefühl, sogar auch instinktiv gesteuerte Aufgaben der einzelnen, aber keine ausgeprägte Persönlichkeit im menschlichen Sinne. Das menschliche Ganzheits-Bewußtsein hat verschiedene „Stufen", d.h. verschiedene Manifestationen sind im gesamten menschlichen ICH-BIN-ICH-Bewußtsein integriert. Es ist deshalb wichtig, diese Manifestationen zu analysieren.

Wir Menschen existieren, d.h. leben, als eine spezifische Energie-Konzentration von verschiedenen Frequenzen – eben als Mensch. Wenn der eine oder andere Frequenzbereich dieses Energiekomplexes fehlen würde, könnte der Rest nicht als

102

Mensch charakterisiert werden. Würde die hohe geistige Energie fehlen, würde ein nichtgeistiges, d.h. tierisches Wesen, ein Tier-Mensch sich manifestieren. Würden die langsam schwingenden Energien fehlen, die wir als Materie wahrnehmen, würde kein Mensch sichtbar sein, sondern es entstünde eine körperlose Wesenheit.

Wir sind Menschen, und wir versuchen, das Bewußtsein als Mensch zu erarbeiten. Es ist sicher, daß jedem Energiefeld ein anderes Bewußtsein zugeordnet ist, z.B. ein Körperbewußtsein, ein Bewußtsein unserer Seele, eines des Geistes und eines der Intuitionen. Als Mensch haben wir noch ein übergeordnetes Bewußtsein, in welchem alle spezifischen Bewußtseinsstufen integriert sind, ein übergeordnetes Bewußtsein, welches als höchste Stufe sein kann: ICH-BIN-ICH-SELBST.

Die Schulwissenschaft spricht von einem Tagesbewußtsein, einem Wachbewußtsein, einem Unterbewußtsein und heutzutage sogar auch von einem Überbewußtsein. Diese Bezeichnungen sind meiner Meinung nach keine Qualitäten in sich, sondern Manifestationsformen der einzelnen, spezifischen Bewußtseinsstufen, die wir hier zu bearbeiten versuchen. Denn Kräfte können bestimmte Bewußtseinsstrukturen zugeordnet werden. Jeder Bereich des menschlichen Seins hat eigene, spezifische Eigenschaften, eigene Aufgaben, Funktionsschemen, eine eigene Intelligenz, eine eigene „Seele", einen eigenen „Geist", eine eigene „Persönlichkeit". Gewisse geisteswissenschaftliche Richtungen personifizieren diese Energien, bzw. den Geist dieser Energien und bezeichnen diese mit verschiedenen persönlichen Namen (z.B. Huna). Wenn man die Personifizierung benützt, erhält man eine sehr gut funktionierende Methode für die Selbstkontrolle. Die verschiedenen Bewußtseinsstufen sind demzufolge wie verschiedene Persönlichkeiten, die eine eigene „Seele", „Geist", „Intelligenz", „Willen" usw. haben. Mit dieser Methode ist es für das ICH als Kommandozentrale einfacher, mit den auf den verschiedenen Schwingungsebenen wirkenden Kräften in Kontakt zu kommen und diese unter Kontrolle zu halten. Ich möchte auch bemerken, daß die verschiedenen

Informationen und Erinnerungen immer auf der entsprechenden Ebene gespeichert werden, auf der das Ergebnis passierte, und nicht nur in der sehr vage als „Unterbewußtsein" bezeichneten Region.

Den auf allen Ebenen wirkenden Kräften entspricht ein zugeordnetes differenziertes Bewußtsein. Sie wirken als „Tagesbewußtsein" wenn wir wach sind, oder können auch gespeichert und ev. im Traum in Verbindung mit anderen Erinnerungen verkoppelt, wiedererlebt werden.

Stufen des Bewußtseins

„Cogito ergo sum" = „Ich bin, weil ich denke", waren die so oft zitierten Worte von Descartes (+1650) in der Zeit der Aufklärung. Das stimmt, aber diese Aussage ist nicht vollständig. Als Mensch möchte ich sie gern wie folgt ergänzen:

– Ich bin, weil ich einen aus Materie bestehenden Leib habe.
– Ich bin, weil ich lebe, wachse, mein Körper biologisch funktioniert.
– Ich bin, weil ich Empfindungen wahrnehmen und werten kann.
– Ich bin, weil ich Emotionen habe.
– Ich bin, weil ich konkret und abstrakt denken kann (wie Descartes sagte).
– Ich bin, weil ich eine Intelligenz habe.
– Ich bin, weil ich von höheren Ebenen Intuitionen empfangen kann.
– Ich bin, weil ich mich als Persönlichkeit empfinde.
– Ich bin, weil ich einen freien Willen habe und Entscheidungen treffen kann.
– Ich bin, weil ich einen Willen besitze, um meine Entscheidungen durchzusetzen usw.

Meiner Meinung nach *bin ich*, weil ICH *alle* diese Funktionen ausüben kann. Und wenn ich alles zusammen betrachte, dann verstehe ich, daß das alles mein SELBST ist.

Zu allen diesen Stufen gehören Erkenntnisprozesse, die bewußt ablaufen und auf jeder Stufe einen Erkenntnisprozeß hervorrufen. Man kann also das Bewußtwerden des ICH-BIN-SO auf jeder Stufe als spezifisches Bewußtsein definieren. Die Integration aller dieser Bewußtseinsstufen ergibt dann mein ICH, welches schlußendlich ich SELBST bin.

Versuchen wir nun, auf Grund der Aufteilung des *ICH-Trichters*, die verschiedenen Teile, die einzelnen „Scheiben", zu definieren und das dazu gehörende Bewußtsein zu bestimmen.

Um die verschiedenen Bewußtseinsstufen zu analysieren, nehmen wir als Ausgangspunkt die 10-Teilung, 7 im Körper gebundene und 3 metaphysische Bewußtseinsstufen, die für mich ein sehr brauchbares Arbeitsmodell darstellt. Ich muß nochmals wiederholen, daß mein „in mir", in meinem ICH-BIN-ICH-SELBST = göttlichen Bewußtsein, alles als Selbstverständlichkeit empfindet. Ich habe keine Probleme, alles als meine „eigene Wahrheit" in mir zu integrieren, es ist bereits dort integriert. Die Schwierigkeit besteht wie immer darin, die Erlebnisse der Transzendenz mit materiellen, gehirngebundenen Denkprozessen zu formulieren, die ich selbst als falsch bezeichne. Es gibt jedoch für mich keine andere Möglichkeit, diese Formulierung zu versuchen.

1. Materie-Bewußtsein (B$_1$):Materie-Bewußtsein

Unser Körper besteht zu mehr als 78% aus Wasser (H$_2$O), und aus ca. 22% verschiedenen chemischen Elementen in verschiedensten chemischen molekularen Verbindungen; davon sind verschiedene organische Urbaustoff-Verbindungen neben einigen anorganischen Substanzen. Alles, was wir im materiellen Schwingungsbereich anstreben sind atomare und molekulare Strukturen. Unser Körper ist also aus diesen materiellen, chemisch definierbaren Substanzen aufgebaut. Alles ist eigentlich wertlos. Kann dies mein ICH sein? – Nein. Dies sind nur die chemischen (materiellen) leblosen Baustoffe meines hoch komplizierten Körpers.

Aber – es ist mir klar, daß jedes Atom eines jeden Elements

einen Geist, eine Intelligenz, einen Plan, eine Aufgabe verkörpert und vielleicht eine Art von Bewußtsein hat. Ich habe gespürt, daß alle Atome – auch dann, wenn die schulwissenschaftliche Physik und Chemie in Schemen denkt und „Gesetze" formuliert – beschränkte Möglichkeiten haben, individuell zu reagieren, d.h. sie haben eine „Seele", einen „Geist" … So kann ich die Anomalien auch in atomaren Strukturen verstehen, welche große Fragezeichen der Schulwissenschaft bereiten. Ich habe gespürt, daß alle Atome ein eigenes Bewußtsein haben, und daß alle Atome des Häufchens Materie meines Körpers zusammen auch ein übergeordnetes Bewußtsein: mein Körper-Bewußtsein bilden. Ich weiß, daß alles, was von mir sichtbar ist, aus diesem Häufchen materieller Substanz besteht, welche die Summe des Bewußtseins aller Atome, Moleküle usw. aufweist. Mit anderen Worten, es ist ein materielles Bewußtsein da. Ich weiß, daß ein solches Bewußtsein existiert, das meinen Körper aus materiellen Bausteinen verschiedener intelligenter Atome und den um eine Stufe höheren, intelligenteren Molekülen aufbaut.

Ich bin in der materiellen Welt inkarniert – mein Körper besteht aus Materie. Ich muß als Mensch dieses materiebezogene Bewußtsein erkennen, akzeptieren, mich selbst bewußt in der Materie erleben.

Diese Manifestation ist das Materie-Bewußtsein, welches auf der materiellen, tiefsten Ebene wirkt.

Charakteristisch für diese Ebene ist der „Ist"- oder der „Sein"-Zustand.

2. Das Bewußtsein des lebenden Körpers (B₂): „Lebens-Bewußtsein"

Ich weiß, daß ich lebe. Ich weiß, daß ich einen lebendigen Körper habe. Ich weiß, daß ich einen eigenen, nur zu mir gehörenden, persönlichen Körper habe, der lebt.

Was ist Leben?

Es gibt keine allgemein anerkannte Definition dafür, was eigentlich das Leben ist. Wir kennen das Leben als Zustand der Materie schulwissenschaftlich nicht; wir kennen nur Eigenschaften und Manifestationen, wie:

106

- Energieaufnahme von außen, analog Newtonschen Gedanken: Impulse für das Leben
- Selbsterhaltung durch Stoffwechsel als Lebensfunktion
- Wachstum durch Produktion von Aufbaustoffen
- Arterhaltung durch Zellteilung und Zellkombination
- Schaffung von neuen Qualitäten durch Mutation im genetischen Code (DNS-Doppelhelix)

Das Leben ist das größte Geheimnis des Lebens. Es ist merkwürdig, daß ich in der zwölften Phase des klinisch-toten Zustandes, die ich als Zustand der „Erleuchtung" oder persönliche „Einweihung" zu bezeichnen pflege, das Geheimnis des Lebens einfach verstanden habe – es war mir ganz klar und natürlich, daß das Leben *so ist.* Dann aber kam die Schwierigkeit, diese Erkenntnis zu formulieren. Ich versuchte, es in Worte zu fassen, aber ich war verzweifelt, weil es einfach nicht ging. Keine Formulierung stimmte – ich mußte aufgeben. Noch mit eingegipstem Arm versuchte ich, das Prinzip des Lebens zu zeichnen … und machte unverständliche, sinnlose Striche, die ich dann mit dem Intellekt nie verstanden habe. Noch unmöglicher erscheint mir der spontan unter diese Striche geschriebene Titel: „Entstehung des Lebens". Ich konnte mit den Strichen und dem Titel gar nichts anfangen. Dieser Gedanke ließ mich jedoch nicht los, und als ich mich wieder soweit erholt hatte, daß ich malen konnte, fertigte ich ein Aquarellbild mit den damals erahnten oder visionär erkannten Farben an und gab ihm den Titel: „Entstehung des Lebens".

Da ich dieses Bild mit meinem Tagesbewußtsein nicht verstand, zeigte ich es niemandem – ich wollte nicht als hirngeschädigt und verrückt bezeichnet werden. Aber – Jahre später las ich in der Zeitung, daß die genialen Forscher Cracs und Watson den Nobelpreis für die großartige Entdeckung und entsprechende Darstellung des DNA-Code als Doppelhelix mit den aus vier Bausteinen gebildeten 3er-Verbindungen erhalten haben. Ich reagierte einfach so: „Na ja – die haben auch das Prinzip des Lebens erkannt …" (siehe Farbtafel 4).

Merkwürdig ist, daß mein Doppelhelix sich aus der roten, materiellen Ebene entwickelt und über die 7fachen Entwicklungsstufen emporsteigt, denen entsprechende Farben zugeordnet sind. Zuoberst ist der ICH-BIN-ICH-Zustand der Intuition (violett). Zu diesen intuitiven Erkenntnissen im körperlosen Zustand gehört meine damals auf der Intensivstation in Bellinzona nach meiner Wiederbelebung diktierte, merkwürdige Feststellung: „Ich spüre, daß mein aus Materie bestehender Körper durch göttliche Lebensenergie belebt wird. Diese Energie umgibt mich wie ein Mantel. Diese Energie vibriert ständig und hat Verdichtungspunkte, hat Kanäle ähnlich wie Adern, durch welche die Lebensenergie fließt. Dieser Energie-Mantel ist durch 7 große, farbige, rotierende ‚Patent-Druckknöpfe' mit meinem leblosen Leib verbunden. Durch diese fließt die Lebensenergie in meinen Körper – deshalb lebe ich." (siehe Farbtafel 4).

Damals, als irdisch-weltlich orientierter Mensch hatte ich noch nie von einem Äther-Körper, von Chakras, von Akupunktur-Meridianen, Kirlian-Photographie usw. gehört. Ich bin froh, daß das alles mit meiner intuitiven Erkenntnis so wunderbar übereinstimmt.

Betrachten wir nun das Leben. Träger des Lebens sind die primitivsten lebenden Zellen. Wir wissen, daß unser Körper aus vielen, vielen Milliarden lebender Zellen besteht, welche nach einem genialen Bauplan konstruiert und durch ständigen Zufluß der Lebensenergien in einer höheren Funktion gehalten sind. Diese sehr komplizierten Zellen können sich selbst erhalten, sich schützen, sich entwickeln, gedeihen, sich entscheiden, aufzuteilen und dadurch die Art, die eigene Rasse zu erhalten. Sie programmieren sich selbst und bestimmen so auf intelligente Art und Weise die eigene Funktion. Sie haben alle nötigen Informationen von meinem Körper als Ganzheit in der Entwicklung. Es ist ähnlich wie bei einem Hologramm, das auch im kleinsten Teil das Ganze beinhaltet. Jede Zelle ist also zugleich ein Ganzes in sich und auch Teil des Ganzen.

Sie arbeiten instinktiv gesteuert, um dieser Aufgabe bestmöglichst gerecht zu werden. Sie erscheinen als hochintelligente Lebewesen, die viel, viel mehr leisten können, als der Mensch mit seinem im Tagesbewußtsein aktiven Denkvermögen. In einer einzigen befruchteten menschlichen Eizelle sind alle Informationen und Instruktionen vorhanden, die ein Mensch für sein ganzes Leben braucht…, wie viele Milliarden mögen das sein? – Unfaßbar! – Diese meine erste Zelle „weiß" mit ihrer höchsten Intelligenz, welche Befehle sie wann abrufen muß, damit der neugeborene Mensch grundsätzlich allen schon existierenden 5 Milliarden Menschen gleicht, und doch eigene Merkmale und einen individuellen Charakter hat. Es ist ein Wunder der Schöpfung!

Die Zelle hat also eine „Seele", einen „Geist", empfängt Intuitionen und kann mit höchster Intelligenz alles richtig steuern, sie ist in der Zellenwelt ein Individuum und hat ein *Zellenbewußtsein*. Es ist in unserem Körper so viel Zellenbewußtsein integriert, wie dieser Körper lebende Zellen hat.

Die Zellen bilden Zellengruppen, die ein entsprechendes *Zellen-Gruppenbewußtsein* haben (z.B. ein Nagel), das wiederum zu uns gehört und einen Teil unseres Körper-Bewußtseins bildet.

Zellengruppen bilden Organe und weiter Organgruppen, die eine immer ausgeprägtere, übergeordnetere „Seele", einen höheren „Geist" und übergeordneteres Bewußtsein haben. Wir können also sagen: Ich habe ein Augenbewußtsein, ein Nierenbewußtsein, ein Leberbewußtsein, ein Herzbewußtsein, ein Gebärmutter-Bewußtsein, ein Magenbewußtsein, usw. Alle diese *Organbewußtsein* sind in mein Körperbewußtsein (KB) integriert.

Ich bin nicht mein Körper – das war der große Schock, als ich meinen leblosen Körper auf der Straße „von oben" sah …, aber „es war mein Körper", diktierte ich damals, er gehörte mir. Das war meine Erkenntnis. Als Mensch hatte ich ein *Körperbewußtsein*.

Unser Körper ist uns bewußt, aber wir denken nicht daran, daß in unserem Körperbewußtsein unzählige niedrigste, niedrigere und höhere einzelne und kollektive Bewußtseinsstufen enthalten sind. Es ist eine große Kunst, wenigstens das Organbewußtsein zu erkennen, bewußt zu machen und dann unseren Körper besser unter der Kontrolle des ICH zu halten. Dann können wir die einzelnen Organe als lebende Individuen erkennen, mit ihnen sprechen, ihnen sogar bewußte Instruktionen geben.

Z.B.: „Du Leber, baue jetzt bitte diese Fette ab", oder: „Ihr, rote Blutkörperchen, vermehrt euch jetzt bitte kräftig", usw. Darin sehe ich auch eine wirksame Methode der Heilung. Die Militär-organisation ist eine brauchbare Analogie: Jeder Soldat (Zelle) hat ein individuelles Bewußtsein. Die Soldaten, welche in einem Zug zusammen leben, arbeiten und kämpfen, haben ein höhe-res Gruppenbewußtsein des Zuges. So geht es weiter zur Kom-panie, zum Battaillon, zum Regiment, zum Armeekorps, die alle ein höheres Bewußtsein haben und doch alle im gesamten nationalen Bewußtsein integriert sind.

Unser Körperbewußtsein ist in der Regel sehr stark, egal ob es im Tagesbewußtsein oder im Unterbewußtsein wirkt. Es gibt unüberhörbare Empfehlungen an das ICH.

Unser Körperbewußtsein wirkt auf der Ebene des Lebens, Bios (β) auch als Selbsterhaltungstrieb und tierischer Sexualtrieb der Rassenerhaltung. Dieses Bewußtsein ist fähig, Instinkte, d.h. auf dieser Ebene entstandene Impulse zu entwickeln, die zur Le-benserhaltung und Art-Rassenerhaltung nötig sind. Ohne Kon-trolle des höchsten ICH (z.B. beim Fehlen von diesem wie bei den Tieren), ist das Lebewesen diesen Instinkten völlig ausgelie-fert, welche sehr stark und definitiv wirken können. Diese Instinkte sind als tierische – biologische – Triebe zu bezeichnen und sind auch beim Menschen spontane, unkontrollierte Quali-täten.

Wir werden sehen, daß wir einen gewissen Grad der Kontrolle erarbeiten, entwickeln können, der uns hilft, als „Mensch" zu existieren, unsere Aufgabe als „Mensch" zu erfüllen und damit die Menschwerdung zu ermöglichen. Das ICH mit seinem per-sönlichen ICH-BIN-ICH-SELBST-Bewußtsein steht über allem. Wir können das Phänomen des Lebens als „Es-lebt"-Prinzip de-finieren. So haben wir ein *„Lebens-Bewußtsein"*, ein Bewußtsein des lebendigen Körpers. – Charakteristische Funktionen des Lebens-Bewußtseins sind die Wahrnehmungen und die Selbsterhaltung sowie der Arterhaltungs-Trieb. Als Mensch habe ich die Möglichkeit – innerhalb gewisser persönlich abgesteckter Grenzen – die Lebensfunktionen zu steuern, zu beherrschen, durch eine starke Willensbildung des ICH.

3. Niedriges Seelen- oder Psyche-Bewußtsein des Instinktes (B_3): Instinkt-Bewußtsein

Die energetischen Strukturen werden auf höheren Frequenzbereichen immer mehr neue Qualitäten erhalten, wie das Empfinden und die instinktiven Handlungen. Das lebende Körperbewußtsein geht entsprechend stufenlos in diesen Schwingungsbereich über.

Charakteristisch in diesem Bereich die Behauptung: „Ich empfinde, daß er so oder so ist." Dieses Empfinden wird mir bewußt. Warm oder kalt, angenehm oder schmerzvoll, sauer oder süß usw. sind konkrete Empfindungen, die für mich eine Situation charakterisieren, weil ... „ich empfinde für mich ...". Hinter dieser Behauptung steht ein Bewußtsein der Seele (Psyche), welches auf dieser Ebene (γ_1) wirkt. Die auf dieser Ebene schwingenden Energien haben auch eine Intelligenz, einen „Geist", welcher mit unfaßbarer Realität die Umwelteinflüsse wahrnimmt und als Empfindungen registriert. Diese sind immer subjektiv: „Für mich ist es so", – angenehm oder unangenehm. Diese Größe, die Wahrnehmungen als subjektive Empfindungen aufzuarbeiten, ist mein niedrigeres, oder besser besagt, einfacheres Seelen-Bewußtsein (B_3). Diese Bewußtseinsstufe ist den Instinkten gleichgestellt, weil die Empfindungen, die entsprechenden automatischen Reaktionen, immer die im gegebenen Moment und in der gegebenen Situation entsprechende beste Lösung repräsentieren, um das Überleben des einzelnen und der Rasse zu sichern. Diese Automatisierung bei der Selektion der Empfindungen können wir als Instinkt qualifizieren.

Für diese Stufe ist charakteristisch, daß der Mensch ständig Impulse bekommt von der Umwelt, diese als Empfindungen registriert, welche wieder automatische Reaktionen auslösen, die wir als instinktgesteuert bezeichnen können. Die Instinkte steuern die Handlungen automatisch, ohne Kopfdenken, um damit das Überleben zu sichern. Instinkt ist also keine Denkart, hat nichts zu tun mit bewußten Überlegungen, Auswertungen und dem freien Willen. Es ist ein automatischer Mechanismus, im gegebenen Augenblick das bestmögliche zu tun, um das Überleben, das Gedeihen des Individuums zu sichern.

Wir können behaupten, das sei typisch tierisch, weil die Tiere instinktiv die beste Lösung wählen in einer gewissen Situation. Sie fliehen instinktiv vor Gefahren, suchen instinktiv sichere Plätze auf, sie finden instinktiv Nahrung, sie heilen sich instinktiv selbst durch das Fressen bestimmter Pflanzen, sie spüren instinktiv Störungszonen auf der Erdoberfläche oder kommende Gewitter, Gefahren usw.

Für uns scheint die Feststellung wichtig zu sein, daß der Instinkt automatisch funktioniert und nichts zu tun hat mit höheren Kraftfeldern (höhere Seele, Geist, Intuition). Wir können aber auch feststellen, daß Instinkte großen Einfluß haben auf den lebenden Körper und dessen Funktionen zu steuern vermögen. Wir können diesen Frequenzbereich der göttlichen Energien als niedrigere Seele bezeichnen, dessen charakteristische Funktionen das Empfinden und die automatischen, instinktiven Reaktionen sind.

Aber wir erkennen auch, daß man, wie immer, aus einer höheren Bewußtseinsebene Einfluß ausüben kann auf die Empfindungen der niedrigeren Seele. Wir können die Qualität und Intensität der Empfindungen steuern, wir können als Menschen die Instinkte auch ausschalten und diese durch bewußte Entscheidungen ersetzen. So können wir auch unsere Triebe unter Kontrolle halten und durch Willensbildung die instinktiven Reaktionen unterbinden.

Diese Bewußtseinsart wirkt wie eine Person mit sehr sensibilisierten Strukturen und Intelligenz. Auch diese Schwingungen haben einen „Geist" und arbeiten nach dem göttlichen Plan, der göttlichen Idee, je nach dem „Wort" Gottes. Dieses Bewußtsein hat, wie alle auf der entsprechenden Ebene, eine eigene Existenz, ein Eigenleben. Man kann mit der Entität dieses einfachen seelischen Bewußtseins (B_3) auch Kontakt aufnehmen, mit ihm kommunizieren, das ICH kann seine Anregungen akzeptieren oder kritisch betrachten und ablehnen. Auf dieser Ebene werden auch die entsprechenden Empfindungen gespeichert. Als Wirkungsebene der Insinkte kann man die γ_1-Ebene erkennen.

4. Höheres Seelen- oder Psyche-Bewußtsein des Ego (B_4):
  „Ego-Bewußtsein"
Das einfachere Seelen-Bewußtsein geht nach „oben" stufenlos in eine andere Qualität über, die wir als γ_2-Ebene des höheren Seelen-Psyche-Bewußtseins definieren. Auf dieser Ebene werden die Empfindungen emotionell bearbeitet: Das ist angenehm oder schön, deshalb habe ich es gern. Ich liebe die schönen, guten, angenehmen Situationen, ich hasse die unangenehme, häßliche, schlechte Person oder Situation usw. So entwickeln sich die Emotionen von einfachen Feststellungen bis zu starken Leidenschaften. Man kennt die Emotionen, die Leidenschaften als spezielle seelische Qualitäten, die auch ihr Eigenleben haben. Sie können so stark sein, daß sie Menschenleben stark beeinflussen, Schicksale von Menschen, ja sogar von Nationen bestimmen. Diese Leidenschaften können uns zu sehr bösen Dingen motivieren, wenn wir diese spezifisch schwingenden Kräfte nicht unter Kontrolle halten.

Haß, Neid, Ehrgeiz, Habsucht, Eifersucht, Machtgier, Stolz usw. können als negative Motivation am Anfang als Triebkraft für Sportleistungen, irdische Erfolge, irdische Karriere oder politischen Aufstieg dienen. In übertriebenem Maße führen sie zu Wirtschafts- oder blutigen Kriegen, Unterdrückung, Diktatur, Katastrophen von einzelnen Gruppen oder Nationen oder sogar zu Völkermord.

Diese Emotionen sind egoistisch motiviert: Was ich liebe, will ich haben, was ich hasse, will ich zerstören. Im Brennpunkt steht immer meine Begierde, mein egoistischer Wunsch. Hier erkennen wir das *„Ego"* mit seiner zielgerichteten, rücksichtslosen Begierde.

Meiner Meinung nach ist der Egoismus in diesem Bereich zu

Hause, weil sich diese emotionale Denkart in der materiellen Welt abspielt und irdisch ausgerichtet ist. Hier werden die eigenen Interessen entfaltet. Egoismus ist also immer irdischen Ursprungs. Beim Menschwerdungs-Prozeß wird das irdische, kleine „Ego" – wie C.G Jung sagte – durch das wahre ICH unter Kontrolle gebracht.

So wird der rücksichtslose Egoismus zur rücksichtsvollen Selbst-Liebe. Die Grenze für diese beiden liegt beim Kriterium: Ich darf mir selbst und keinem Menschen schaden – wie das im Huna-Gedankengut so schön präsent ist. Auch im Christentum haben wir die Aufgabe, die Selbstliebe mit der Nächstenliebe in harmonischen Einklang zu bringen.

Die Kräfte der Seele sind stärker als die Kräfte der Physis. Sie zu erkennen und richtig, positiv einzusetzen, im Zeichen der allgemeinen Liebe, ist eine große Kunst, eine große Aufgabe des Menschen.

Man nennt diesen Schwingungsbereich auch „Unbewußtes". Die Psychologie bezeichnet es als das „Unterbewußtsein". Beide Ausdrücke scheinen mir, obwohl sie in der Wissenschaft allgemein gebräuchlich sind, ungeschickt.

Alles ist und kann ins Unbewußte hinuntersinken, alles, was im intuitiven, im geistig-seelischen und im körperlichen Bereich passiert. Das Unbewußte ist von mir aus gesehen ein spezieller Zustand des Bewußtseins.

Die Seele ist, zusammenfassend und vereinfacht gesagt, mit ihren Empfindungen (B_3) und Emotionen (B_4) eine Qualität, eine Größe mit sehr stark geprägter eigener Existenz und ungeahnt großem Potential.

Das ICH ist aber fähig, auch dieses Bewußtsein während des Menschwerdungs-Individuations-Prozesses als einen Teil von sich SELBST zu integrieren und zu kontrollieren. Diese Bewußtseinsstufe ist als auf der γ_2-Ebene wirkendes Ego zu erkennen.

5. Niederes Geistes-Bewußtsein des konkreten Denkens (B₅):
   „Ich-Bewußtsein"

Die durch die Intuition erhaltenen Impulse aus dem höheren
Schwingungsbereich, und die aus der unbewußten Ebene erhaltenen Informationen werden vom denkenden Geist verarbeitet.
Das Denken ist ein charakteristisches Phänomen, in welchem
sich die niedrigere oder höhere Intelligenz manifestiert.
Obwohl die verschiedenen Arten des Denkens nicht abgegrenzt werden können, weil sie stufenlos ineinander übergehen,
kann man praktisch doch mindestens zwei verschiedene Denk-
arten des menschlichen Geistes unterscheiden:

1. Das auf die materielle Welt bezogene, realistische, konkrete
   Denken, welches auf der δ_1-Ebene wirkt und das dazugehörende Bewußtsein (B₅).
2. Das auf die metaphysische Welt bezogene, transzendentale,
   abstrakte Denken, welches der δ_2-Ebene zugeordnet ist, und
   das dazugehörende Bewußtsein (B₆).

Beide sind Stufen in der Entwicklung der Intelligenz.

*

Das konkrete Denken erfaßt die konkreten Realitäten der materiellen Welt, wie die verschiedenen Materien, deren Zustände,
Farben, Formen, Töne, Bewegungen usw., mit anderen Worten,
die Manifestationen in materiellen Schwingungsbereichen, die
als Realitäten empfunden werden können. Dieses Denken
bezieht sich auf reale, materielle Tatsachen.
Eine höhere Stufe des Denkens ist die Auswertungsfähigkeit
und Kombinationsfähigkeit, welche durch eine höhere Entwicklung der Intelligenz ermöglicht wird. Dazu gehört auch die
Extrapolationsfähigkeit, z.B. in die Zukunft: „Der Tisch ist jetzt
hier – morgen wird er auch hier sein." Für diese Denkart ist charakteristisch, daß sie Materie- und ich-bezogen ist. Es ist meine
Realität, und auch die Kombinationen dieser Realität werden
ich-bezogen interpretiert. Hier kommt dazu: Ist etwas für mich
gut oder schlecht ..., ist es mit meinen Interessen vereinbar oder
nicht. Das ICH wird hier als Realität erkannt.

In dieser Denkart kommt somit die ICH-bezogene Qualität zur Geltung. Es ist die Realität, die für mich, d.h. für meinen lebenden Körper, für meine Existenz in der materiellen Welt, für meinen psychischen Zustand gut oder schlecht ist. Diese wird durch meine egozentrischen, konkreten Gedanken bearbeitet, formuliert und ausgedrückt und sogar als Ziel, als Motivation für Willensentscheidungen gebraucht.

Wir können das materiebezogene, reale Denkvermögen mit einer materiellen Welt-Auffassung charakterisieren, wobei ICH egozentrisch im Mittelpunkt meiner realen Welt stehe. Somit bin ich die „Krönung der Schöpfung", eine Interpretation von allen tieferen Bewußtseinsstufen, von allen Mikrokosmen, die zu mir gehören.

Ich spüre dieses materiebezogene ICH-Bewußtsein als sehr ausgeprägte Stufe von nicht metaphysisch orientierten oder in die Richtung der Transzendenz strebenden Menschen Es ist ein durch den Intellekt zur Geltung gebrachtes, egoistisch gefärbtes egozentrisches ICH-Bewußtsein.

Diese Art von Geistesbewußtsein (B_5), welches auf der δ_1-Ebene wirkt, hat mehr Kraft, als diejenigen mit anderen Schwingungsfrequenzen. Es besitzt die Kraft des Geistes in unmeßbaren Mengen. Diese kann vom Geistes-Bewußtsein positiv oder negativ eingesetzt, gebraucht werden. Es stimmt, wenn man sagt: „Es gibt keine negativen, schlechten Kräfte an sich, sondern nur negativ, d.h. schlecht gebrauchte Kräfte." Ob die Kräfte des Geistes positiv oder negativ, d.h. als gute oder als böse Kräfte eingesetzt werden, das entscheidet schlußendlich das ICH selbst.

Auch der Geist hat Strukturen, wie alle anderen Wesensglieder des Menschen. Diese sind als einzelne Wesenheiten, d.h. mit „Eigenleben" zu betrachten. Denken wir an unsere verschiedenen Gedanken, die alle zur Verwirklichung streben, wenn auch – wie immer – in sehr divergierenden Richtungen. Alle sind Manifestationen, Bestandteile meines Geistes.

Der Geist ist also auch als Persönlichkeit, als Entität zu betrachten. Es gibt auch einen „Geist", d.h. eine Intelligenz, welche nach

116

göttlichem Plan, gemäß dem gegebenen „Wort", alle Strukturen des Geistes in Funktion hält, aber wir selbst bestimmen das „Wie".

Das ICH-Bewußtsein ist stark. Wenn man es zu lenken vermag, vollbringt es Wunder, entweder in positiver guter, oder in negativer böser Richtung. Wenn das ICH durch sein ICH-BIN-ICH-SELBST-Bewußtsein nicht fähig oder nicht gewillt ist, die Kontrolle auszuüben, dann wirkt es unkontrolliert. Unsere Gedanken sind verwirrt, wir wissen nicht, was wir wollen, was wir tun können, wir sind unseren wirren, sehr divergierenden Gedanken ausgeliefert. Unser Geist wird disharmonisch schwingen. Es kann ein auf der Basis des ICH-Bewußtseins verwirrter, unkontrollierter, d.h. krankhafter Geisteszustand auftreten.

Hier erkennen wir den Mensch als HOMO SAPIENS mit seinem geistigen ICH-Bewußtsein.

6. Hohes Geistes-Bewußtsein des abstrakten Denkens (B_6):
  „ICH-BIN"-Bewußtsein

Es ist eine höhere Denkfunktion. Das Denken in Symbolen gehört dazu. Symbole sind z.B. Zeichnungssymbole, geometrische Formen, Runen, Hieroglyphen, Buchstaben, Zahlen und Farben – sogar Klänge gehören dazu (Nationalhymne). Die Sprache ist charakteristisch auf dieser Ebene. Das abstrakte Denken, wie das Rechnen und natürlich das Denken über das Denken = Philosophie, entsprechen diesen Manifestationen.

Sobald wir die Welt in uns abstrakt umarbeiten, sind diese Funktionen nicht mehr auf die reale Materie gerichtet, sondern von metaphysischer Tendenz. Je mehr man sich von der materiellen Welt abwendet, sie von einem höheren Standpunkt aus betrachtet, desto mehr bewegt sich das Denken in diesen Sphären, in welchen man dann auch Gedanken über sich selbst macht und das ICH-BIN-Bewußtsein erfaßt.

„Cogito ergo sum", sagte Descartes, und damit hat er das Denken als charakteristische Manifestation des ICH's definiert.

Deshalb sollen wir unseren Geist, unser Geistesbewußtsein stärken und bewußt unter Kontrolle halten, damit es die von meinem ICH bestimmten Ziele anstreben kann. Auch das abstrakte Denken ist eine Persönlichkeit, eine Entität, ein wichtiger Bestandteil der in meinem ICH-BIN-ICH-SELBST-Bewußtsein integriert ist.

Zusammengefaßt: das real denkende, irdisch-materiell „nach unten" gerichtete egoistische ICH-Bewußtsein (δ_1) geht im Laufe der Entwicklung in ein abstrakt denkendes, metaphysisch orientiertes, „nach oben" gerichtetes ICH-BIN-Bewußtsein (δ_2) über.

Diese beiden Elemente prägen die Persönlichkeit, das Individuum. Wir können also deshalb dieses ICH-BIN als geistiges Bewußtsein erkennen, welches auf der δ_2-Ebene wirkt.

Hier trifft der Mikrokosmos mit dem Makrokosmos zusammen. Das ICH-BIN-Bewußtsein erkennt, daß es eine großartige Interpretation von Milliarden Mikrokosmen und gleichzeitig ein winziger Teil des Makrokosmos sei. Das ICH erfährt auf dieser Bewußtseinsstufe die eigene Persönlichkeit als eine einmalige Struktur, als ein Individuum.

Alle diese bisher bearbeiteten Bewußtseinsstufen zusammen bilden das ICH-BIN, das individuelle, persönliche Bewußtsein. Das ICH mit seinem ICH-BIN-Bewußtsein erkennt sich selbst als ein geistiges Wesen, in welchem es materielle und übermaterielle Energien entdeckt. Dieses ICH-BIN-Bewußtsein kann und soll mutig kämpfen, um sich in der realen, materiellen Welt zu behaupten; und gleichzeitig soll es von den metaphysischen, höheren Sphären, aus der kosmischen Ebene, demütig Intuitionen empfangen. So erhebt sich der Mensch auf dieser Ebene von der Tierwelt und erscheint als ADAM/EVA im Dualismus, im Mensch, als HOMO SAPIENS der Schöpfung.

7. Bewußtsein der Intuitions-Fähigkeiten (B_7):
  „ICH-BIN-ICH"-Bewußtsein
Im Kraftfeld der Gedanken nach „oben" gehen die Schwingungen des *ICH-Trichters* in den Bereich der Intuition über. In diesem Bereich wird das ICH-BIN-ICH-Bewußtsein durch einen „Rezeptor" entwickelt und wahrgenommen. Wir bezeichnen

dasjenige als einen Rezeptor, das nicht mit dem materiellen Körper in Verbindung steht, das kein materielles Organ hat, doch das die Fähigkeit besitzt, metaphysische Impulse und Informationen aufzunehmen. Er wirkt als eine Brücke, welche von der jenseitigen materiellen Realität in die Transzendenz führt. Dadurch wird eine Kontaktmöglichkeit geschaffen zu Gott, als unfaßbarer Ur-Sprung, der über uns steht. Der Mensch kann nach „oben" schauen, weil sein Wesen von „oben", von Gott, aus der metaphysischen Transzendenz stammt. Er, der Mensch, hat also, wenn er geistig entwickelt ist, ein kosmisches Organ, diesen „Rezeptor", um die Kontakte mit dem Göttlichen herzustellen. Analog zu dieser Empfangsstation, diesem Rezeptor, ist bei gewissen philosophischen Richtungen von der Fontanella, dem Scheitelchakra, einer Öffnung, einem Kanal zum Metaphysischen usw., die Rede. Dies ist der Ort oder das Symbol der Öffnung des ICH-BIN-ICH-Bewußtseins nach „oben". Es ist die demütige Empfangsbereitschaft, die Hingabefähigkeit, welche mit den Worten des Vaterunsers ausgedrückt wird: „Dein Wille geschehe."

Die kosmische Erkenntnis einer Gottesexistenz schafft eine starke, mit Gedankenprozessen nicht definierbare Beziehung zwischen dieser obersten Bewußtseinsstufe (ε) und den anderen (δ_2-, δ_1-, γ_2-, γ_1-, β-, α-)Bewußtseinsebenen. So entsteht eine Lichtachse (siehe Farbtafel 5), die die Rotationsachse des ganzen *ICH-Trichters* ist. Sie ist das Rückgrat, die Achse meines ganzen Wesens. Diese stabile Achse hält mich, stützt mich, läßt mich nicht stürzen, wenn ich sie bewußt erlebe. Durch diese Verbindung des kosmischen Energiefeldes erhält der *ICH-Trichter* neue Ideen, Inspirationen, Eingebungen, Offenbarungen, Verkündigungen, Intuitionen usw. Es gibt viele Bezeichnungen für die metaphysische Transzendenz. Diese Bezeichnungen enthalten alle dasselbe Kriterium: Von der göttlichen Energiequelle strömt ein Potential aus, welches etwas Neues, etwas über dem Konzept des Körper-Seele-Geist stehendes ist und deshalb durch das Denken nicht erfaßt werden kann. Der Zugang zu diesem Energiestrom ist durch die Öffnung des *ICH-Trichters* möglich.

Identifiziert man diese Öffnung symbolisch mit dem Scheitel-Chakra, so hat man ein Denkmodell, welches aussagt, daß die Intuitionen, diese undefinierbare Energie, von außen, von „oben", aus dem Kosmos zu uns strömt. Wir können dieses Scheitel-Chakra öffnen, empfangsbereit machen und ebenso auch schließen. Die dafür bekannten Methoden verlangen Konzentration nach „oben", d.h. abschalten des Denkens und des Fühlens. Die niedrigeren Schwingungen sollen möglichst ausgeschaltet werden, man soll sich „leer machen". Das bewußte Abschalten der unteren, niedrigeren Schwingungsfelder ermöglicht eine intensivere Konzentration auf die höheren Frequenzen der Intuition. Diese kann man dann als Impulse irgendwie wahrnehmen und in die Denkprozesse integrieren.

Diese Wahrnehmung nennt man auch „Innere Stimme". Es ist sehr wichtig, die Funktion der inneren Stimme als Manifestation des Intuitions-Bewußtseins zu erkennen.

Es ist charakteristisch, daß diese Kommunikation zwischen den höheren Schwingungsebenen und den niedrigeren Frequenzbereichen immer nur positive Intuitionen bringt. Es entspricht dem Denkmodell des Trichters, daß in Gottesnähe oder im göttlichen Bewußtsein nur Gutes, Positives vorhanden ist, weil dort alles, alles mit dem wahren Licht durchströmt ist.

Dieses Intuitions-Bewußtsein, welches auf der metaphysischen (ε) Ebene wirkt, ist somit die Quelle der guten, positiven Energien für den ganzen Mensch. Es ist Mittler zwischen den materiellen und den materie-losen Kraftfeldern. Es ist der Kanal, durch den der Mensch sich im Gebet, in der Meditation, in der Kontemplation vom „Irdischen" loslösen und sich auf göttliche Bewußtseinsstufen hochschwingen kann.

Alle medialen Phänomene, die über das Denken wirken, wie Telepathie, Telekinese, paranormale Heilungen, Pre-Cognitio, Hellsehen usw. spielen sich in diesem Energiefeld, auf dieser Bewußtseinsstufe ab.

Durch die hier wirkenden Kräfte entstehen mediale Kunstwerke; Musik (z.B. von Rosemarie Brown), automatische und mediale Bilder oder Schriften, hier wirkt die „Muse", die die

Künstler „küßt" und inspiriert. Die Kräfte der Intuition sind uner-
meßlich stark und können, wenn wir diesen „Kanal" frei machen, öffnen, alle niedrigeren Schwingungsebenen durchdringen und so auf die ganzheitliche Struktur des Menschen wirken.

Intuition zeichnet sich durch Spontanität aus und kann nur
dann wirken, wenn die Denkprozesse ausgeschaltet sind. Auch
dieses Energiefeld der Intuition hat seine Eigenständigkeit. Das
Öffnen und Schließen funktioniert nach dem bereits erwähnten
Plan, „Wort" Gottes. Auch als Persönlichkeit hat dieses Wesensglied des Menschen ein Bewußtsein; das wir „Intuitions-
Bewußtsein" nennen können. Was die Intuitionen betrifft: Ich
habe diese Intuitionen, sie gehören mir, sie sind mir gegeben
worden. Mein kosmisches Bewußtsein ist somit ein Rezeptor,
mit welchem ich mit den „höheren" Schwingungsbereichen,
mit dem Göttlichen in Verbindung treten kann.

So wird das niedrigere ICH-BIN-Bewußtsein durch diese kosmische Beziehung als ICH-BIN-ICH-Bewußtsein von höherer
Qualität entwickelt und charakterisiert. Der Grundgedanke ist:
Durch meine Verbindung mit der Transzendenz bin ich eine
bewußte Persönlichkeit geworden. Meine Wurzeln sind in der
Transzendenz, und ich werde durch meine Innere Stimme von
dort „geführt". Für diese Bewußtseinsstufe ist das Erkennen
unseres göttlichen Ursprungs, unserer Abhängigkeit von den
Urkräften Gottes, bezeichnend. Deshalb können wir dieses Bewußtsein als Intuitions-Bewußtsein definieren.

8. Erleuchtetes Bewußtsein (B$_8$):
   ICH-BIN-ICH-SELBST-Bewußtsein
Dieses Bewußtsein wirkt bereits in der metaphysischen Transzendenz. Wenn man versucht, die verschiedenen Bewußtseinsstufen zu analysieren, führt ein interessanter und nützlicher Gedankengang zu einem Denkmodell:

In der Mitte ist mein ICH mit einem Bewußtsein, welches ICH
selbst bin. In diesem sind alle Teil-Bewußtsein, die auf „niedrigeren" Kraftfeldern oder Ebenen wirksam sind, integriert. Man

erfährt sich selbst auf dieser Stufe. Eine vollständige Selbsterkenntnis ist vollzogen. So ist die Erleuchtung auch möglich. Man kann dieses Bewußtsein meiner Ganzheit mein höchstes ICH-BIN-ICH-SELBST-Bewußtsein nennen. Dieses ICH-BIN-ICH-SELBST-Bewußtsein ist also eigentlich mein komplettes Bewußtsein, wobei das Wort „mein" die einmalige Entität, mit anderen Worten, den einmaligen Gottesfunken, welcher *ich selbst bin*, bedeutet. Diese Entität kann man sich im obersten Teil des *ICH-Trichters* lokalisiert vorstellen. Sie beinhaltet, repräsentiert selbst das Ganze, die Gesamtheit des energetischen *ICH-Trichters*. So kann man sagen: Es existiert nichts außer mir. Ich bin alles, was der energetische *ICH-Trichter* beinhaltet. Ich bin die Integration von allen niedrig schwingenden Energien, und kein Bestandteil von mir existiert außerhalb dieses energetischen Systems: ICH-BIN-ICH-SELBST wird der Zustand des ICH. Dementsprechend hat sich ein Bewußtsein entwickelt, welches eigentlich aus dem Ursprung stammt: mein ICH-BIN-ICH-SELBST-Bewußtsein. Dieses ist meine Mitte und mein alles. Meine Ganzheit ist in diesem manifestiert.

Wir haben bisher versucht, die Bestandteile dieses ganzen ICH-BIN-ICH-SELBST-Bewußtseins auf verschiedenen Ebenen zu analysieren und wollen jetzt versuchen, auch die Bindung des ICH nach „oben" zu betrachten. Das ICH hat hier den Zustand der Erleuchtung erreicht: die Menschwerdung ist abgeschlossen.

Dieses ICH-BIN-ICH-SELBST-Bewußtsein ist der Repräsentant von allem, was ich bin. Es gibt mir die Gnade des freien Willens, des Entscheidungsvermögens innerhalb der Schranken und Grenzen des selbstgewählten Schicksals. Es ist das Zentrum des ganzen Menschen und auch von allem, was rund um uns herum geschieht.

ICH-BIN-ICH-SELBST ist die höchste menschliche Bewußtseinsstufe. Dieses Bewußtsein steht am Kommandopult eines Kraftwerkes oder am Steuer eines Schiffes. Es kann, ja es muß dauernd Entscheidungen treffen, ob es will oder nicht. Die Frage ist aber: Wie trifft es diese Entscheidungen? Auf welche Unterlagen kann es sich stützen, welche Ratschläge kann es anhören? Es ist uns bekannt, daß das ICH-BIN-ICH-SELBST-Bewußtsein, kurz gesagt mein ICH-SELBST, ständig Informationen und Anregungen von allen „unteren" Ebenen bekommt. Diese kann es frei auswerten und dann nach seinen ethisch-moralischen, liebevollen oder egoistischen Motivationen eine eigene, freie und einmalige Entscheidung treffen, bzw. sich einen Plan für eine Handlung ausdenken. Hier manifestiert sich der freie Wille. Die Entscheidungen ziehen aber Konsequenzen nach sich in Form von Verantwortung. Die Entscheidungen sind die Ursache und die durch die Verantwortung erzeugten Gewissensauswertungen sind die Wirkung.

Im klinisch-toten Zustand war diese Tatsache für mich eine tiefe und wichtige Erkenntnis: Wir sind für die ausgedachte Motivation einer zukünftigen Entscheidung verantwortlich. Unser Gewissen wird während des Lebensfilms im Tod aktiviert und hellwach. Es entgeht ihm nichts, nicht einmal die anscheinend unwichtigen Gedanken, die im irdischen Leben keine sichtbaren Folgen gehabt haben.*

Wie das geschieht, wurde bereits analysiert und beschrieben. Wichtig ist es bei unserer jetzigen Betrachtung zu wissen, daß wir für alle unsere Gedanken und für die Motivationen der Entscheidungen die Verantwortung zu tragen haben, ob diese Grundgedanken nun dem irdischen Egoismus oder der Liebe entsprangen. Mit anderen Worten: Wir sind dafür verantwortlich, ob wir bei den getroffenen Entscheidungen auf das Ego-Bewußtsein, das ICH-Bewußtsein, das ICH-BIN-Bewußtsein oder das ICH-BIN-ICH-Bewußtsein zurückgreifen.

Deshalb ist dieses ICH-BIN-ICH-SELBST-Bewußtsein der Kern des menschlichen Wesens. Alle anderen, untergeordneten Bewußtseinsstufen sind die verschiedenen Strukturen auf den verschiedenen Ebenen ein und desselben ICH-Prinzips, welches ein menschliches, allgemeines ICH-BIN-ICH-SELBST-Bewußtsein entwickelt und sich zu eigen gemacht hat.

---

* „Ich war klinisch tot", Stefan von Jankovich, Drei Eichen Verlag.

Auf die Frage: Wer bin ich? – kann ich heute für mich mit Sicherheit antworten: ICH-BIN-ICH-SELBST. Diese Bezeichnung beinhaltet ein einmaliges, charakteristisches, bewußtes, persönliches Bewußtsein als Realität meines ICH-Prinzips. Ich bin jetzt ein Mensch, weil ich auch einen materiellen Körper habe. Mein ICH-BIN-ICH-SELBST-Bewußtsein ist in der Materie eingeschlossen. Es muß dort weiterexistieren, eingeengt und seines ursprünglich freien und breiten Horizontes beraubt. Das ist das schwierigste, in dieser Zwangsjacke der Materie, d.h. in diesem Körper-Mantel zu existieren, sich zu behaupten, sich durchzusetzen, sich mit den Problemen der Materie auseinanderzusetzen. „Es" muß es lernen, sich in der Dunkelheit der Materie auszukennen und den Weg durch die Materie zum Licht zu finden. Dieser Weg ist sehr, sehr mühsam und schwierig, weil das ICH im „Fleisch" inkarniert ist und „trotzdem" lernen muß, das Licht zu suchen und sich von der Materie zu befreien, die Materie dadurch zu durchdringen. Das ICH-BIN-ICH-SELBST ist somit der Kern, welcher von verschieden schwingenden Energiefeldern umgeben ist, die aber alle zu meinem ICH-SELBST-Prinzip gehören. Es ist somit die Integration oder die Summe aller Energien aus verschiedenen Frequenzen (als Analogie), welche einmalig aus dem Urquell aller Energien gebildet worden ist.

Diese Erkenntnisse ermöglichen mir die Selbstfindung meines ICH's. Man kann sagen, daß auf dieser Ebene (ε) das ICH-Prinzip mit der SELBST-Qualität in einer einmaligen Ganzheit vereinigt ist.

Weil wir den freien Willen besitzen, innerhalb der Grenzen des selbstgewählten Schicksals Entscheidungen zu treffen, sind wir in der Lage, Situationen zu ändern, Weichen zu stellen, Neues zu erfinden, etwas zu kreieren …, Schöpfer zu sein. Dies ist eine göttliche Gabe, eine Gnade, daß wir uns an der Schöpfung mit beteiligen dürfen. Die göttliche Schöpfung enthält als Motivation nur Liebe. Wir aber können, auf von Gott entfernten Ebenen, auch Negatives, Zerstörerisches „schöpfen". Ich sehe den Menschen mit diesen schöpferischen Möglichkeiten als Mitverantwortlichen in der Entwicklung des Schöpfungsprozesses. C.G. Jung hat diese Fähigkeit – etwas aufgrund des freien Willens entscheiden zu können – als „Machsal" bezeichnet. Wir können etwas machen, einen Prozeß fördern oder hindern, etwas kreieren oder zerstören, etwas harmonisieren oder durcheinander bringen, die göttlichen Ur-Kräfte gut oder schlecht gebrauchen. Es liegt also an uns Menschen. Das ICH hat sich selbst erfahren und dadurch das Prinzip „Mensch", Sein des Menschen als solches erkannt.

Ja, das sich selbst gefundene ICH-Prinzip ist unser göttlicher Kern, das innerste ALL in uns. So können wir behaupten, daß mein ICH-SELBST-Prinzip sich bereits im Jenseits in metaphysischer Transzendenz befindet.

9. „Kosmisches Bewußtsein" (B_9): ICH-BIN-EIN-MIT-DER-SCHÖPFUNG-Bewußtsein

Wurde das ICH vollständig erkannt und erfahren, so ist es ihm möglich, sich weiter in Transzendenz zu entwickeln. Von Selbsterkenntnis bzw. Selbsterfahrung aus kann ES zur Erfahrung des Kosmos aufsteigen. Die vielen Milliarden Mikrokosmen, deren Träger ICH bin, erkennt die vielen Milliarden Makrokosmen, in denen das ICH eingebettet und deren Bestandteil es ist.

Durch Erfahren in Transzendenz von beiden Systemen wird die Gleichheit, Identität von ALLEM erkannt. ALLES ist ein Gedanke Gottes, die ganze Schöpfung hat ein einziges Prinzip. ALLES ist EIN und EIN ist ALLES. Hier wird auf dieser kosmischen (τ)-Ebene die einfachste Ganzheit erfahren. Die Gesetze der ganzen Schöpfung sind keine Gesetze ..., alles ist nur EIN PRINZIP, alles ist somit klar, einfach, verständlich für das erleuchtete ICH, welches hier den ganzen Kosmos versteht. Deshalb kann man diese Bewußtseinsstufe als kosmisches Bewußtsein bezeichnen. ES ist schöpfungsumfassend. ES ist wissend. ES ist nicht mehr an Teilen interessiert, sondern ES ist ganzheitsorientiert. Wenn das ICH die Ganzheit erfaßt und die ganze Schöpfung durchdrungen hat ..., kann es sich bis hin zu dem Schöpfer selbst entwickeln, der die wunderbaren Gedanken der Ganzheit von sich aus verwirklicht hat.

10. Göttliches Bewußtsein (B$_{10}$): ICH-BIN-EIN-MIT-GOTT-Bewußtsein

Das ICH hat im ICH-BIN-ICH-SELBST-Bewußtseinszustand seine höchste menschliche „irdische" Stufe erreicht. Die Vollendung, die Menschwerdung ist erreicht, oder, wie C.G. Jung sagte, der Individuationsprozeß ist vollzogen. Dann ist ein kosmisches Bewußtsein erlangt und damit die Schöpfung verstanden worden. Die nächste Stufe ist nach „oben" zum göttlichen Ursprung, das ich als göttliches Bewußtsein definiere, weil der Mensch in der Einheit mit Gott sein Ziel findet.

ICH-BIN-EIN-MIT-GOTT-Bewußtsein breitet sich dann in Strahlen aus. Der Mensch hat sich zurückgefunden zu ADAM-KADMON, zur Einheit, zur Ganzheit. Hier verläßt das ICH die irdische Realität und bewegt sich in der Transzendenz. Dadurch erlebt er mystische, metaphysische Phänomene, die richtungsbestimmend werden. Das ICH erfährt, daß es reine Energie Gottes ist, daß es selbst ein Teil Gottes ist.

Dieses Bewußtsein wurde von Gott gebildet. Eine eigene Existenz mit spezifischen Funktionen ist ihm möglich geworden. Es hat dazu ein Programm, einen Plan, eine Aufgabe, ein Planziel, ein Funktionsschema, eine Struktur, einen Geist und eine Seele erhalten. Da die Energie Gottes die höchste Intelligenz darstellt, können wir das göttliche Bewußtsein als Vollendung vor der Rückkehr bezeichnen. Deshalb sind in dieser Intelligenz alle untergeordneten Intelligenzen der verschiedenen Energiefelder enthalten.

Es war für mich im klinisch-toten Zustand ein überwältigendes Erlebnis, zu erfahren, daß eigentlich ich als Stefan gar nicht der war, den ich gemeint hatte, sondern daß der ehemalige Mensch Stefan nur eine Manifestation des göttlichen Bewußtseins in der Materie war, in seinen damaligen Körper eingeschlossen. Dieses Erlebnis hat mich damals zuerst tief erschüttert, dann aber erfüllte es mich mit Licht und Freude. Ich wußte plötzlich: Ich bin nicht verloren ..., ich kann zum Licht gelangen, ich kann mich als ICH wieder mit dem Ursprung, mit der All-Energie-Gott endgültig vereinigen. Es war ein erhabenes Gefühl, und ich konnte den Sinn dieser „irdischen" Schöpfung damit erahnen. Es wurde mir klar, daß ich nicht derjenige „Stefan" bin, den ich in meinem letzten irdischen Leben im Spiegel als einzige Realität von mir gesehen hatte ..., nein ..., mein ICH ist eigentlich das wahre göttliche ICH.

Ich habe also auf die Frage: Wer bin ich? eine eindeutige Antwort von dieser ω-Stufe durch das „Schlüsselloch" erhalten.

Zusammenfassung

Die vorher definierten Bewußtseins-Stufen ergeben ein Bild vom Menschen, das in verschiedenen philosophischen Richtungen immer wieder zu finden ist. Dieses Bild habe ich für mich, jedoch vor der Studie dieser philosophischen Traditionen entwickelt. Das materielle-Leben-Seele- und Geistes-Bewußtsein bildet den Stamm des Menschen im Diesseits. Das Intuitions-Bewußtsein ist der Rezeptor und wirkt als Brücke zwischen Diesseits und Jenseits. Die drei transzendentalen Bewußtsein (ICH-SELBST-, Kosmisches und Göttliches Bewußtsein) bilden einen „Kopf" für das ICH.

Interessant ist, daß der Djed-Pfeiler (siehe nächste Seite), der oft auf ägyptischen Totenmalen dargestellt wurde, der Wissenschaft noch immer ein Geheimnis ist, mir jedoch verständlich wurde, da seine Aussage mit meinen symbolischen Darstellungen der verschiedenen Bewußtseinszustände des ICH in der Entwicklung übereinstimmt.

Dadurch ist wieder eine Brücke zwischen mehreren tausendjährigen mystischen Erklärungen geschlagen: alles stimmt mit allem überein.

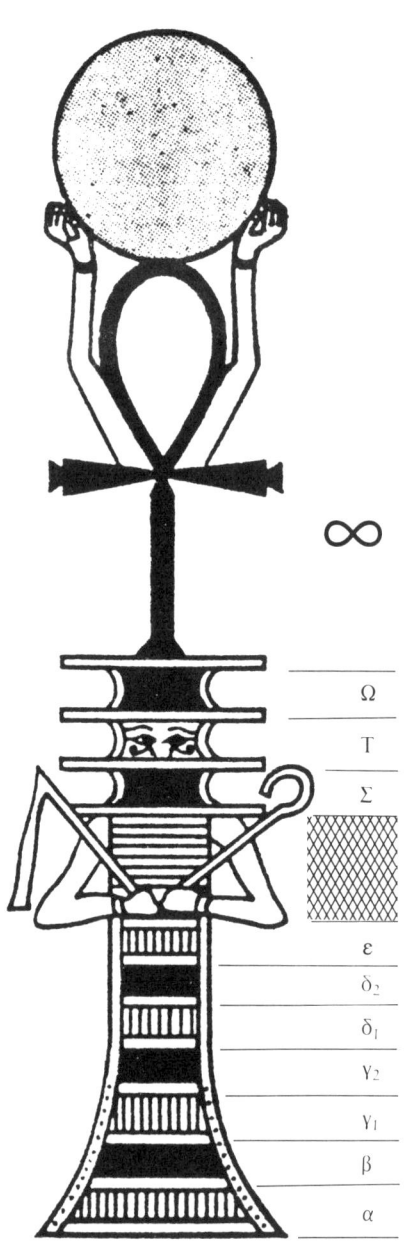

Der Djed-Pfeiler.
Nach der Illustration
bei Ivimy aufgrund von
Schilderungen aus dem
Papyrus Anii.

8. Was ist Menschwerdung?

Menschwerdung: Dieses Wort stammt auch aus den ersten Tagen meiner Wiederbelebung als Ausdruck der Tatsache, daß wir an uns arbeiten müssen um Menschen, richtige, vollkommene Menschen im kosmischen Sinne zu werden. Ich spürte also, daß ich so, wie ich war, noch kein richtiger „Mensch" war, daß ich dem Gedanken, der Idee, dem Wort Gottes nicht entsprach. Morphologisch/biologisch nennt man mich Mensch, ich bin unter der Gattung „Homo sapiens sapiens", d.h. Mensch, eingestuft, aber im kosmischen Sinn bin ich es noch nicht.

Was ist denn ein Mensch? – Ja, ich spürte, daß ich kein vollkommener Mensch sei, kein Mensch, der im Plan Gottes vorgesehen ist. Ich muß mich entwickeln, um ein Mensch zu werden. Diesen Prozeß nannte ich also damals „Menschwerdung": eine harmonische Entwicklung meiner gesamten Energie-Substanz, jene Ganzheit zu erreichen, die ich als *ICH-Trichter* mit einer spezifischen energetischen Struktur visualisiert hatte.

Ich habe damals erkannt, daß ich nicht perfekt, nicht vollkommen bin, daß ich noch einen langen Weg zu gehen habe, bis alle meine Energien auf allen Ebenen ungestört und dem göttlichen Plan entsprechend schwingen, bis alle in der göttlichen Struktur integriert miteinander und ineinander schwingend eine harmonische Ganzheit, eine Einheit bilden.

Den Status der Vollkommenheit zu erreichen, ist nicht nur in der christlichen Bibel als Ziel zu erkennen, sondern auch in den verschiedensten anderen Religionen und geistigen Richtungen. Die Vervollkommnung bedingt einen Veredlungsprozeß durch harte Arbeit an sich selbst, am symbolischen rohen Stein der Freimaurer, bis daraus ein wunderbar ausgearbeiteter verzierter Schlußstein eines Gewölbes in einer gotischen Kathedrale oder symbolisch im Tempel der Humanität wird.

Diese Entwicklung und Harmonisierung aller Energien, die mich zum Menschen heranbilden, bezeichnete ich damals als: die Menschwerdung.

Sind sich die Menschen dieser Menschwerdung, Vervollkommnung, dieses Reifeprozesses als Ziel bewußt? – Leider nicht.

Deshalb scheint es mir wichtig, sich darüber Gedanken zu machen, die Möglichkeiten und Grenzen der Menschwerdung zu studieren und sie als Aufgabe zu definieren.

Betrachten wir unser Denkmodell, den energetischen *ICH-Trichter*, als ein morphologisches Gebilde einerseits, und andererseits als eine göttliche Energieballung, welche nach ausgedachten, bestimmten Gesetzen besteht und funktioniert. In Gott ist die Vollkommenheit, die ich mir mit unendlich schnellen, d.h. großen Frequenzen vorgestellt habe. Meine winzig kleine Energiemenge entfernt sich wie ein in sich rotierendes Tornado-Wolken-Trichterchen von der Oberfläche der allmächtigen „Licht-Liebe-Energie-Kugel", und, mit der Basis immer an der göttlichen Basis haftend, fängt es an, eine eigene Existenz zu sein als ein einmaliges ICH mit eigenem Bewußtsein.

Diese Genesis, diese Schöpfung seiner selbst, seines ICH, soll vom Menschen zuerst bewußt erkannt werden. Dazu mögen die folgenden Gedanken dienen:

1. Ich bin ein Teil der Gesamtenergien Gottes, denn außer Gott existiert nichts. Er ist die alleinige Existenz. Gott ist die ALL-LIEBE.

2. Die Entfernung von Gott ist eigentlich meine Persönlichkeit; dadurch kann ich – aufgrund meines freien Willens – selbst Entscheidungen treffen … durch gute/positive oder schlechte/negative Motivation.

3. Dieser Zustand des ICH – als Denkmodell *ICH-Trichter* – ist vorübergehend, bis das ICH sich SELBST erfährt, sich weiter entwickelt in Transzendenz und die gesamte Energiesubstanz sich wieder mit der göttlichen Urenergie vereinigt; d.h. keine anderen Gedanken, Gefühle, Ziele und keinen anderen Willen hat als Gott.

4. Das ICH hat deshalb ein Ziel: die ganze energetische Struktur so zu verändern, daß auch die weit von Gott entfernten, auf niedrigen Frequenzen schwingenden Teile über die Licht-

geschwindigkeitsgrenze hinaus die originale göttliche Schwingungsfrequenz erreicht.

5. Das Endziel ist die vollständige Harmonisierung aller Energien, sie alle durch mein gesamtes ICH-BIN-ICH-SELBST-Bewußtsein unter Kontrolle zu bringen; den ganzen Trichter von Belastungen, den ungelösten Problemen, den nicht bestandenen Prüfungen, den disharmonischen Schwingungen – die alle „Schatten" werfen – zu befreien, transparent, durchsichtig, lichterfüllt zu machen und so wieder gottähnlich zu werden. So erkennt der Mensch sein ICH-BIN-ICH-Bewußtsein mit sich SELBST. Dann ist die Menschwerdung vollzogen, der Mensch hat das Höchste erreicht … als Mensch.

6. In der Vereinigung mit Gott geben wir schlußendlich das eigene ICH-BIN-ICH-SELBST-Bewußtsein, die Persönlichkeit, die Individualität auf. Das ehemalige ICH ist mit Gott verschmolzen.

Wenn man diesen Prozeß erkennt, anerkennt und versteht, ist man auf dem Weg, dies alles verwirklichen zu können…, *hier und jetzt* als Mensch. Es ist eigentlich paradox, daß es das Ziel des Menschen ist, sich aufzugeben und sich in Gott zu vernichten. Menschwerdung ist Menschvernichtung, Rückkehr zum Ursprung. Der Buddhismus bezeichnet es als Nirvana, ich interpretiere das Nirvana als ALL-NICHTS, als göttliches ALL – vom Menschen aus gesehen NICHTS; wo die absolute Leere und die absolute Fülle gleich sind …, alles Gott selbst ist. Diese Erkenntnisse wandeln den erdgebundenen und irdisch lebenden, materiell ausgerichteten Mensch um 180° und geben ihm die Möglichkeit, frei zu werden für die Entwicklung, für den Reifeprozeß.

Jetzt stellt sich natürlich die Frage: Wie kann ein Mensch diesen Reifeprozeß praktisch durchführen? Wie und woher kann er gesteuert werden? Woher nimmt man die nötige Energie dazu? Versuchen wir nochmals, einige Gedanken über den Reifeprozeß, der zur Menschwerdung führt, aufzuzeichnen:

1. Dieser Prozeß kann von innen durch das ICH gesteuert werden, da das ICH – innerhalb der von Gott gesetzten Gren-

zen – einen freien Willen hat, d.h. es kann für sich selbst Gutes, Positives oder aus Mangel an diesen Schlechtes, Negatives wählen. Daraus entsteht eine entsprechende Verantwortung, die ich besonders hervorheben möchte.

2. Die für die Ummodulation, für das „Hochschwingen" benötigte Energie strömt unaufhörlich aus der „Oberfläche der Licht-Energie-Liebe-Konzentration" Gottes in den *ICH-Trichter* hinein. Verschiedene Religionen nennen diese Energie-Ströme anders, wir Christen nennen sie Segen Gottes oder Gnade Gottes. Wir können diese Gnade Gottes aufnehmen, wenn wir uns öffnen. Dann wählen wir die Liebe, das Licht, die Stärke. Wir können uns aber statt dessen auch verschließen und statt Licht und Fülle der Energien die Finsternis, den Energiemangel und die Schwäche wählen. Es liegt an uns.

3. Wählt man bewußt und mit gutem Willen das Positive, so wählt man den Weg der Liebe. Die Liebe ist die größte Kraft, im Prinzip der Liebe erkennt man alle Instruktionen für die körperlichen, seelischen und geistigen Ebenen, die wir benötigen, um die Menschwerdung zu erreichen.

Die echte, selbstlose, bedingungslose Liebe wird also unser Wegweiser und Lehrmeister sein.

4. Nun wollen wir die Liebe definieren: … aber – ich kann es nicht. Nur das Studieren der Attribute der Liebe kann dazu führen, daß man versucht, sie zu verstehen.

Diese sind:

– Bedingungslosigkeit, d.h. man liebt, ohne etwas zu erwarten, ohne Hoffnung auf Gegenliebe oder irgendwelche Gegenleistung als Liebesersatz.

– Man wünscht und tut nur Gutes, Positives, Förderndes, Freudebringendes.

– Man hilft den anderen, ihre eigenen Vorstellungen zu verwirklichen, sich selbst zu entfalten, den eigenen Weg zu finden.

– Man schadet weder sich selbst noch einem anderen, indem man ihm etwa Kummer verursacht oder physischen oder psychischen Schmerz zufügt.

5. Dann kommt die Frage: Wen soll man so lieben?

   Jesus von Nazareth sagt im Ur-Text ganz klar: (frei interpretiert):

   „Liebe Gott, Deinen allmächtigen Vater und Schöpfer über alles

   Liebe Dich selbst, und

   Liebe alle Mitmenschen wie dich selbst."

   Das heißt, ich soll mich selbst lieben, und durch die Kraft der Liebe kann ich meine Menschwerdung vorantreiben.

6. Ich weiß, daß ICH die Ganzheit von vielen untergeordneten Bewußtseinsebenen bin, die zu den einzelnen Wesensgliedern von mir gehören und auf den entsprechenden energetischen Ebenen wirksam sind. Wenn ich mich also als solche, als Ganzheit lieben will, muß ich auch alle meine Bestandteile, meine Wesensglieder lieben: Die Materie, aus der meine Körperzellen aufgebaut sind; die Lebensenergie, die mich durchströmt; diese beiden zusammen kann ich als meinen biologischen lebenden Körper bezeichnen. Weiterhin natürlich soll ich auch meine Seele, meinen Geist lieben – aber wie?

Alles zu beantworten ist unmöglich. Wir können wiederum nur einige Gedanken über die Eigenliebe in den Raum stellen. Wir wollen bei diesem Gedankengang den „Egoismus" unter die Lupe nehmen und ihn von der Eigenliebe unterscheiden.

Eigenliebe bedeutet, mir selbst Gutes zu tun und mir keinen Schaden zuzufügen. Es ist also alles gut, was mir „gut tut", was mich fördert, mir Freude bringt. Es ist nicht Egoismus, mir immer das Beste zu wünschen, mir nur das Beste anzutun. Gibt es Grenzen? – JA. Sie liegen dort, wo meine Eigenliebe, mein Interesse mit den Interessen der anderen Menschen in Konflikt kommt. Sie ist dort, wo ich durch die Erfüllung meiner Wünsche anderen schade, sie in ihrer Entwicklung oder an der Erfüllung der selbstgewählten Aufgaben hindere, ihnen dies erschwere. Die Grenze ist nicht absolut definierbar. Es scheint mir eine große Aufgabe des Menschen zu sein, diese immer wieder neu, den sich ändernden Situationen angepaßt, selbst zu erkennen.

Kurz zusammengefaßt: Ich soll mich selbst lieben, alle meine Wesensglieder und Bestandteile akzeptieren wie sie sind und sie lieben, d.h. pflegen, fördern und für eine harmonische, störungsfreie Funktion besorgt sein.

„Wer liebt, der ist von Gott geboren und kennt Gott. Wer nicht liebt, der kennt Gott nicht; denn Gott ist Liebe."

(1. Johannes 4, 7–8)

Auch der Heilige Paulus hat tiefgreifende Worte geschrieben über die Liebe. Es ist sehr wertvoll, darüber zu meditieren. Er schreibt in dem 1. Korintherbrief, Kap. 13, folgendes:

„Und ich will euch noch einen köstlicheren Weg zeigen:

1 Wenn ich mit Menschen- und mit Engelszungen redete und hätte der Liebe nicht, so wäre ich ein tönend Erz oder eine klingende Schelle.

2. Und wenn ich weissagen könnte und wüßte alle Geheimnisse und hätte alle Erkenntnis und allen Glauben, so daß ich Berge versetzte, und hätte der Liebe nicht, so wäre ich nichts.

3 Und wenn ich alle meine Habe den Armen gäbe und ließe meinen Leib brennen und hätte der Liebe nicht, so wäre mir's nichts nütze.

4 Die Liebe ist langmütig und freundlich, die Liebe eifert nicht, die Liebe treibt nicht Mutwillen, sie blähet sich nicht,

5 sie stellet sich nicht ungebärdig, sie suchet nicht das Ihre, sie läßt sich nicht erbittern, sie rechnet das Böse nicht zu,

6 sie freuet sich nicht der Ungerechtigkeit, sie freuet sich aber der Wahrheit:

7 sie verträgt alles, sie glaubet alles, sie hoffet alles, sie duldet alles.

8 *Die Liebe höret nimmer auf,* so doch die Weissagungen aufhören werden und das Zungenreden aufhören wird und die Erkenntnis aufhören wird.

9 Denn unser Wissen ist Stückwerk, und unser Weissagen ist Stückwerk.

10 Wenn aber kommen wird das Vollkommene, so wird das Stückwerk aufhören.

11 Da ich ein Kind war, da redete ich wie ein Kind und war klug wie ein Kind und hatte kindliche Anschläge: da ich aber ein Mann ward, tat ich ab, was kindlich war.

12 Wir sehen jetzt durch einen Spiegel in einem dunkeln Wort; dann aber von Angesicht zu Angesicht. Jetzt erkenne ich stückweise: dann aber werde ich erkennen, gleichwie ich erkannt bin

13 *Nun aber bleibt Glaube, Hoffnung, Liebe, diese drei; aber die Liebe ist die größte unter ihnen."*

1. Wie liebe ich den Körper?

Mein Körper ist ein hochkompliziertes Gebilde, aus vielen Milliarden lebender Zellen gebaut, mit eigener Seele, mit eigenem Geist, eigener Persönlichkeit, mit spezifischen Aufgaben.

Alle haben eine Funktion, und der Sinn ihres Bestehens ist ihnen bekannt. Sie arbeiten – im Idealfall – harmonisch nach dem göttlichen Plan der Schöpfung. Wenn ich ihn liebe, so störe und zerstöre ich diese Funktion der Zellen nicht (z.B. vergiften, mechanisch kaputtmachen, durch Strahlen beschädigen uw.). Ich muß dafür sorgen, daß die Zellen reine Luft und aufbauende Nahrungsmittel bekommen, daß sie sich regenerieren und in bequemer Umwelt „leben" können.

Genauso ist es mit den spezifizierten Zellengruppen, Organen und Organgruppen – und schlußendlich mit dem ganzen Körper. Es scheint also sehr einfach zu sein. In der Praxis sieht es aber doch anders aus. Wir schaden nämlich unserem Körper tagtäglich durch:

– Einatmung von nicht reiner, sondern durch Schadstoffe verschmutzter Luft, Rauch usw.
– Einnahme von nicht natürlichen, sondern mit chemischen Stoffen durchsetzten Nahrungsmitteln wie z.B. mit künstlichem Dünger oder Schädlingsbekämpfungsmitteln vergiftetes Obst und Gemüse, Milchprodukte …, mit Konservierungsmitteln präparierte Lebensmittel usw.
– sehr einseitiger Ernährung: zu viel von einigen, zu wenig von anderen natürlichen Nährstoffen, Vitaminen usw.

- trinken von ungesundem, unklarem, mit chemischen Stoffen „präpariertem" Wasser oder Getränken
- genußbetont zuviel essen, einerseits und andererseits askesebetont, aus Armut viel zu wenig essen
- Konsum von unnötigen „Genußmitteln" wie Tabak, Alkohol, diverse Drogen
- viel zu wenig biologische Ruhe, Schlaf, Entspannung
- zu viel Lärm als ständige Reizquelle
- aussetzen des Körpers an gewisse schädliche Strahlungen und Hochfrequenz-Kraftfelder, z.B. von elektrischen Leitungen mit 50 Herz Frequenz
- aussetzen des Körpers, betr. Existenz oder Gesundheit, an Gefahren
- aussetzen des Körpers an Unfallgefahren in der Arbeit, im Alltag, Hobby oder Sport
- aussetzen des Körpers an extreme Kälte oder Wärme
- viel zu große körperliche Anstrengungen in der Arbeit oder auch Spitzenleistungen im Sport (Rekordjagd usw.)
- verweigern von periodischer sexueller Befriedigung
- Nichtpflegen des ganzen Körpers und dessen einzelnen Teilen (Waschen, Zahnpflege, Hautpflege usw.)
- Gebrauch von vielen unnatürlichen chemischen Stoffen (Waschmittel, Hautpflegemittel, Farbmittel usw.)
- Sonnenbrand oder Sonnenverweigerung
- aussetzen an Infektionen aller Art durch Schmutz, Unhygiene usw.
- unterlassen von preventiven Schutzmaßnahmen
- Einnahme von unnötigen Chemikalien als Arzneimittel Schlafmittel, Schmerzmittel, Abführmittel, Psychopharmaka usw.

Dies alles sind Fehler, oder anders ausgedrückt, „Sünden" gegenüber unserem Körper, welche die harmonischen, biologischen Funktionen stören und unserem Körper schaden können. Übrigens soll alles in einem guten Mittelmaß geschehen. Zuviel ist oft genauso schädlich wie zu wenig. Der Körper und alle seine Organe spüren und wissen, was ihnen gut tut, was gut und was schädlich ist und geben uns rechtzeitig Zeichen. Das Gesamtkörper-Bewußtsein schickt dem ICH ständig Informationen, damit der Ober-Kommandant richtige Entscheidungen treffen kann. Diese Entscheidungen sollen Schutzmaßnahmen gegen schädliche, die harmonischen Funktionen störende, Umstände herbeiführen und Maßnahmen zur Herstellung der Harmonie der schwingenden Energien zur Folge haben.

Hier sehe ich eine große Aufgabe des ICH's, nämlich die Informationen richtig auszuwerten, richtige Entscheidungen zu treffen und diese mit aktivem Willen durchzusetzen.

Die Befehle des ICH's sollen deutlich und unkompliziert ausfallen. Sie werden durch aktivierte Lebensenergie, d.h. durch das Licht, das unaufhörlich in den *ICH-Trichter* hinabstrahlt, unterstützt. So scheint es mir auch möglich, gestörte biologische Funktionen der Körperteile oder Organe zu beeinflussen, bzw. zu harmonisieren (siehe Kapitel 10, Kraft des ICH's).

2. Wie liebe ich meine Seele?

Was ist: meine Seele, meine Psyche, die ich lieben sollte? Es gibt keine gültige schulwissenschaftliche Definition der „Psyche" (Prof. Bleule), doch sie ist eine Realität, ein spezielles Kraftfeld, ein Sektor, ein Teil des Denkmodells: *ICH-Trichter.* Diese Schwingungsbereiche umfassen die Empfindungen, Gefühle, Begierden, Emotionen bis zu den Leidenschaften – Ekstase. Alle diese Funktionen sind psychische Größen, die ein „Eigenleben" haben, die gemäß eigenen Gesetzen funktionieren, welche wir noch gar nicht erforscht haben.

Es ist überhaupt fraglich, ob wir mit unserem in der materiellen Welt analytisch denkenden Intellekt Phänomene, die nicht mit der Materie verbunden sind, jemals erforschen, verstehen können. Deshalb tappt die Psychiatrie auf dieser Ebene im Dunkeln und versucht, die sogenannten psychischen Krankheitssymptome in Kategorien einzuteilen, zu analysieren und mit Methoden der Gehirnforschung zu verstehen. Die psychischen „Krankheiten" werden heute ja vermehrt mit Psychopharmaka unter Kontrolle gehalten. Ist das der richtige Weg? – Es sei dahingestellt.

Meiner Meinung nach liegen die Probleme ganz anders. Die Seele kann nur harmonisch funktionieren, wenn die göttlichen Energien, das Licht von „oben" in den *ICH-Trichter* bis in diese Ebenen ungehindert hineinstrahlen kann. Sie kann aber auch defekte, disharmonische Funktionen wegen Mangel an Licht, Liebe und Kraft aufweisen. Sie versagt wie ein empfindlicher Elektroapparat – als einfachstes Beispiel ein Computer oder Taschenrechner – wenn die Batterie erschöpft ist oder am elektrischen Anschluß ein Wackelkontakt besteht.

Ich soll meine Seele lieben – mit anderen Worten – den Zustrom von göttlichen Energien immer sichern, indem ich die disharmonischen Störungen, die schattenwerfenden seelischen Probleme, die undurchsichtigen, unkontrollierten Emotionen vermeide.

Die Ursachen dafür können z.B. folgende sein:

– beim Empfinden der Umwelteinflüsse wie z.B. Wärme/Kälte, Licht/Dunkelheit, Stille/Lärm, süß/sauer usw., alle immer mit negativen Vorzeichen als unangenehm registrieren

– alles als suspekt, als unsicher empfinden

– sich fürchten vor zu starken Empfindungen (zu heiß, zu süß, zu dunkel usw.)

– allgemeine Angst und Unsicherheit vor allem und jedem

– kein Vertrauen haben in Gott, weil man ihn nicht anerkennt und demütig liebt

– Angst haben vor der Umwelt, vor der Zukunft und vor sich selbst

– negatives Beurteilen von Menschen und Situationen

– negative Projektionen auf Menschen, die uns infolgedessen als unsympathisch oder sogar als böse erscheinen

– Mangel an Selbstvertrauen

– pessimistische Weltanschauung

– Schwarzmalerei anstatt Zuversicht

– sich selbst als schwach, als Taugenichts und Versager empfinden

- Neid empfinden
- negative Einstellung zum Leben als solches
- das Leben als sinnlos empfinden
- Mangel an Vertrauen, allgemeine Abstumpfung, alles aufgeben wollen
- Gefühle von Verloren- und Verlassensein, die zu Depression und sogar zu Selbstmord führen können
- nach Verlust der Liebe (Gottes-, Eigen- und Nächsten-Liebe) Liebesersatz suchen in negativen Phänomenen wie Machtgier, Geldgier, Habgier, Eifersucht, Ehrgeiz und Haß
- Liebesersatz kann bis zu extremen Emotionen und Leidenschaften führen
- starke negative Leidenschaften können Besessenheits-Symptome erzeugen
- unkontrollierte Emotionen und Leidenschaften können zu Selbstzerstörung führen
- feindselige, weltfremde Gefühle aufkommen lassen, anstatt Freundlichkeit
- wenn man keine positive Umwelt hat, weil man diese nicht wahrzunehmen vermag, wird man muffig, traurig, verschlossen usw.

Alle diese Motivationen sind disharmonisch und machen die Seele „krank". Es sind Krankheitssymptome.

„Ich liebe mich – ich liebe meine Seele und lasse keine solchen negativen Empfindungen, Emotionen und Leidenschaften in mir aufkommen" – das ist die richtige Einstellung. Vor dem Negativen muß man sich schützen. Aber wie?

Indem man diese Empfindungen und Emotionen bereits beim ersten Auftauchen als solche erkennt, aber im Tagesbewußtsein sich nicht damit beschäftigt, sondern ignoriert. Man soll sie nicht verdrängen, „bekämpfen", sondern sie ganz einfach nicht wahrnehmen. Was der Mensch nicht wahrnimmt, existiert auch nicht für ihn.

Diese negativen Empfindungen kommen auch nur dann, wenn das Licht, die Liebe fehlt. Wir sollen also die Welt als Gottes Schöpfung ansehen; in allen Menschen Gottessöhne erkennen, die oft mit schweren, selbstgewählten Problemen ringen und genauso Fehler machen wie wir. Damit versuchen wir, das Licht anzuzünden, das die Finsternis überwindet.

Wir sollen unsere Zuversicht stärken, ein Vertrauen in Gott und in uns selbst erarbeiten, nichts aufgeben, sondern mit „ich schaffe es" eine optimistische Grundeinstellung erarbeiten. Dann gibt es keinen Grund mehr zur Traurigkeit. Man wird ruhig, sicher, harmonisch und fröhlich. Die Freude an Dingen, an Menschen, an Situationen stimmt uns fröhlich, und wir werden humorvoll, strahlen Heiterkeit, Harmonie, Liebe und Freude aus.

Die Seele sendet dem ICH unaufhörlich Informationen über Emotionen und Empfindungen. Ihm kommt dann die Aufgabe zu, diese positiv oder negativ auszuwerten und eine Entscheidung zu treffen: „Ich will es so haben", … und es wird auch so kommen. Anstatt Abneigung und Haß zu begegnen, wird man einen Menschen mit liebevollem Verständnis finden. Anstatt in einer hoffnungslosen, düsteren Lebenssituation zu sein, blickt man optimistisch in die Zukunft. Man findet das Leben schön, interessant, herausfordernd und anregend, weil man alles zu meistern vermag – sofern das ICH die Seele unter ihrer Kontrolle behalten kann. Die negativen Empfindungen und Emotionen nehmen keine Schlüsselstellung mehr ein, die seelischen Funktionen werden harmonisiert, mit Licht durchleuchtet. So wird die Seele gesund und kann die Liebe als einzige Emotion aktivieren. Der Mensch lebt glücklich und harmonisch auf der Erde.

Ein starkes ICH-BIN-ICH-SELBST-Bewußtsein des ICH ist also die beste Medizin gegen psychische Krankheiten. Eine gesunde Seele hat ein großes, positives Kraftpotential, das uns sehr hilft, die gesamte energetische Struktur des Menschen zu harmonisieren.

3. Wie liebe ich meinen Geist?

Auch mein Geist ist eine Persönlichkeit. Auch er hat ein Eigenleben, hat Freude und Kummer, hat Aufgaben und Probleme. Wenn ich ihn liebe, sichere ich ihm die ungestörte Funktion der verschiedenen Arten von Denken, Auswerten, Kombinieren, Planen, Abstrahieren, Symbole kreieren und gebrauchen, Philosophieren usw. Ich halte alle störenden, disharmonischen Umstände von ihm fern, um so eine Harmonisierung seiner Manifestationen zu erreichen – genauso, wie es sich der göttliche Plan bei der Schöpfung vorgestellt hat.

Was stört beispielsweise die Harmonie des Geistes?

– Rache, Vergeltung, Strafe, denn das sind bewußte Gedanken, um jemandem zu schaden, ihm Leid zuzufügen, gleichgültig mit welcher Motivation

– ausdenken von Plänen, einer Strategie zur Verwirklichung negativer Emotionen, wie: Machtgier, Habgier, Eifersucht, Geldgier

– Sadismus

– egoistische Gedanken, die nur mir allein nützen und gegen das Interesse von Mitmenschen sind oder keine Rücksicht nehmen auf Schaden, Leid, Schmerz usw. von anderen

– Eitelkeit, Angeberei, Hochstapelei, Ehrgeiz usw. sind Grundgedanken, die mein niedriges „Ego" hervorheben wollen, um mir eine gute irdische Position, Ehre und Achtung zu verschaffen

– Faulheit, Zurückgezogenheit, Ablehnung und Verschlossenheit sind ebenfalls negative Aspekte, die der Nächstenliebe entgegenwirken und sie blockieren, sowie viele andere negative Regungen.

Diese negativen Gedanken werfen Schatten; sie blockieren die Sonne, das Licht und verhindern damit, daß die Liebe fließen kann. Wenn ich meinen Geist liebe, beschütze ich ihn vor düsteren, unsauberen, egoistischen Gedanken.

Wir erkennen hier zwei Pole: den Ich-betonten Egoismus und die helfende Liebe.

Die negativen, egoistischen Gedanken sind aber einfach da, sie entstehen wie dunkle Wolken. Dagegen zu kämpfen ist zwecklos und erzeugt eine Gegenwirkung: Wir nehmen sie ernst, beschäftigen uns mit ihnen und verstärken damit die Präsenz der Wolken. Wenn man die negativen Impulse als solche bekämpfen will, werden sie als Gegner immer stärker, immer gefährlicher, nehmen immer drohendere Gestalt an, und dadurch wird es immer schwieriger, sie zu bekämpfen. Sie werden sogar unbesiegbar, und nehmen als negative Wahnvorstellung, als Fixidee den ganzen Geist in Besitz.

Anstatt also das Negative zu bekämpfen, wollen wir es auflösen. Die beste Lösung ist es, diese dunklen Wolken einfach durchfließen zu lassen. Sie ziehen auch von selbst weg, wenn wir ihre Existenz nicht bewußt wahrnehmen. Wir sollen uns ablenken durch Gebet, Meditation, positive Gedanken, durch andere Beschäftigungen wie Schreiben, Lesen, Singen, Musizieren, Schachspielen oder uns irgendwie auf andere Art konzentrieren. Durch Ablenkung mit positiven, kreativen Aktivitäten gelingt es oft, diese Wolken mit Licht aufzulösen. Hier möchte ich nochmals darauf hinweisen, daß die Methode des „Nicht-wahrhaben-Wollens" die beste ist.

4. Wie liebe ich meinen intuitiven Rezeptor?

Diese obere Sphäre meines ICH ist die Kommunikationsstelle – eine Brücke zum Metaphysischen, Göttlichen. Diese Brücke soll ich frei halten, das Tor, das zum Licht führt, öffnen, so daß das Licht, die Kraft, die Liebe Gottes aus den höheren Sphären direkt in mich, in meinen *ICH-Trichter* hineinstrahlen kann. Ohne Licht, Kraft und Liebe bin ich verloren, werde ich krank. Wenn ich mich also liebe, öffne ich mich bewußt nach „oben".

Das Wunderbare der Intuition beschreibt Helmuth Wolf wie folgt: „Es ist der an sich absolute Geist, der den Menschen kennzeichnet, denn ‚der Mensch ist ein geistiges Wesen, das mit einem Leibe bekleidet ist'. Wenn wir den Geist als absolut bezeichnen, so meinen wir, daß er losgelöst ist von allem Bildhaften, ein reiner geistiger Impuls. Das bedeutet, daß wir uns diesen Impuls nicht vorstellen vermögen. Eben dies muß ich Ihnen vorausschicken, wenn ich von der Intuition spreche. Intuition ist etwas, was jeder von uns schon einmal erlebt hat. Wir haben intuitiv ein Erkennen, haben danach gehandelt und haben sicherlich empfunden, daß dies wunderbar war."

Wie kann ich diese Öffnung vollziehen? – Durch Reinheit der Gedanken, durch Abwendung meiner Interessen von den irdischen Werten, durch das Sich-Loslösen von den alltäglichen irdischen Problemen, durch das Sich-Leermachen, durch Sehnsucht, die Kontakte mit dem Ursprünglichen, mit dem Metaphysischen herzustellen und zu vertiefen, durch Hingabe an das Göttliche.

Hier möchte ich die bedingungslose und demütige Hingabe betonen, wie sie im Vaterunser steht: „Dein Wille geschehe." Mein Gebet entsprechend heißt also:

„Mein Vater-Mutter, Schöpfer, Gott: Ich bin offen, ich bin durch die Öffnung mit DIR verbunden. Ich habe nur einen Wunsch: Das Licht, die Liebe zu empfangen. ICH bin ICH – ein Teil von DIR ..., ich bin göttlich ..., ich möchte nur im Licht stehen und die Liebe empfangen und ausstrahlen..., ich bin Dein Werkzeug zur Verwirklichung Deiner Pläne. Ich bitte um Deine Führung, ich will auf Deinem Weg gehen. Ich bin offen zur Wahrnehmung Deines Willens durch meine Innere Stimme. Dein Wille geschehe. Ich bin dankbar für Deine Gnade."

Durch solche Hingabe kann man sehr intensive Gefühle der Liebe und eine Art Loslösung von der Materie durch Entrückung erleben, sogar OOB (out of body) – Austritts-Zustände können erreicht werden. Diese Öffnung ist also der Anschluß an die unendliche Kraftquelle, das Streben in die Transzendenz. Ich liebe mich, deshalb fülle ich mich mit Kraft.

Zusammenfassung

Die Menschwerdung ist ein Prozeß. Ein Mensch wird nicht vollkommen geboren, sondern er muß sich diesen Zustand schwer erarbeiten.

Die Menschwerdung ist das Ziel des jetzigen und aller anderen Erdenleben. Man kann diese Menschwerdung fördern, indem man die positiven, mit Liebe erfüllten Kräfte auf allen Ebenen wirken läßt, diese „auslebt" durch Erleben und so die Erfüllung erreicht. Die Menschwerdung ist also für mich die „Fülle", die man in sich selbst, in seinem eigenen ICH-BIN-ICH-SELBST-Bewußtsein findet, in der Transzendenz.

Man kann also die Menschwerdung als *Ziel des Lebens* definieren, das durch geistige Entwicklung zu erreichen ist.

Hier findet das ICH sich selbst jenseits der Schwelle materieller Wirklichkeit. Hier wird das ICH mit dem eigenen SELBST vereint, und damit ist der Prozeß der Menschwerdung vollzogen. Das Wort „Menschwerdung" habe ich nach der Wiederbelebung, noch während ich auf der Intensivstation lag, erfunden, mangels Fachkenntnissen in Psychologie, Theologie und anderen Geisteswissenschaften. Ich gebrauche dieses Wort auch heute noch für den erwähnten Prozeß, welcher immer noch materiegebunden ist. Der Mensch findet seine Vervollkommnung in metaphysischen, transzendenten Sphären, obwohl er einen materiellen Körper hat. Ohne diesen Körper wäre er kein Mensch mehr, sondern eine körperlose Wesenheit mit einem ICH-Bewußtsein. Die Kunst für uns Menschen ist es eben, mit dem Körper zusammen, diese Stufe zu erreichen. Dann ist die Materie durchdrungen, dann kann das ICH sich vom Körper befreien, loslösen.

Die Methode dazu ist, das ICH, die Ganzheit, die ganze energetische Struktur meiner selbst unter Kontrolle zu bringen. Dieser Prozeß führt dazu, daß das ICH erkennt, aus welchen Wesensgliedern es besteht, wie die ganze energetische Struktur aufgebaut ist, und wie die Kraft des ICH wirkt; wie das ICH alles unter Kontrolle bringen kann und schlußendlich begreift, was ICH bin. Wenn dann das ICH alles erfährt, erfährt es sich SELBST. C.G. Jung nannte diesen Prozeß den Individuationsprozeß.

9. Die Rolle des ICH

Das *ICH-Trichter*-Denkmodell zeigt uns, daß das ICH eigentlich alles ist. Es ist das Prinzip des Göttlichen, welches sich in allen aus Gott entstandenen Strukturen manifestiert. Alles, was der Mensch ist, ist eigentlich die Erscheinungsform, sind die verschiedenen Strukturen des ICH. Das ICH ist das Prinzip, welches wir als durch die Schöpfung geschaffene spezifische Erscheinung wahrnehmen und erkennen. Da die Schöpfung eine Funktion von Gott selbst ist, kann das geschaffene ICH auch nicht außerhalb des Gottesprinzips sein. Gott ist alles, und deshalb existiert nichts außer ihm. Wenn wir Gott – antropomorph gesehen – als Energie, als Intelligenz identifizieren, so besteht alles, was ist, aus Energie und hat alles, was überhaupt ist, eine göttliche Intelligenz. Der ursprüngliche All-Gott ist selbst die EINHEIT. Innerhalb dieser homogenen Einheit ist nichts erkennbar. Im Prinzip des EINS gibt es keine Strukturen. Es ist dann möglich, daß durch Gott selbst ein Teil von IHM spezifische Funktionen als Aufgabe bekommt und die entsprechenden Strukturen werden dazu gegeben.

Was ist Schöpfung in diesem Sinne? Die Aussonderung eines Teils der EINHEIT, welcher in die ZWEIHEIT, in die Polarität „fiel", d.h. eine spezifische polare Struktur erhielt. So wird diese Struktur von der All-EINHEIT morphologisch erkennbar und definierbar und kann benannt werden, z.B. eben als ICH. Durch diese Absonderung von der Einheit beginnt das ICH mit einer eigenen Existenz, hat einen spezifischen Charakter, erhält spezifische Aufgaben, erkennt seine eigene Existenz. Durch das Erfahren seiner Existenz außerhalb der EINHEIT wird dem ICH auch sein Ziel, nämlich die Rückkehr in die Einheit, bekannt. Alles, alles, was dann noch passiert, ist von diesem Bestreben gekennzeichnet: Rückkehr …, Aufgeben der Eigenständigkeit der Persönlichkeit mit allen entsprechenden Manifestationen und Strukturen, Aufgeben der Polarität, Vereinigung in der EINHEIT, sich auflösen ins Ursprungs-Prinzip, Verschmelzen mit

der All-Energie, sich auflösen in das All-Nichts, das einzig ist...
in Gott. Diese kurze Beschreibung gibt die Quintessenz meines
erhaltenen Wissens in der 12. Phase des klinisch-toten Zustandes wieder. Für mich ist es also klar, wer ich bin, nämlich ein Teil
des göttlichen UR-EINS, der zwar durch die Schöpfung einen
neuen Aggregatzustand erhalten hat, der aber immer ein Teil
Gottes bleibt. Dieser Teil hat göttliche Fähigkeiten und Eigenschaften erhalten, um mit seinem freien Willen seine eigenen
Funktionen zu bestimmen und damit sein Ziel, die Rückkehr
zur EINHEIT, zu ermöglichen.

Wir werden in den nächsten Kapiteln die Strukturen, die Bestandteile oder Wesensglieder des ICH analysieren, welche
eigentlich nur verschiedene Frequenzen der ursprünglichen
göttlichen Kräfte sind.

Die Rolle des ICH ist damit definierbar geworden. Das ICH
will zurück, es ist sein Bestreben, sein Ziel, seine Aufgabe – sein
UR-Karma. Dieses Bestreben zur Rückkehr besteht deshalb,
weil eine „Absonderung" von der UR-EINHEIT erfolgt ist. Diese
Distanz, diese Situation als Ausgangsposition, ist rund um die
Erde in den verschiedensten Philosophien bekannt – ebenso die
Rückkehr als Ziel. Das entsprechende Gedankengut ist im jüdisch-christlichen philosophischen Bereich als Engelsturz, als
Erbsünde bezeichnet worden. Die Menschen haben den freien
Willen und ein beschränktes Wissen erhalten und sind damit
auf sich allein gestellt, um den harten Weg der Entwicklung
anzutreten.

Das entelechiale Prinzip ist der rote Faden, welcher durch alle
Leben, durch alle Existenzen läuft: Die Entwicklung.

Darin also erkenne ich die Rolle, die Aufgabe, das UR-Karma
des ICH: Entwicklung, Vervollkommnung, Menschwerdung.
Das ist der Weg, von dem Jesus von Nazareth sagte: „Ich bin der
Weg." Alle großen Gläubigen und denkenden Menschen sind
uns in diesem Sinn Wegweiser.

Wie kann das ICH seine Rolle erfüllen? – Durch die Menschwerdung. Wenn das ICH sich SELBST erkennt und findet, wenn
alle mit Materie verbundenen Aufgaben gelöst sind, wenn der

146

ICH-Trichter ausgeräumt ist, frei von allen irdischen Belastungen, wenn die göttliche Kraft = das Licht alles auszufüllen vermag, dann ist die Menschwerdung vollzogen, dann braucht das ICH nicht mehr im „Fleische" reinkarniert zu sein, sondern kann in „höheren Sphären", in höheren Frequenzbereichen existieren und dort seine Rolle weiterspielen.

Jetzt bin ich ein Mensch, und mein ICH hat seine Rolle mit allen Bestandteilen eines Menschen zu spielen. Das ICH besitzt alle diese Bestandteile und kann sie unter Kontrolle bringen, lenken, beeinflussen. Der Mensch ist also seinem eigenen Prinzip, dem ICH untergeordnet. Wie wir bereits gesehen haben, ist es das Ziel des ICH, hier und jetzt, im jetzigen Erdenleben, seinen jetzigen Körper, seine Seele und seinen Geist unter Kontrolle zu bekommen. Gelingt es ihm, so ist die Menschwerdung des jetzigen, einmaligen Menschen vollzogen. Diese Kontrolle kann nicht auf einmal erreicht werden. Es ist eine große und schwierige Aufgabe, und es braucht viel Übung, Geduld und Willen, bis es einigermaßen gelingt. Hier erkennen wir die göttliche Rolle des ICH: Durch die Menschwerdung die Materie zu durchdringen, den aus Materie (Fleisch) bestehenden Körper zu erfahren und zu überwinden.

Diese Aufgabe ist die Rolle, mit anderen Worten das Karma des ICH.

Um dies zu erreichen, gibt es viele verschiedene Methoden, je nach Einstellung, religiösem Hintergrund, bisherigen Erfahrungen usw. Jeder kann etwas ausprobieren, so lange, bis er die für ihn geeignete Methode findet.

Für mich ist nur eine Sache wichtig: Der Wille ..., ich will es so, also wird es auch gehen, und gleichzeitig stelle ich es mir als Wahrheit vor. Dann ist Wille und Vorstellungskraft gleichgerichtet und repräsentiert so ein unverkennbares großes Kraftpotential (siehe Coué).

Wir haben in den früheren Kapiteln versucht, die Bewußtseinsstufen des Menschen zu analysieren. Dabei wurde klar, daß diese Bewußtseinsstufen Manifestationen des ursprünglichen, göttlichen ICH auf verschiedenen Schwingungsebenen sind.

Das ICH hat nämlich verschiedene Wesensglieder, Bestandteile, zu welchen verschiedene Schwingungs-Frequenzen der All-Energie gehören; und auf jeder Stufe ist eine Selbstwahrnehmung und Selbsterfahrung möglich. Diese beinhaltet das Erfassen und Erleben der wesentlichen Merkmale jener Stufe durch einen Prozeß, den wir Bewußtwerdungsprozeß nennen und dessen Resultat wir als spezifisches Bewußtsein definieren können.

Die Frage: Wer oder was hat diese Bewußtseins-Stufen, kann man einfach beantworten: Das ICH als ein individuelles Prinzip in der Ganzheit Gottes.

Als die höchste Bewußtseinsstufe des ICH's haben wir das Erfahren des ICH-BIN-ICH in sich SELBST charakterisiert. So ist das ICH eigentlich die Ganzheit von mir selbst, oder alles, was ich bin, oder das Gesamtprinzip meiner selbst. Dieses ICH-Prinzip ist Träger aller meiner Manifestationen. Es besitzt ein integriertes ICH-BIN-ICH-SELBST-Bewußtsein und die göttliche Gabe oder Gnade des freien Entscheidungsvermögens, die Fähigkeit, schöpferische Ideen, Gedanken und Pläne zu kreieren, und eine schöpferische Kraft, die getroffenen Entscheidungen durchzusetzen.

Das ist eben charakteristisch für das ICH, daß es frei ist, sich etwas auszudenken und dafür zu entscheiden, und zwar nicht nur für das absolut Gute. So ist das ICH eigentlich – in begrenztem Rahmen – selbst ein Schöpfer und trägt dazu bei, die Weltentwicklung im guten Sinne zu lenken und zu fördern, oder sie eben zu zerstören.

Dieses ICH ist beim Menschen in die Materie, im Fleisch inkarniert. Vor der Geburt oder nach dem Tod ist ES als körperlose Struktur existent und mit dem Wiederverkörperungsprozeß behaftet, bis ES alle nötigen Erfahrungen auf der materiellen/biologischen Ebene gesammelt und sich dadurch vom Zwang der Wiederverkörperung befreit hat. Dieses ICH aber existiert weiter und versucht, sich auf jener erreichten Ebene zu entwickeln, neue Erfahrungen zu sammeln, bis es auch diese Ebene verlassen und auf der nächst höheren seine Entwicklung vorantreiben kann.

148

Nachdem ES alle Stufen erklommen und sich von allen negativen Schwingungen befreit hat, nachdem es sich ganz gereinigt hat und dadurch Gott ähnlich wurde, ist seine Frequenz enorm hoch und kann mit der Kraftquelle Gottes verschmelzen. Das ICH kann zu Gott zurückkehren, sich in Gott bewußt auflösen. Dieser Prozeß ist das Glückseligste überhaupt – sich, die eigene Persönlichkeit, aufgeben und somit das biblische „Wort", den Gedanken der Schöpfung erfüllen, das Ur-Prinzip Gott erleben. Das ICH hat durch die freie Gestaltungsmöglichkeit, freie Entscheidungsfähigkeit und den reinen Willen eine neue Kategorie erreicht: Gewisse schöpferische Fähigkeiten zu haben und somit selbst ein Schöpfer zu sein. Die außerordentlich wichtigen Attribute machen uns gottähnlich, wie Gott den Menschen „nach seinem Bild" geschaffen hat. In den verschiedenen Religionen ist diese Tatsache von vielen Legenden umwoben, wie z.B. auch die Schöpfungsgeschichte ins jüdisch/christliche Gedankengut eingegangen ist. So sind wir Mitschöpfer unserer eigenen Welt, wobei wir für alles die Verantwortung zu tragen haben.

Hier können wir die Rolle des ICH's begreifen. ES ist alles, was ich bin; ES ist aber gleichzeitig der Kommandant. ES ist der Kapitän, der alles wahrnimmt, auswertet, die Entscheidungen trifft und diese durchsetzt. Das ist die Aufgabe und gleichzeitig das Funktionsprinzip des ICH's.

Es ist wichtig, daß das ICH diese Aufgabe frei erfüllen kann; daß ihm keine Hindernisse in den Weg gelegt, keine Schranken gebaut werden, daß es in der Freiheit seiner Entscheidungen nicht eingeschränkt wird, damit es seine Individualität nicht zu stark abgrenzen oder sogar aufgeben muß.

Das ICH soll sich deshalb selbst vor Einflüssen schützen, die seine Freiheit einschränken. Aber wie? ES soll wachsam sein und aufpassen, wenn eine Information aus der Umwelt kommt, die an Bedingungen geknüpft ist. Man soll bewußte Lenkungsversuche oder gar Erpressungen erkennen, auch dann, wenn diese mit verlockenden Versprechungen verknüpft sind. Der freie Wille soll wirklich „frei" funktionieren können. Das gehört zum

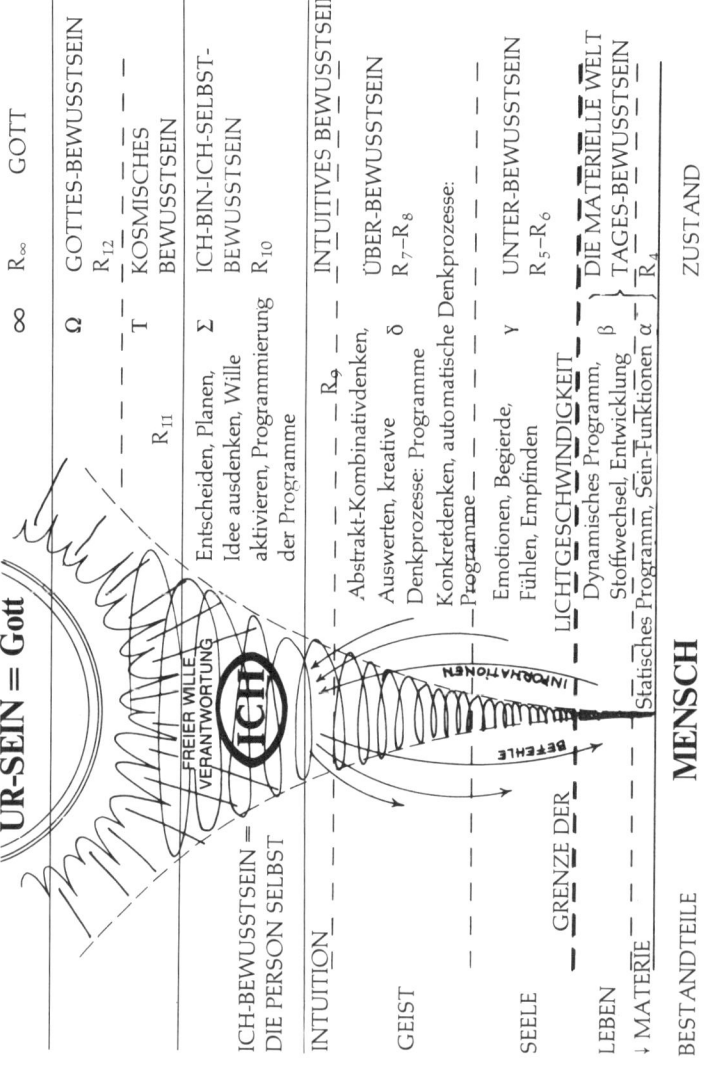

göttlichen Plan. Dazu haben wir Menschen diese Gnade, diese einmalige Fähigkeit erhalten.

Das ICH ist kein freies ICH mehr, wenn es gelenkt, geführt, wenn es zu einem gehorsamen Befolgungs-Mechanismus degradiert wird. Grundvoraussetzung des ICH's ist es somit, die persönliche Freiheit zu erlangen und zu behalten.

10. Die Kraft des ICH

Die Kraft des ICH ist unbeschreiblich und unvorstellbar groß. Man ist selbst überrascht, wie „stark ICH bin", wenn man die Kräfte zu aktivieren vermag.

Wie kann man dieses Phänomen mit dem *ICH-Trichter* Denkmodell verstehen? Ist es wirklich so? Hat das ICH so viel Kraft, um alle Schwierigkeiten zu überbrücken und alle Proben zu bestehen?

Charakteristisch für den Trichter ist, daß er nach oben geöffnet ist, gegen das Licht, gegen Gott ausgebreitet, um die göttlichen Kräfte in ihrem ganzen Umfang aufnehmen zu können. Weil die Punkte am obersten Rand des Denkmodell-Trichters mit Lichtgeschwindigkeit um die Lichtachse des Trichters rotieren, ist die Öffnung auch unendlich groß. Hier trifft der Mensch die Unendlichkeit, hier ist unser Ursprung, hier erfolgte die Schöpfung, weil hier die Grenze zwischen EIN-HEIT und ZWEI-HEIT, d.h. Polarität, ist. Von der Einheit strömt dann ununterbrochen die Kraft Gottes meinem innersten ICH zu.

Je größer die Öffnung ist und je ungestörter die Energie fließen kann, desto größer ist die Energiemenge, die von meinem innersten ICH aufgefangen wird, d.h. desto größer ist das Potential, das mir zur Verfügung steht. ... Ja, es ist immer genügend, um die irdischen Probleme zu lösen.

Man spricht von Lebenskräften, von der Kraft des Unbewußten, der Kraft des Geistes, usw.

Die Frage ist nun: Wie können wir diese Kräfte erkennen und aktivieren, und wie können sie sich gegenseitig ergänzen?

Alle diese Fragen können mit schulwissenschaftlichem Denken nicht beantwortet werden, weil diese Urkräfte nicht in den materiellen, sondern in den übermateriellen, metaphysischen Weltsphären wirken. Aber daß diese Kräfte existieren und auch auf die materielle Welt zu wirken vermögen, ist nicht abzuleugnen.

Unserem Denkmodell entsprechend:

1. Alles, was ICH bin, ist Energie. Alles schwingt, rotiert mit verschiedenen Frequenzen.
2. Je langsamer die Schwingung im gegebenen Bereich, desto schwächer ist die dort wirkende Kraft. Und das Gegenteil: Je größer die Schwingungsfrequenz, desto größer ist die wirkende Kraft.
3. Das Einwirken der Kräfte in eine andere Sphäre kann durch Frequenzmodulation erfolgen.
4. Eine Kraft aus einer gewissen Ebene (Sphäre) kann nicht, oder nur schwach, auf eine höhere Sphäre Einfluß ausüben, hingegen kann eine Kraft aus einer oberen Ebene direkt auf eine untere Ebene wirken.

So kann man also verstehen, daß, je höher eine Sphäre ist, desto stärker die dort wirkenden Kräfte sind, die auch direkt auf niedrigere Ebenen wirken können.

Mathematisch kann man die Kraftverhältnisse nicht erfassen; aber man könnte als einfachste bildliche Vorstellung z.B. die Zahl 10 nehmen, mit anderen Worten, man könnte sich vorstellen, daß jede von den sieben beschriebenen Ebenen ein zehnmal größeres Potential aufweist, als die unmittelbar darunter liegende. Diese Annäherung ist sehr grob, weil der Trichter, gemäß meiner Vorstellung, hyperbolisch ist.

Denken wir an die statische Materie (α-Sphäre). Hier wirken die aus der Physik bekannten, materiellen Kräfte. Nehmen wir diese als 1-Krafteinheit an.

Über ihr befindet sich die Sphäre des Lebens (β), welche eine 10mal stärkere Kräfte aufweist, als die Materie. Sie kann das Leben, die dynamische lebende Zelle, die Materie bezwingen und auf die Struktur der Materie wirken Die organischen chemischen Stoffe bezeugen diese Feststellung. Das Prinzip des Lebens dringt überall durch. Die Materie wird belebt. Das Leben sucht instinktiv überall die Möglichkeit, sich zu erhalten, d.h. überleben zu können. Das Leben ist eine spezielle göttliche Kraft, deshalb ist es so schwierig, das Leben zu vernichten, es auszulöschen. Das Leben ist ein wunderbares Phänomen der

Schöpfung. Gemäß unserem Denkmodell wirken hier bereits 10 Krafteinheiten.

Über dem Leben wirkt die Sphäre der Instinkte (γ_1). Diese kann die Lebensprozesse sehr stark beeinflussen, sogar auf die Materie einwirken, wo sich dann das Resultat in sinnvollen Phänomenen manifestiert. Der Instinkt lenkt auch das Leben, unterstützt die biologischen Lebensprozesse, hilft im Lebenskampf. Der Instinkt ist ein Lenkungsmechanismus mit ebenfalls sehr vielen Kraftreserven. Diese Sphäre gehört bereits zum Bereich unserer Seele. Wir können die hier wirkenden Kräfte mit 100 Krafteinheiten bezeichnen.

Die nächst höhere Sphäre der Seele haben wir als Ego-Bewußtseins-Sphäre (γ_2) bezeichnet. Es ist unbestreitbar, daß das Ego sehr starke Kräfte aufweist. Der Mensch, der diese Sphäre nicht zu kontrollieren vermag, ist dem Ego vollständig ausgeliefert. Egoismus beherrscht seine Instinkte, seine Lebensprozesse, seinen Körper. Das Ego ist stark, 10mal stärker als die Instinkte. So können wir dem Egoismus 1000 Krafteinheiten zuschreiben. Der Egoismus weist also noch genügend Potential auf, um sogar auf die Sphäre des Intellektes, des Denkens zu wirken. Es ist also sehr wichtig, daß wir diese seelische Sphäre, in der sich das Ego in Emotionen, Glücksgefühl oder Depressionen usw. manifestiert, erkennen. Dann, und nur dann, wird uns die Wichtigkeit dieser Kräfte bewußt. Dann sind wir, d.h. unser ICH, nicht mehr abhängig vom Ego, dann sind wir unserer Psyche nicht mehr ausgeliefert, sondern das ICH vermag die Seele für seine Entwicklung zu benützen.

Über der Sphäre mit der emotionenbeladenen Seele erkennen wir die Sphäre des konkreten Denkens (δ_1), wo sich das persönliche ICH-Bewußtsein manifestiert. Das denkende ICH repräsentiert bereits 10mal größere geistige Kräfte, als die darunterliegende Sphäre des Ego. Leider ist uns nicht immer, oder gar nicht bewußt, welche Möglichkeiten in unserem Intellekt, in unserem konkret denkenden Geist, vorhanden sind. Diese Kraft kann über die Emotionen der Seele Kontrolle ausüben, sie lenken, bremsen oder fördern. Diese Kraft unterscheidet uns von den

Tieren, gibt uns die Möglichkeit, eine Individualität zu entwikkeln. Hier, auf dieser Ebene, erschien der Mensch mit seinen intellektuellen, konkreten Kräften des Denkens als Homo sapiens.

Immer wieder hören wir: Gedanken sind Kräfte.

Ja – sie sind Kräfte, die uns zur Verfügung stehen, mit Wirkung nach oben und auch nach unten. Hier wirkt eine konkrete Erkenntnis, hier werden die Realitäten wahrgenommen und als solche registriert. Die Kraft des positiven oder negativen Denkens ist hier Realität. Der Mensch soll lernen, mit diesen Kräften umzugehen. Es sei hier betont, daß der Mensch fähig ist, durch die Kraft des konkreten Denkens die Konsequenzen der verschiedenen Wirkungen des Ego zu erkennen, zu lenken und unter Kontrolle zu bringen; z.B. ist dadurch die Behandlung der großen negativen Emotionen und Depressionen möglich. Nach unserem Denkmodell wirken hier bereits 10 000 Krafteinheiten!

Das konkrete Denken geht stufenlos nach oben in die Sphäre des abstrakten Denkens über (δ_2). Das Denken in Symbolen birgt eine unbeschreiblich große Kraft. Diese wirkt mit größter Intensität auf das konkrete Denken und auf alle niedrigeren Sphären. Hier entsteht der Homo sapiens sapiens, ein abstrakt denkender Mensch mit seinem charakteristischen ICH-BIN-Bewußtsein; hier entfaltet er seine Persönlichkeit, seine Entität als Mensch. In diesem Bereich wird der Mensch fähig, Ideale zu entwickeln, Vorstellungen zu haben und Phantasie zu entfalten, welche für ihn zum Denkmuster werden.

Andererseits ist diese höhere Intelligenz eine Manifestation des Logos, welche charakteristisch ist für diese höhere geistige Funktion. Die Kraft des logischen und abstrakten Denkens kann die Kontrollfunktion über alle niedrigeren Sphären, Wirkungsfelder, ausüben. Alles kann „logisch" geschehen, wenn man diese Kräfte einsetzt. Eine positive oder negative Richtung steht und bleibt uns immer freigestellt. Die Motivation dafür liefert uns immer unser freier Wille. Für die Durchführung aber haben wir hier die nötigen Kräfte: Die Kraft des Denkens – oder, anders ausgedrückt: die geistigen Kräfte, welche das Ego zu lenken vermögen und sogar – wie die Geistheilung es beweist – auch auf biologische Funktionen wirken können. Hier können wir uns die Wirkung von 100 000 Krafteinheiten vorstellen.

Über der Sphäre des abstrakten Denkens befindet sich ein neues Kraftfeld – das der Intuition (ε). Wenn wir unsere ganz willkürlich gewählte Zahl 10 nehmen, als Hinweis darauf, wie die Kräfte „nach oben" stärker und stärker werden, dann sind wir hier bei $10^6 = 1\,000\,000$ angelangt. So stark sind – hypothetisch – die Kräfte der Intuitionen.

Intuition haben wir auch als innere Kräfte des Menschen bezeichnet, deren Ursprung bereits in der Transzendenz zu suchen ist. Die Offenbarung dieser Kräfte erfolgt durch unsere Innere Stimme. Diese Stimme ist eigentlich immer präsent und vermittelt die guten, positiven Ratschläge, die wir als spontane, oft nur blitzartige, einmalige Gedanken und Ideen wahrnehmen. Das Problem ist, daß der Mensch diese Stimme in den meisten Fällen einfach überhört, nicht beachtet, ignoriert – oder mit dem Kopfdenken überprüft, und dann diese Ratschläge aus irgendwelchen irdischen Gründen ablehnt. Befolgt man aber diese Ratschläge der Inneren Stimme bewußt, erhält man ungeahnte Kräfte direkt aus dem Metaphysischen, aus der Transzendenz. Von diesem Gesichtspunkt aus können wir die übermenschlichen Kräfte der Märtyrer, Verfolgten, Gequälten, Erniedrigten und in Gefahr stehenden verstehen, die übermenschliche, unvorstellbare geistige, seelische oder körperliche Leistungen zu vollbringen vermögen. Hier, im Grenzbereich der Schöpfung, liegt – meiner Meinung nach – das größte Problem, daß wir Menschen gegenüber den transzendentalen Kräften verschlossen sind. So blockieren wir uns selbst und lassen die aus der Transzendenz strömenden Kräfte nicht in uns hineinfließen.

Derjenige, der die Öffnung zu Gott durch ständigen Kontakt – auch im Alltag – pflegt, der in vollem Vertrauen sagen kann „Dein Wille geschehe", der auf seine Innere Stimme hört, der kann sich an diese unermeßliche Kraftquelle anschließen. Durch diese Kräfte wird man dann auch fähig sein, sich selbst zu erkennen, seine ganze Struktur zu bejahen und so sich SELBST zu finden. Dieses SELBST beinhaltet alle Wesensglieder des ICH. Es ist dann möglich, für dieses ICH, das eigentlich SELBST ist, nach göttlichem Willen und Plan an der Schöpfung Anteil zu nehmen, durch den freien Willen die Entscheidungen selber zu treffen und so in allen Bereichen, Kraftfeldern, Sphären (α, β, γ_1, γ_2, δ_1, δ_2, ϵ) zu wirken. Das ICH, welches auf den Sphären $\sigma - \tau - \omega$ aktiv ist, kann dann alle Tätigkeiten, Funktionen seiner auf niedrigeren Ebenen wirkenden Kräften kontrollieren, lenken. Es ist dann fähig – im Rahmen der Grenzen des selbstgewählten Schicksals – durch Willensbildung als „Machsal" durch sich SELBST, seine Zukunft zu gestalten. „Es liegt an mir", soll bewußt erlebt werden. „Ich habe unendliche göttliche Kräfte…, ich kann es." „Ich stelle mir vor, daß es geht"…, und wenn ich auch so will, dann kann es tatsächlich gehen. Hier sind die Kraft des Willens und die Kraft der Vorstellung im Spiel. Vorstellung, Entscheidung und Wille sollen sich gegenseitig ergänzen. Ohne die Vorstellung eines Ziels, einer Situation, geht es nicht.

Mit diesem Gedankengut operierte Emil Coué, der seine bekannten Grundgedanken für zielgerichtetes positives Denken wie folgt formulierte:

„Gesetzmäßigkeiten nach Emil Coué:

1. Nicht der Wille, die Vorstellungskraft ist die leitende Kraft im Menschen.
2. Die Vorstellungskraft ist lenkbar und mächtiger als der Wille.
3. Jeder Gedanke, der uns erfüllt, hat das Bestreben, sich zu verwirklichen.
   Jeder gefühlsbetonte Gedanke (Vorstellungsbild) wird sich im Rahmen des Menschenmöglichen verwirklichen.
4. Sind Wille und Vorstellung nicht gleichgerichtet, siegt ausnahmslos die Vorstellungskraft.
5. Sind Wille und Vorstellung gleichgerichtet, multipliziert sich die Endkraft der beiden Energien."

In die gleiche Richtung weist die sogenannte Huna-Lehre, wenn sie die Wichtigkeit des Tagesbewußtseins, des Unterbewußtseins und des Überbewußtseins betont, ja, wenn sie diese sogar als Niedriges Selbst, Mittleres Selbst und Höheres Selbst personifiziert und als Technik einen Kontakt durch das Gespräch mit den einzelnen Bestandteilen des ICH's empfiehlt. Das ICH bespricht und wertet mit den personifizierten einzelnen Ebenen die Probleme aus und gibt ihnen Weisungen und Befehle. So wird, durch Zustimmung der drei personifizierten „Selbst" ein Kraftfeld geschaffen, welches dem ICH hilft, seine Entscheidungen durchzusetzen.

Auch in der alten ägyptischen Mystik hat Gott Thot durch Hermes Trismegistos – dem dreifach Weisen – sieben Grundprinzipien ins Zentrum der Gedanken an die Menschheit gestellt (siehe Kap. 3, Seite 58). Diese wunderbaren Grundgedanken sind wirklich die Schlüssel zur Wahrheit. Die Eingeweihten beschäftigen sich ein Leben lang mit diesen sieben Grundgesetzen der Natur und erarbeiten in sich immer höhere Stufen ... bis zur Beherrschung des Pneuma, der Psyche, des Bios und der Materie durch die Kräfte des ICH. Ohne die Anwendung dieser Gesetze ist die hohe „Technik" der altägyptischen Kultur völlig undenkbar.

Die Ägypter waren fähig, mehr als 1000 Tonnen schwere Obelisken mehrere hundert Kilometer weit zu transportieren..., wir wissen nicht wie! Wir können heute diese Leistung nicht nachahmen. Die einzige mögliche Antwort scheint mir, daß sie – inzwischen verlorengegangene – Techniken beherrschten und damit die Struktur der Materie verändern oder die Gravitation aufheben konnten. In sehr bescheidener und degenerierter Form können wir diese Kräfte des ICH's z.B. bei der Psychokinese, bei Geistheilungen usw. beobachten.

„Geist beherrscht die Materie", ist ein bekannter Spruch, den ich lieber so formulieren möchte: „Das ICH kann durch seine göttlichen Kräfte auf die Materie, auf biologische Funktionen, auf seelische Prozesse und auf geistige Vorstellungen so starken Einfluß ausüben, daß bei den dort wirkenden Schwingungen Frequenzveränderungen hervorgerufen werden können. Deshalb kann das ICH über die ganze energetische Struktur des Menschen Kontrolle ausüben."

So kann ich alle paranormologischen Phänomene verstehen und deuten: Psychokinese, Gedankenübertragungen, Geistheilungen aller Art sowie verschiedene „Wunder", die vor dem Heiligsprechungsprozeß in der katholischen Kirche einwandfrei nachgewiesen werden müssen.

Was ist eigentlich ein Wunder? Es ist ein Phänomen, welches außerhalb oder zuwider der bisher wissenschaftlich erkannten und bestätigten Gesetze erfolgt. Es sind eigentlich keine Wunder, sondern wir sind noch nicht so weit, diese Gesetze erkennen, studieren und definieren zu können. Meiner Meinung nach sind hier die ursprünglichen Göttlichen Kräfte im Spiel, die Kräfte, die zu unserer Verfügung stehen: Die Kraft des ICH's. Wenn man sich für etwas entscheidet, es sich vorstellt und es will, aktiviert man ungeahnte Kräfte. Diese können auf allen Ebenen wirken:

– den intuitiven Rezeptor öffnen
– die Gedanken selektieren, und die negative in positive umwandeln
– die Gefühle und Emotionen kontrollieren und in positive umwandeln
– die biologischen Funktionen steuern, usw.

Es ist sehr empfehlenswert, die Kraft des ICH's auszuprobieren und die Anwendung zu üben. Man wird erstaunt sein über den Erfolg: Ich kann meinen Puls durch Vorstellung und Wille verändern, ich kann meinen Blutdruck kontrollieren, das Kopfweh ist „wegdenkbar" usw.

Als Beispiel sei hier eines meiner Experimente mit meinem Körper erwähnt: Ich versuchte, mein EKG-Bild innerhalb von 30 Sekunden durch Vorstellung und Wille – man kann sagen, durch die Kraft des Geistes – stark zu verändern. Dieses Experiment wurde in der Fachzeitschrift „Grenzgebiete der Wissenschaft" etwas gekürzt mit folgendem Titel veröffentlicht:

Ein Beispiel, wie das ICH-Bewußtsein auch biologische Vorgänge des Körpers zu beeinflussen vermag.

Stefan von Jankovich, Zürich

„Cogito ergo sum" – Ich bin, weil ich denke, sagte Descartes zur
Zeit der Aufklärung. Ich ergänze weiter: „Ich bin, weil ich Gefühle, Emotionen habe, ich bin, weil ich einen Körper habe, ich
bin, weil ich Entscheidungen treffen kann und schlußendlich ich
bin, weil ich aller Bestandteile, aller Wesensglieder von mir als
Mensch bewußt bin und alles unter meiner Kontrolle halte."
Aber *wer* bin ich? – Diese Frage kann ich wissenschaftlich und
als Techniker nicht beantworten, doch ich weiß es, spüre es –
seit meinen Erlebnissen im klinisch toten Zustand – obwohl ich
es nicht richtig formulieren kann.
Ich habe gespürt, daß mein ICH einen biologisch lebenden Körper hat, eine gefühlsbeladene Seele hat, einen denkenden Geist
hat und fähig ist, die göttlichen Intuitionen durch die Innere
Stimme auch wahrzunehmen.
Mein ICH besitzt alles und kann so alles lenken und steuern. –
Oder, man sollte so weit entwickelt sein, daß es das ICH-BIN-
Bewußtsein aller Wesensglieder vom Menschen unter Kontrolle hält.
Wie dies zum Beispiel im biologischen Bereich möglich ist, soll
diese kleine Abhandlung bezeugen. Es handelt sich um ein Experiment einer Reihe entsprechender Menschen.
Am 10. November 1985 habe ich bei Wangen im Allgäu in der
BRD wieder einen frontalen Zusammenstoß mit meinem Auto
erlebt. Mit 5 Knochenbrüchen und mehreren inneren Verlet-
zungen lag ich zuerst zwei Wochen lang auf der Intensiv-Sta-
tion des Kreiskrankenhauses Wangen i. A. Nach weiteren zwei
Wochen auf der normalen Pflegestation wurde ich nach Zürich
transportiert und blieb dort weiterhin unter strenger ärztlicher
Kontrolle. Am 20. Februar 1986 wurde von mir ein routine-
mäßiges EKG gemacht. Der EKG-Computer lieferte ein sehr zu-
friedenstellendes Ergebnis, die Zeit ist ersichtlich, mit Puls 62
und Blutdruck 130/90 druckte der Computer das Wort „Normal" aus. Auch ich war zufrieden (Abb. Seite 162).
Doch da fiel mir plötzlich ein, daß ich jetzt ebenso an wissenschaftlichen Apparaten angeschlossen war wie auf der Intensiv-
Station. Und ich könnte wieder Versuche machen mit den Ge-

Tafel I: Die Chakras (Aquarell von St. v. Jankovich)

Tafel II: Der Trichter (Aquarell von St. v. Jankovich)

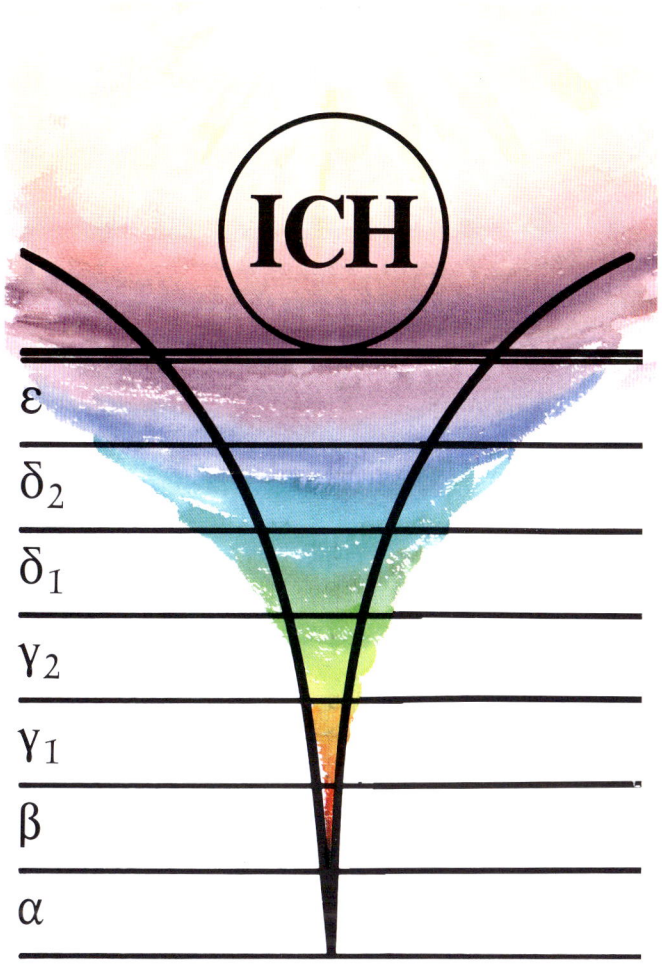

Tafel III: Der *ICH-Trichter*

Tafel IV: Die Entstehung des Lebens
(Aquarell von St. v. Jankovich)

Tafel V: Die Lichtachse des Menschen

Tafel VI: Tunnel

Tafel VII: Tunnel-Erlebnis; Flug in Richtung
des Lichtes im Tod (Aquarell von St. v. Jankovich)

Tafel VIII: Reinkarnation

Tafel IX: Trichterähnliche Darstellung eines
»geistig behinderten« Kindes

dankenkräften. Meine Überzeugung ist: „ICH kontrolliere meinen Körper durch meine Gedanken." – „Geist herrscht über die Materie."

Solche Experimente mit meinem Puls, dem Blutdruck, der Blutchemie hatte ich im Spital geübt und dort den erstaunten Schwestern und meinen Familienmitgliedern vorgeführt.

Daher dachte ich mir jetzt: Ich mache ein EKG-Experiment. Ich bat daher den Arzt, die „Verdrahtung" noch nicht zu entfernen, sondern nochmals auf den Knopf zu drücken und nochmals eine EKG-Aufnahme zu machen. Der Arzt verstand den Sinn der Sache nicht sofort, willigte jedoch nach einer Diskussion von ca. 2 Minuten ein, nachdem ich ihm erklärt hatte, daß ich ein mentales Experiment machen wollte.

Dann konzentrierte ich mich voll und befahl meinem Herzen, schneller zu schlagen und unregelmäßig zu arbeiten. Den beiden Herzkammern befahl ich, zu streiken, d.h. nicht synchron zu arbeiten. Aber dies alles nur mental, ohne irgendwelche Emotionen gehabt zu haben.

Durch mein ICH befahl ich in einem Krisenzustand zu sein. Nach ca. 35 Sekunden betätigte der Arzt die Apparatur wieder... Als Antwort kam eine Aufnahme heraus, die einen herzinfarktähnlichen Zustand aufzeigte. Der Puls war auf 78 gestiegen, die Kurven waren alarmierend geworden.

Als der Arzt dieses Resultat sah, brüllte er mich an: „Beruhigen Sie sich, es ist kein Spaß, ich will nicht, daß Sie hier einen Herzinfarkt bekommen", usw. usw. ...

Da ich erkannte, daß der Arzt zugleich ernst und sehr überrascht war – seine Stimme drückte dies aus – befahl ich meinem ICH wieder mental: „Beruhige Dich, mein Körper, alles ist o.k. – Es war nur ein Experiment." Nach weiteren zwei Minuten machte der Arzt eine weitere Kontrollaufnahme und konnte fast nicht glauben, was seine Augen sahen: Alle Werte waren wieder „fast normal" unter Belastung.

Der Arzt wollte mir diese Aufnahmen nicht aushändigen und die „Krisen-Aufnahme" sogar vernichten und gab mir beides schließlich und endlich erst heraus, als er darauf geschrieben

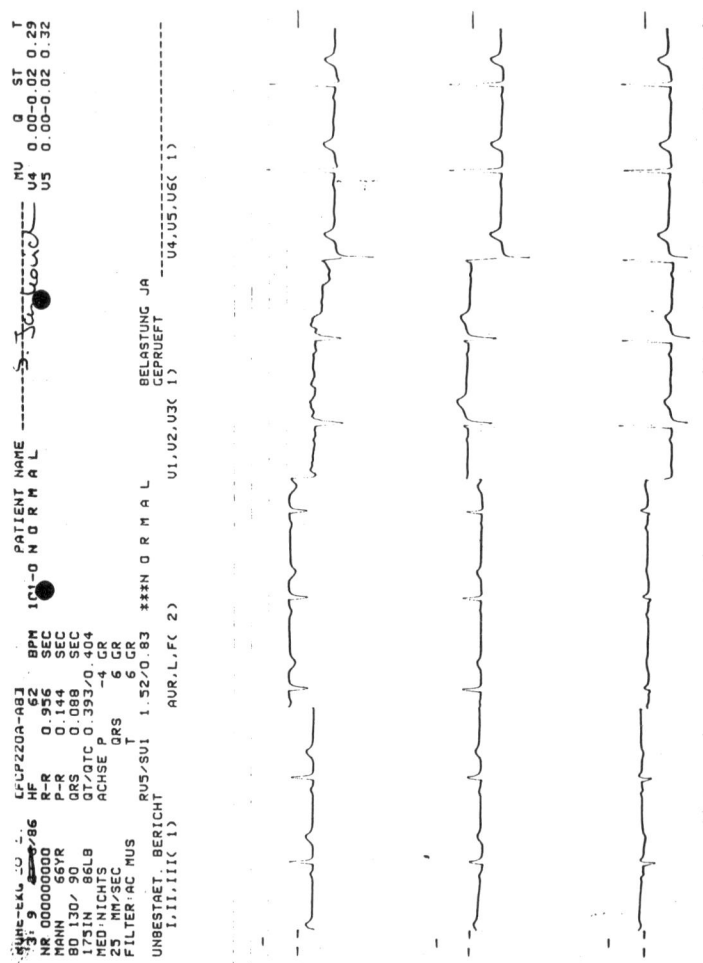

EL.-EKG 08/12/16 EFCP220A-A81
5'56"

HF	78	BPM
R-R	0.768	SEC
P-R	0.148	SEC
QRS	0.088	SEC
QT/QTC	0.393/0.450	
ACHSE P	52	GR
QRS	29	GR
T	-59	GR

R 000000000
ANN 66YR
0 130/ 90
75IN 86LB
ED:NICHTS
5 MM/SEC
ILTER:AC MUS

RU5/SU1 1.11/0.76
DRIFT BEI ST-T

INBESTAET. BERICHT
I,II,III(2)   AVR,L,F(2)

PATIENT NAME

ST-T SENKUNG
633-6 LINKS
307-2 VORHOFHYPERTR. LINKS
111-0 UNBEFRIED. AUFZEICHNUNG
921-6 BELASTUNGSTEST(+)

AUF	0.00-0.01-0.10	
U1	-0.76-0.32-0.58	
U5	0.00-0.01	0.27
U6	0.00-0.02	0.20

V1,V2,V3(1)   GEPRUEFT
U4,U5,U6(1)

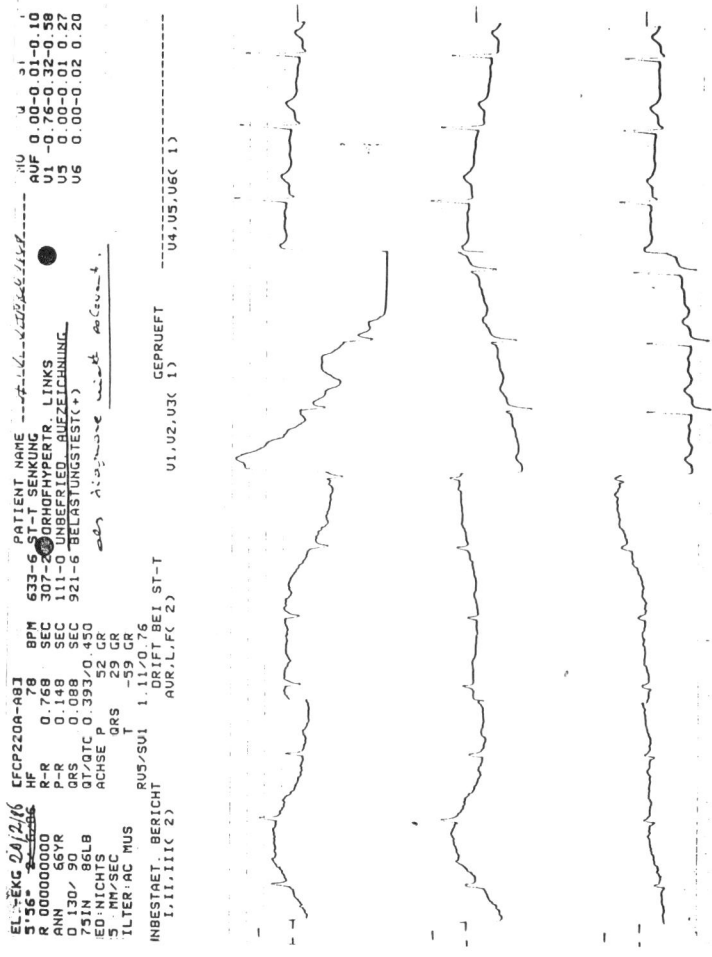

hatte, „Als Diagnose nicht relevant" (Abb. Seite 163).

So ist es passiert. Nun meine Erklärung dazu: Dieses Phänomen kann man nur nach Studien der Gesamtstruktur des Menschen erklären.

Vor meinem Unfall wußte ich überhaupt nicht, was der Mensch ist, und solche Fragen hatten mich auch nicht interessiert.

Dann aber, während des Austritts aus dem Körper, hatte ich zu meinem sehr großen Erstaunen erfahren – und dies war sogar mit einem Schock verbunden – daß ICH nicht mein lebloser Körper bin, der da mit 18 Knochenbrüchen auf der Straße lag und den ich selbst dort liegen sah ..., ich konnte ja wahrnehmen, fühlen, Emotionen haben, konkret und abstrakt denken, meine innere Stimmen „hören", Entscheidungen treffen und diese mit dem Willen auch durchsetzen.

So merkte ich schließlich, daß ICH nicht mein Körper bin – wie man allgemein bei der Betrachtung von sich selbst im Spiegel meint, sondern „ich bin außerhalb meines ehemaligen Körpers". -

Aber *was* ist ausgetreten? – Alle nicht grob- und feinstofflichen, materiellen Bestandteile meines ICH's. Ja, ich registrierte Freude, als ich das Gebet einer Frau wahrnahm, ich war neugierig, ich fühlte mich wohl, usw. Mit anderen Worten, ICH registrierte meine seelischen Funktionen. Ebenso war mir präsent, daß ich denken konnte, daß ich Entscheidungen fällen konnte. Mit anderen Worten, ICH registrierte meine Gedanken, Auswertungen, Entscheidungen und Willensäußerungen.

Als ich diesen Gedankengang weiter verfolgte, wurde mir klar, daß mein eigentliches ICH-BIN-Bewußtsein ein unabhängiges Wesenheits-, Persönlichkeits-Bewußtsein IST, welches über allen Wesensgliedern oder Bestandteilen steht, weil ES alle besitzt. Wenn ES diese aber alle besitzt, dann kann es doch auch kontrollieren, lenken, benützen.

Bereits einige Tage nach meiner Wiederbelebung fertigte ich eine Skizze der energetischen Struktur des Menschen von mir selbst an und bemerkte dabei aufgrund meiner Erlebnisse, daß ICH eine Integration von allem bin, und ich habe die Fähigkeit, über alles, vielleicht begrenzt, aber doch immerhin, zu verfügen. So kann das ICH alles innerhalb gewisser Grenzen steuern.

Es war eine völlig neue Erkenntnis – wie ich dies auch in der Skizze festgehalten habe – daß Informationen zum ICH aufsteigen von allen Ebenen und Schwingungsbereichen, wie von der Materie, dem Leben, den Gefühlen, den Gedanken usw. Diese Informationen steigen unaufhörlich auf zu diesem ICH, das über allem steht.

Diese Fülle von Informationen wird im ICH sofort aufgearbeitet und ausgewertet. Das ICH trifft dann aufgrund des freien Willens Entscheidungen und gibt entsprechende Befehle an alle Schwingungsbereiche weiter, darüber, was es will und wie diese Befehle durchgeführt werden müssen durch das dort vorhandene Energiepotential.

Mit anderen Worten: Das ICH kann sein Denken lenken und bestimmen, ob dies positiv oder negativ sein soll, was erforscht und ausgewertet werden soll, etc.

Das ICH kann seine Gefühle beherrschen und kann somit zum Beispiel Haß in Liebe umwandeln, kann Depressionen überwinden, bewußt sich freuen, kann die Umwelt fröhlich, lebensfreudig oder traurig, ja fast unerträglich gestalten. Es liegt an mir.

Das ICH kann auch die biologischen Funktionen des Körpers bedingt beeinflussen, in dem Maße, in welchem sich das ICH entwickelt hat und in welchem das erlernte Übungspotential vorhanden ist.

Das ICH, ganz „oben", beherrscht und steuert und lenkt alle Schwingungen der menschlichen Energien und ist *so* für alle Geschehnisse verantwortlich. Der freie Wille ist somit mit Verantwortung gepaart. Hier erkenne ich das „Machsal", wie C.G. Jung sagte, die Möglichkeit des freien Willens.

Es ist zu bemerken, daß alle Informationen und Befehle durch das ICH laufen, welches *so* die Möglichkeit hat, durch Entscheidung und Willensäußerung einzugreifen.

Verpaßt das ICH diese Möglichkeit unbewußt oder nutzt sie bewußt nicht aus, dann tritt ein entsprechender Automatismus sofort in Funktion.

Dieser Automatismus ist zum Teil bereits bekannt und äußert sich zum Beispiel durch die psychosomatisch bedingten Krankheiten.

Deshalb kann man diese biologischen Krankheitssymptome durch den Willen des ICH's „heilen". Der Grund für diese sogenannten Geistheilungen liegt auch im Heilungswillen, in den entsprechenden Befehlen, die das ICH erteilt. Die Wichtigkeit und Wirksamkeit des sogenannten „positiven Denkens" kann ich hier nur unterstreichen.

Es ist der Weg zur Menschwerdung, als Individuationsprozeß, daß das ICH selbstbewußt wird und alle Informationen bewußt be- und verarbeitet und damit die Entscheidungen bewußt mit Verantwortung fällt und diese bewußt und konsequent mit seinem Willen durchführt.

Es lohnt sich, weitere Experimente durchzuführen, z.B. mit der Umwandlung von Abneigung in Sympathie, von Haß in Liebe, oder jemanden, der sich in psychischer Not befindet, ins Licht zu stellen, ihm Kraft zu schicken, ihm Gutes zu wünschen. Ein sehr nützliches Experiment ist es auch, sich mit Licht umhüllt, sich unter einer schützenden „Glasglocke" vorzustellen, um sich vor negativen Einflüssen zu schützen.

Die Kraft des ICH ist unerschöpflich. Wir sollen diese Tatsache erkennen; es erlernen, diese Kraft zu aktivieren, mit ihr umzugehen und sie in positivem Sinn einzusetzen.

11. Verschiedene Bewußtseinszustände

Das Bewußtsein des ICH, das ICH-BIN-ICH-SELBST-Bewußtsein, kann in verschiedenen Zuständen analysiert werden, je
nach biologisch-natürlichen und seelisch-geistigen nicht biologisch-natürlichen Impulsen. Beide bilden symbolisch eine Reihe
von Tag-zu-Nacht oder konkret vom Tagesbewußtsein bis zum
Tod – zur Transformation in die übermaterielle Existenz.
Der Vollständigkeit halber möge unsere kurze Betrachtung diese Zustände skizzieren, um dadurch die Rolle des ICH's und die
Wirkung desselben besser verstehen zu können.

A. Die biologisch-natürlichen Zustände sind:

1. Wachzustand
2. Entspannungszustand
3. Traumschlaf
4. Traumloser Schlaf
5. Austritts- (OOB) Zustand
6. Ohnmacht
7. Koma
8. Herztod = Klinisch-toter Zustand
9. Hirntod
10. Organtod
11. Volltod

Die Wissenschaft analysiert und definiert diese Zustände des
Menschen. Sie sind alle als solche vorhanden und werden
immer wieder erlebt und erfahren; man kann nichts Neues dazu
beitragen. Sie können alle auch im *ICH-Trichter* lokalisiert werden. Eine Bemerkung scheint mir aber von großer Bedeutung,
nämlich, daß alle diese Zustände keine eigentlichen Bewußtseinszustände sind, sondern Zustände des einzigen, integrierten
ICH-BIN-ICH-SELBST-Bewußtseins. Charakteristisch ist, auf
welcher Ebene das ICH sich manifestiert und auf welche Art

und Weise es wahrzunehmen ist. Hier seien sie der Vollständigkeit halber kurz erwähnt:

1. Wach-Zustand

Es ist ein Zustand, in welchem Körper-, Seele- und Geistesbewußtsein gleich aktiv sind. Auch das ICH kann seine Kontrollfunktion ausüben. Der Schwerpunkt aller Phänomene in diesem Zustand ist die Wahrnehmung und Bearbeitung aller Impulse durch unser Gehirn, das als physischer Träger und als Übermittlungsorgan für die Manifestationen der irdisch-materiellen Welt sorgt

2. Entspannungs-Zustand

Der Mensch im Wachzustand kann die nervlichen Spannungen, die auf den Körper wirken, lockern, die seelischen Spannungen abbauen, die geistigen Spannungen übergeben – mit anderen Worten – sich entspannen. Die biologischen Funktionen gehen weiter, die Empfindungen und Wahrnehmungen werden reduziert, die Emotionen ignoriert, die Gedanken möglichst abgeschaltet. Es tritt ein Zustand der Ruhe auf allen Schwingungsebenen ein. Der Mensch erlebt die problemlose Leere und den damit verbundenen neutralen Zustand, weil das Wachbewußtsein in einem Dämmerzustand ist ..., der Mensch entspannt sich.

3. Traum-Schlaf-Zustand

Es ist ein Ruhezustand, in welchem die Funktionen des Körpers, der Seele, des Geistes und der Intuitionen stark reduziert sind. Sie brauchen weniger Energie, und somit ist es ein Zustand für best-mögliche Regeneration. Die Funktionen des Körpers, der Seele, des Geistes und der Intuition arbeiten aber in reduziertem Maß doch weiter.

Der schlafende Mensch lebt, er kann im Traum empfinden, er hat Emotionen, Gedanken, trifft Entscheidungen und bekommt sogar gute Ideen oder „erträumt" Lösungen von Problemen, d.h. seine Intuition ist auch bedingt tätig. Es ist ein Übergangs-

168

Zustand zwischen dem Wach- und dem Zustand des Tief-schlafs.

Träume sind unerklärlich durcheinandergemischte bewußte oder unbewußte Impressionen, die als eine Situation, ein Ge-schehen = Traum, erscheinen, und, falls wir sie nicht beim Erwa-chen irgendwie festhalten, versinken sie wieder ins Unbewußte. Wir vergessen sie ziemlich schnell.

Im Traumschlaf manifestiert sich unser Unterbewußtsein mit den dort gespeicherten Erfahrungen, Empfindungen. Weil wir diese nicht alle *bewußt* registriert haben, sind die Träume irgend-wie eine verschlüsselte Darbietung von Empfindungen, Proble-men und Erfahrungen, die uns gerade jetzt am meisten beschäf-tigen. Die Wichtigkeit der Traumforschung sei hier nur an-gedeutet.

Wir befinden uns fast jede Nacht in dieser Welt des Unbewuß-ten als Realität. Weil sich die seelischen Energien am besten in Bildern und Symbolen ausdrücken können, sind die Träume aber für den Wachzustand keine Realität, sondern der Symbol-gehalt der Traumbilder und des Traumgeschehens sind wesent-lich.

Aus dem Traumschlaf erwacht der Mensch automatisch, oder er wird durch äußere Impulse oder durch den eigenen Traum geweckt.

4. Traumloser Tiefschlaf

Dieser Zustand ist eigentlich eine Bewußtlosigkeit, in der das ICH-BIN-ICH-Bewußtsein ausgeschaltet ist. Die biologischen Funktionen gehen reduziert automatisch weiter. Die Empfin-dungen sind fast, das Seelen- und das Geistesbewußtsein ganz ausgeschaltet Auch die Intuitionen wirken nicht mehr. Solange alle Wesensglieder des Menschen noch miteinander verbunden sind, erfolgt kein Austritt. Alles verweilt im unbewußten „NICHTS"; kein Empfinden, keine Emotionen, keine Gedanken, keine Intuitionen..., nichts. Die Zeit ist in diesem Zustand völlig aufgehoben. Nach dem spontanen Erwachen erinnert man sich an nichts – völlige Leere.

5. Austritts-Zustand des ICH's (OOB = out of body)

Im traumlosen Tiefschlaf ist auch ein unbewußter, unkontrollierter Austritt des ICH möglich. Wir erleben dies viel öfter, als wir denken. Wir kommen dann – ohne es zu wissen oder zu wollen – in Berührung mit Energien, die nicht Körper-/Seele-/Geist-gebunden sind. Der Körper bleibt in einem scheintoten Zustand im Bett liegen. Er wird bleich und starr. Die biologischen Lebensfunktionen sind stark reduziert. Dieser Zustand kann irdisch einige Sekunden, Minuten, sehr selten auch Stunden, dauern. Dem Betreffenden ist dies gleichgültig, denn er bewegt sich außerhalb der materiellen Weltdimension, wo Zeit und Raum aufgehoben sind. Ebenso spontan wie der Austritt kann auch wieder die Rückkehr erfolgen. Er ist manchmal recht unsanft. Oft wird der Körper durch den Eintritt des ICH's erschüttert, und man hat das Gefühl, als stürze man in einen tiefen Schacht. Dann wacht man auf.

„Ja, ich habe etwas geträumt", registriert man, und versucht, wieder einzuschlafen.

Es ist sehr wichtig, zu bemerken, daß das ausgetretene ICH durch die Lebensader, der sogenannten Silberschnur, immer noch mit dem Körper verbunden ist.

Den Austritt kann man auch bewußt erleben. Auch dieser Zustand ist biologisch dem traumlosen Tiefschlaf gleich; aber hier ist das ICH aktiv und hat den ganzen Vorgang unter Kontrolle. Menschen, die das ICH in höchsten Bewußtseinsebenen erleben, die in sich ein kosmisches Bewußtsein entwickelt haben, sind in der Lage, einen Austritt der Seele und des Geistes aus dem Körper, oder mit anderen Worten, eine Astralwanderung, gewollt, geplant oder sogar gezielt, durchzuführen.

Einflüsse wie: Hypnose, Drogeneinnahme, Askese, Gehirnstimulation durch elektrische Ströme oder Ultraschall, starke psychische Beeinflussung, Schock, Bedrohung, Schmerz, psychischer Druck, Angst, religiöse Ekstase, meditative Hingabe, psychisch stark wirkende Riten, erleichtern oder ermöglichen einen Austritt.

Es gibt sogar Gruppen, die solche Techniken lehren. Viele Einweihungsrituale vom Altertum bis in die Neuzeit haben das Ziel, beim Kandidaten, Neophyten, ein Austrittserlebnis zu erzeugen, um ihn in andere Dimensionen zu führen, ihm das Erlebnis der Körperlosigkeit zu vermitteln und die ganze Welt von einem außerkörperlichen Gesichtspunkt aus werten zu können. Hier ist der außerkörperliche Zustand des ICH das entscheidende Kriterium.

Als lebender Mensch glaube ich, daß ein bewußter und nicht manipulierter, sondern in meditativer Versenkung erfolgter Austritt die beste Möglichkeit bietet, höhere Bewußtseinszustände des Göttlichen zu erreichen.

Die Rückkehr von einem bewußten Austritt kann spontan oder gewollt, bewußt erfolgen; sie ist oft mit Schmerz und psychischer Belastung verbunden.

6. Ohnmacht, Vollnarkose

Biologisch gesehen sollte man nach dem traumlosen Tiefschlaf die Ohnmacht erwähnen, während der die biologisch-körperlichen Funktionen weitergehen, aber das ICH-BIN-ICH-Bewußtsein als Ganzheit für eine Zeitspanne ganz ausgeschaltet ist. Es ist also weder ein Körperbewußtsein, noch ein Seelisches oder Geistes-Bewußtsein in Funktion. Man hat keine Wahrnehmung, kein Empfinden, keine Gefühle, keine Gedanken, und man registriert keine Intuition – völlige Leere. Der Mensch kann durch biologische Störungen (Sauerstoffmangel), Erschöpfung, Schock usw. in Ohnmacht fallen. Aus der Ohnmacht kann man selbst erwachen, und es gibt „Erste-Hilfe-Techniken", die den Menschen so rasch als möglich zurückholen können. Er erinnert sich dann an nichts. Die Zeit während der Ohnmacht fällt völlig aus.

7. Koma-Zustand

Wenn eine Ohnmacht immer tiefer wird, kommt der Zustand des Komas, d.h. das ICH-BIN-ICH-Bewußtsein wird in allen Funktionen immer mehr blockiert, und es ist eine Rückbildung der biologischen Funktionen zu verzeichnen. Dieser Zustand führt – ohne künstlichen Eingriff – normalerweise zum Herz-stillstand = klinisch-toten Zustand. Die biologischen Funktionen, die durch Steuerung des Nervensystems aufrechterhalten waren, werden immer mehr eingeschränkt. Der Patient lebt biologisch nur noch stark reduziert vegetativ. Ein Abbauprozeß ist eingeleitet, welcher (falls nicht künstliche Maßnahmen getroffen werden), mit dem Herzstillstand endet. Aus dem Koma kann man den Patienten durch Stärkung des Kreislaufes und durch Unterstützung der verschiedenen biologischen Funktionen noch zurückholen. Wenn ein Mensch lang im Koma ist, ob spontan oder auch, wenn der Patient durch künstliche Maßnahmen für längere Zeit im Zustand des Koma gehalten wird, ist es sehr fraglich, ob eine Rückkehr zum Wachzustand und eine Genesung ohne bleibenden Schaden möglich ist.

Im Koma sind die Gehirnfunktionen ganz abgeschaltet. Der Patient nimmt nichts wahr, hat keine Empfindung, kann sich an nichts erinnern.

8. Klinisch-toter Zustand = Herztod

Über diesen Zustand haben wir bereits ausführlich berichtet.* Deshalb möchten wir ihn hier nur kurz charakterisieren: Herzstillstand bewirkt den völligen Zusammenbruch des Kreislaufes. Der dadurch entstandene Sauerstoff-(Oxygen)Mangel ruft im ganzen Körper eine Alarmsituation hervor. Die empfindlichsten menschlichen Zellen in der grauen Rinde des Gehirns fangen bereits nach 20–30 Sekunden an, abzusterben. So geht's weiter im ganzen Gehirn ..., bis durchschnittlich nach 5–10 Minuten der Absterbeprozeß so weit fortgeschritten ist, daß die lebenswichtigen Steuerungsmechanismen im Gehirn immer mehr ausfallen ..., bis dann schlußendlich das Gehirn keine mit dem heutigen EEG (Elektronenzephalograph) meßbaren Gehirnströme mehr aufweist.

Die Lebensenergien, die den 4 Grundprinzipien entsprechen

---

* „Ich war klinisch tot" – Drei Eichen Verlag

(Erde, Wasser, Feuer, Luft), werden aus den Gehirnzellen zurückgezogen.

Am Anfang dieses Zustandes erfolgt die Trennung des kosmischen ICH's vom leblosen, materiellen Körper..., ein natürliches Austrittserlebnis in die raum- und zeitlose Dimension. Das ICH durchläuft 12 Bewußtseinszustände (Kap. 12). Die hier gehabten Erlebnisse sind nicht hirngebundene, mit Sinnesorganen aufgenommene Erfahrungen, sondern sie sind im Bereich der Außersinnlichen Wahrnehmungen (ASW) einzustufen.

Die letzte der vom wiederbelebten Patienten noch erfahrene Phase ist eine Art von Erleuchtung, während der viele bisher nicht lösbaren Probleme durchleutet und gelöst erfahren werden. Dies ist der letzte Zustand, von welchem Menschen mit dem Tagesbewußtsein noch berichten konnten. Von diesem Zustand können Patienten unter bestimmten Voraussetzungen noch zurückgeholt, d.h. wiederbelebt werden.

9. Hirntod

Es ist offiziell der Zustand, wenn die mit EEG meßbaren Hirnströme ausfallen. Das Gehirn als Werkzeug der Manifestation des ICH in der materiellen Welt ist zerstört, ist unbrauchbar geworden. Kein Patient kann deshalb über Erfahrungen in diesem Zustand berichten. Wann ist das Gehirn endgültig biologisch tot, ist sehr schwer feststellbar: wenn die letzte Gehirnzelle kein Lebenspotential aufweist. Das Ausfallen meßbarer Hirnströme im EEG ist eine heute gebräuchliche Konvention, welche sicher einmal überdacht werden wird.

10. Organtod

Biologisch gesehen sind die Zellen von anderen Organen nicht so empfindlich auf Sauerstoffmangel wie die Gehirnzellen und weisen noch nach Stunden oder sogar Tagen (z.B. Hautzellen noch nach ca. 3½ Tagen) Lebenspotential auf. Es ist noch ein aktives Organ- und Zellenbewußtsein vorhanden, bis langsam auch die Zellen der Organe absterben. Die Zeit ist sehr unterschiedlich. Eine Abkühlung verlangsamt den Absterbeprozeß der einzelnen Organe. Der Zeitpunkt des Organtodes ist bei der Organtransplantation von größter Wichtigkeit.

11. Volltod

Ich nenne ganz willkürlich denjenigen Zustand Volltod-Zustand, wenn das letzte Organ, die Zellengruppe oder Zelle eines ehemaligen lebenden Menschen abstirbt, die letzte Lebensenergie aufgebraucht oder, wie die Tibetaner sagen, „entzogen" worden ist. Mit östlicher Terminologie ausgedrückt: Der letzte Faden der Silberschnur ist gerissen …, die Trennung ist vollzogen – das ICH ist endgültig befreit von den letzten Hindernissen der Materie. Es existiert weiter materie-, d.h. körperlos. Es ist ein unbeschreiblicher, unfaßbarer Zustand der Heimkehr zur ursprünglichen, körperlosen Situation des ICH's.

B. Die nicht-biologisch natürlichen Bewußtseinszustände

Das sind Bewußtseinszustände, die nicht durch natürliche biologische Prozesse oder durch biologische Störungen (z.B. Sauerstoffmangel) verursacht wurden, sondern es sind Zustände der Psyche (Seele) und des Pneuma (Geistes), welche durch künstliche Impulse beeinflußt entstanden. Zu den veränderten Bewußtseinszuständen können wir noch folgende einreihen:

1. Lokalanästhesie
2. Vollanästhesie, Vollnarkose
3. Phantomschmerzen
4. Alptraum, Suggestion
5. Hypnose
6. Besessenheit
7. Medialer Zustand
8. Bewußtseins-Manipulationen durch chemische Mittel
9. Trance-Zustand
10. Bewußtseins-Veränderungen durch Frequenzmodulation
11. Tanatase

1. Veränderung des Körperbewußtseins durch Lokalanästhesie

Das ist ein Wachzustand, bei welchem ein Teil des Körperbewußtseins dadurch ausgeschaltet ist, indem man die Wahrnehmung der Empfindungen eines Körperteils künstlich blockiert, Nerven lähmt; gemäß meinen Gedanken das tiefste seelische Empfindungsvermögen lokal, durch Erzeugung von disharmonischen Schwingungen, blockiert, die entsprechend das Organ-Bewußtsein ausschalten. Lokale disharmonische Schwingungen können durch chemische Substanzen (Medikamente), mechanische Eingriffe (Druck), Zuführen von anderen Energien (Akupunktur), seelische Beeinflussung (Hypnose, Extase usw.) erzeugt werden, die dann die originalen harmonischen, natürlichen Schwingungen, ähnlich wie eine Frequenzmodulation durch Interferenz lokal und zeitlich begrenzt neutralisieren. Wenn der Eingriff nicht zu lange dauert, dann können die natürlichen Lebensenergien die disharmonischen Energien überlagern und neutralisieren. So wird – durch Selbstregeneration – der natürliche Zustand des Empfindungsvermögens wieder hergestellt.

2. Vollanästhesie, Vollnarkose

Ausschaltung der Funktionen des gesamten ICH-BIN-ICH-Bewußtseins durch eine Art von künstlicher und kontrollierter Ohnmacht, was wir als Vollanästhesie bezeichnen können. Hier empfindet der Patient überhaupt nichts – wie in der Ohnmacht. Vollnarkose ist eine kontrollierte, künstlich verursachte Ohnmacht, um den Ärzten ein ruhiges Arbeitsfeld für die chirurgischen Eingriffe und dem Patienten Schmerzlosigkeit zu sichern.

Früher waren Ketamin-Präparate als Narkosemittel gebräuchlich, die in der Aufwach-Phase chaotische, oft sehr unangenehme Halluzinationen verursachten, welche dem Traum-Schlaf-Zustand sehr ähnlich waren. Abgesehen von solchen pharmaka-bedingten, chaotischen Bildern – bei normaler, heutiger Vollnarkose ist das ICH-BIN-ICH-Bewußtsein künstlich blockiert – sind keine Wahrnehmungen zu verzeichnen, und der Patient erinnert sich an nichts. Nach Beendigung der Wirkung der Narkosemittel erwacht der Patient langsam von selbst aus der Tiefnarkose, oder das Erwachen wird kontrolliert künstlich erreicht.

3. Phantomschmerzen

Durch Verlust von Gliedern bzw. Organen entstehen sogenannte Phantomschmerzen, die nicht mit angeeigneten Nervenreaktionen, sondern durch das Weiterbestehen des Äterleibes (Biokörpers) und des Bewußtseins des verlorenen Gliedes zu erklären sind.

4. Angespannter Schlaf, Alpträume

– entstehen, wenn das ICH sehr starke Einflüsse nicht zu verarbeiten mag. Die Probleme sind in der Seele oder im Geist des Betreffenden noch anwesend und verursachen diesen ruhelosen Zustand. Oft werden Menschen nach erlebten physischen oder psychischen Tragödien, Spannungszuständen, kurz vor dem Schlaf erlebten negativen Impulsen (z.B. Krimi und Gruselfilme im TV) oder negativen Gedanken mit entsprechender Motivation (Vergeltung, Rache usw.) von solchen Alpträumen gequält. Dies sind unkontrollierte Funktionen des ICH-BIN-ICH-Bewußtseins.

5. Hypnose

Hypnose ist die bekannte Technik, den Willen des Hypnotiseurs auf den Patienten zu übertragen und dadurch dessen eigenen freien Willen auszuschalten. Es ist eine Art von zeitlich begrenzter Besessenheit des ICH durch den Hypnotiseur, dessen Befehle, was Körper (Empfindungen ausschalten oder vorstellen), Seele (Erleben von Emotionen), oder Geist (Verraten von geheimen Gedanken und Plänen) betrifft, dann strikt befolgt werden. Erstaunlich ist die Langzeitwirkung der Befehle, die den Patienten oft noch nach mehreren Tagen oder Wochen nach der Hypnose zu Handlungen zwingen.
Diesen Zustand kann man auch zur Entdeckung verborgener,

vergessener oder nicht bewußter Umstände, Impulse, Situationen benutzen, um z.B. an die Wurzeln von somatischen (Allergien), psychischen (Abneigung, Phobien) oder pneumatischen (Angst) Störungen zu gelangen und eine wahrheitsgetreue Diagnose aufzustellen. Hier denken wir an Rückführungen in die Kindheit oder in frühere Leben. Damit vermag der Patient oft klare Erinnerungen aus seinem Unterbewußtsein heraufzuholen.

Eine ähnliche aber nicht so tief eingreifende Methode ist die Wachaggression, wobei das Tagesbewußtsein mit dem Unterbewußtsein gekoppelt wird, ohne es auszuschalten.

6. Besessenheit

Besessenheit erzeugt eine Änderung des Bewußtseins einer Person dadurch, daß eine körperlose Wesenheit das ICH-BIN-ICH-Bewußtsein verdrängt, um den Körper des Besessenen als Werkzeug, als Manifestationsmittel zu benützen. In solchen Fällen werden ganz fremde Attitüden erkennbar. Eine mildere Form der Besessenheit ist die *Umsessenheit,* wenn die fremde Wesenheit den Patienten beschattet und ihm seinen Willen aufzwingt. Darunter können wir die *Hörigkeit* einordnen. Der Mensch ist dann nicht fähig, auf seine Innere Stimme zu hören und seinen freien Willen walten zu lassen.

7. Medialer Zustand

Medium ist eine Person, die spontan oder gewollt ihre Bewußtseinsfunktionen stillegt, um Impulse aus der intuitiven Ebene (ϵ) zu empfangen. Oft werden Medien von jenseitigen Wesenheiten besetzt. Automatisches Schreiben, Zeichnen, Malen, Musizieren sind solche Phänomene, die, bei sonst ganz normalen Menschen, durch den intuitiven Kanal erhaltene starke Impulse hervorrufen. Das Medium stellt seinen Körper diesen Impulsen zur Verfügung.

8. Bewußtseins-Manipulationen

Durch chemische Mittel verursachte Bewußtseins-Manipulationen reichen vom harmlosen alkoholisierten Zustand bis zu schweren Bewußtseins-Veränderungen durch Drogen. Auch die verschiedenen Psychopharmaka, psychischen Aufputsch-mittel oder starken Beruhigungsmittel gehören zu dieser Grup-pe. Beim Konsum von starken Mitteln besteht die Gefahr von bleibenden Charakterveränderungen bis zur Entpersonifizie-rung des Betreffenden. Hier ist das ICH vom freien Willen und der Entscheidungsfähigkeit beraubt, und der Mensch erfährt sein Bewußtsein, auf schiefe, unrealistische Ebenen projiziert.

9. Trance-Zustand

Der sogenannte Trance-Zustand kann spontan oder bewußt entstehen. In diesem Zustand wird die Person als solche, das ICH-BIN-ICH-Bewußtsein zurückgedrängt, sein Bewußtsein mindestens zum Teil ausgeschaltet, und er übergibt sich wie ein Medium den Kräften, die sich durch ihn manifestieren. Es gibt verschiedene Trance-Zustände mit verschiedenen Wirkungen.

10. Bewußtseins-Veränderungen durch Frequenzmodulation

Es gibt eine ganze Reihe von Bewußtseins-Veränderungen auf den Ebenen des ICH-BIN oder des ICH-BIN-ICH-Bewußtseins; mit anderen Worten – auf den geistigen und intuitiven Ebenen. Der starke Wille des ICH, sich vom Irdischen zu lösen und sich dem transzendenten Ur-Wissen zu öffnen, kann verschiedene Stufen der Abwendung vom Irdischen und der Ablösung vom Körper hervorrufen. Diese Stufen sind mit einer immer weiteren Öffnung des *ICH-Trichters* nach „oben" verbunden und führen dadurch zur Hingabe an die ursprüngliche Wahrheit, an die überwältigende Liebe, ans Licht, an Gott selbst. Diese Stufen werden am stärksten durch religiöse innere Stimulations-Impulse erlebt, wie:

– Überwachbewußtsein
– Hellwacher Zustand, Luzidität
– Erregter Zustand in der Transzendenz
– Exitation, d.h. Entzückung des ICH in die Richtung der Transzendenz

178

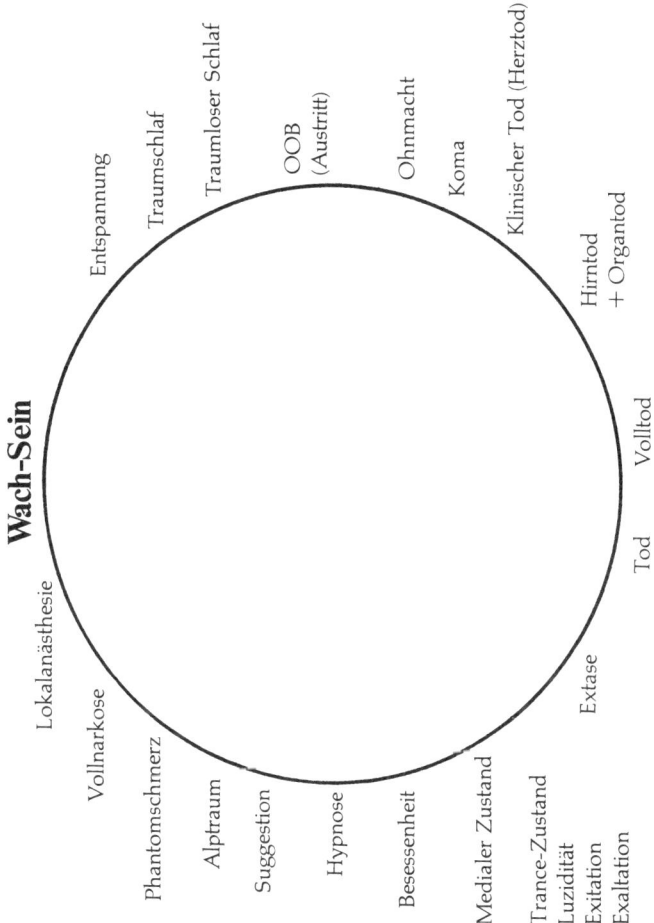

Abb. 14. Veränderte Bewußtseins-Zustände

Wach-Sein

Entspannung
Traumschlaf
Traumloser Schlaf
OOB (Austritt)
Ohnmacht
Koma
Klinischer Tod (Herztod)
Hirntod + Organtod
Volltod
Tod
Extase
Medialer Zustand
Trance-Zustand
Luzidität
Exitation
Exaltation
Besessenheit
Hypnose
Suggestion
Alptraum
Phantomschmerz
Vollnarkose
Lokalanästhesie

- Exaltation, d.h. Entrückung des ICH's von der materiellen Realität
- Extase; das ist ein Zustand, in welchem man „außer sich" ist, das ICH voll transzendenzorientiert ist, d.h. vollkommene Hingabe zum Göttlichen erfährt. Dieser Zustand ist ähnlich einem außerkörperlichen Erlebnis (OOB). In diesem Zustand sind körperliche Veränderungen möglich, z.B. Stigmatisation von mystischen Heiligen oder Leben ohne Nahrungsmittel.

11. Tanatase

Nach diesem Extase-Bewußtseinszustand, welcher der Hingabephase in der premortalen Situation entspricht, können die biologischen Reduktionsprozesse eintreten, die zur Tanatase = Tod führen, wenn das ICH sich endgültig von der materiellen Welt trennt.

Die Phasen der Luzidität, Erregung, Entzückung, Entrückung und Extase können mit verschiedenen stimulierenden Impulsen erreicht werden, wie z.B. Meditation, Gebet, Yoga-Übungen, Tanz usw. Ein Unterschied ist immer in der Qualität des mystischen Erlebnisses zu suchen.

Wenn wir weiterhin den *ICH-Trichter* als Denkmodell benützen, wird es für uns selbstverständlich, daß die echten Erlebnisse durch die Hilfe der göttlichen Kräfte, die durch die Öffnung unseres Intuitiven-Rezeptor-Bereiches in uns hineinströmen, kommen.

Mystiker waren und sind überall auf der Erde. Es sind Menschen, die diese Bewußtseinsänderung in tiefer, religiöser Hingabe, unter Aufopferung ihrer selbst – bis zur Grenze der Materie und der Schöpfung – erreichen können. Sie bezeichnen diesen höchsten Zustand als Erlangung des Kosmischen Bewußtseins und des Gottes-Bewußtseins, welcher für diese Menschen die Erleuchtung bedeutet. Deshalb werden bei den verschiedenen Einweihungsritualen in Ost und West, in Nord und Süd die Kandidaten, Neophiten schon seit urdenklichen Zeiten in diesen Extase-Zustand versetzt, um am Rande der Transzendenz eine eigene Einweihung zu erleben.

12. Was geschieht im Tod?

Im Tod wird bekanntlich die Trennung der immateriellen Bestandteile des Menschen vom materiellen Teil vollzogen. Diese Trennung ist dadurch möglich, daß die Kräfte, die der Lebensenergie entsprechen, nicht mehr wirken. Ein Frequenzbereich fällt aus; die Materie (α) des Körpers geht in den Kreislauf der leblosen Materie zurück. Das Wasser (mehr als ¾ des ehemaligen Körpers) verdunstet, die chemischen Elemente (weniger als ¼) bleiben als solche bestehen. Hier ist das Symbol der Sterblichkeit des Menschen zu erkennen: „Memento homo quia pulver es et in pulverem reverteris". Das „pulver" = Staub, oder die Lehmerde, aus der unser Körper geformt wurde, existiert als leblose Materie weiter, weil die Lebensenergien nicht mehr fließen, zufließen, sie werden abgestellt.

Sehr eindrücklich und plastisch scheint mir die tibetanische Aussage betreffend den Tod einer Zelle: Eine Zelle stirbt, wenn die diese Materie (chemische Stoffe) belebenden Lebensenergien der vier Prinzipien, Qualitäten, abgestellt, und die vorhandenen verbraucht, d.h. „zurückgezogen" werden. Diese sind symbolisch als „Elemente" dargestellt: Erde, Wasser, Feuer, Luft. Ja, die Tibetaner sagen, die einzelnen Zellen sterben durch Sauerstoffmangel nach und nach ab.

Wie ich bereits früher eingehend beschrieben habe*, kann man den Tod nicht auf einen einzigen Zeitpunkt festlegen, sondern es ist ein Absterbeprozeß, welcher schlußendlich durch Sauerstoffmangel (egal, welche Todesursache dafür verantwortlich ist), verursacht wird. Den Anfang dieses Absterbeprozesses bildet der Zeitpunkt, an welchem die erste Gehirnzelle in der grauen Rinde abstirbt, und das Ende ist der Zeitpunkt, an welchem die letzte, noch Lebenspotential enthaltende Zelle der Haut abstirbt. Dieser Prozeß kann unter normalen atmosphäri-

---

* „Ich war klinisch tot", Drei Eichen Verlag

schen Verhältnissen 3–4 Tage dauern. Dann ist der ehemalige Mensch kein Mensch mehr, er ist als Mensch gestorben, er ist tot.

Die Schulwissenschaft kennt die Zustände: Ohnmacht, tiefe Ohnmacht, Koma, tiefes Koma, Herztod; danach folgt der klinisch-tote Zustand bis zum Hirntod, welcher aber nicht als das Ende des Absterbeprozesses bezeichnet werden kann, weil dann die Organe noch Lebenspotential aufweisen. So kommen nach dem Hirntod die Tode der einzelnen Organe, bis auch die Haut abgestorben ist. Dieses Ende des Absterbeprozesses benenne ich dann – ganz willkürlich – *Volltod*.

Leben
↓
Ohnmacht
↓
tiefe Ohnmacht
↓
Koma
↓
tiefes Koma
↓
Herzstillstand
↓
⎰ Hirntod
⎱ Organtod(e)
...
↓
Volltod

Was der ehemalige Mensch im klinisch-toten Zustand erfährt, ist durch Aussagen von zehntausend wiederbelebten „Fällen" eindeutig bestätigt worden. Was aber danach kommt, weiß niemand, weil nach dem Hirntod das Gehirn so weit zerstört ist, daß eine Manifestation des höheren Bewußtseins im materiellen Schwingungsbereich nicht mehr möglich ist. Das Instrument ist ausgefallen – analog: das Klavier ist zerstört, und damit können die wunderbaren Klavierstücke von Chopin, Liszt usw. nicht mehr gehört werden.

Den Tod kann man aber esoterisch mit Hilfe des *ICH-Trichter*-Denkmodells sehr gut veranschaulichen: Das Göttliche Licht wird bei der Ebene Bios (β) aufgehalten, es kann nicht bis zur Materie (α) hinabströmen und diese „beleben". Die Energien werden hier blockiert. Die Lebensenergien werden von der Materie zurückgezogen, der Trichter fällt bei der Bios-Ebene auseinander. Die nicht-materiellen Teile des ehemaligen Menschen „steigen aus dem materiellen Körper aus ...". Es sind dies die Bestandteile, die wir vereinfacht Seele, Geist, Intuitions-Rezeptor nennen können, mit allen Phänomenen, die wir als Manifestationen des ICH erkannt haben, wie : Wahrnehmungsfähigkeit, Empfindungen, Emotionen, Begierden, Auswerten, konkretes und abstraktes Denkvermögen, Intellekt, freier Wille, Entscheidungsvermögen, Wille, Intuitions-Fähigkeit, Erinnerungsfähigkeit usw. Also ist das ICH, welches sich als unsterblich erwies, ausgetreten. Es ist eine fühlende, emotionsbeladene, intelligent denkende, freien Willen und Entscheidungsvermögen besitzende, zur Transzendenz strebende körperlose Wesenheit.

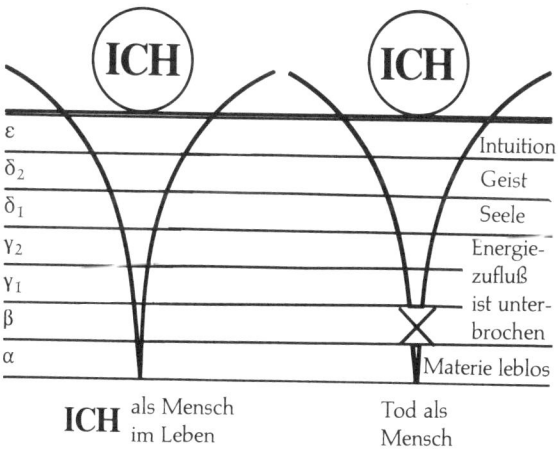

Der Tod ist das Aufgeben des einzelnen Körpers, d.h. eines Teiles der jetzigen Individualität

183

Vom Trennungsprozeß (Sterbeprozeß) bis zum Volltod macht das ICH mehrere Phasen durch. Ich habe diese als 12 Bewußtseinszustände definiert.

Diese Umwandlungen sind symbolisch als Durchschreiten von Toren, Hinabsteigen in Täler und Hochsteigen auf Berge, Überqueren von Wassern oder Überwinden von verschiedenen Hindernissen in den verschiedenen Religionen und diversen philosophischen Richtungen alten und neueren Datums bekannt.

Ich habe damals bereits kurz nach meiner Wiederbelebung die Etappen, Phasen, Stufen dieser Umwandlung beschrieben und charakterisiert, die dann, wie ich viel später erfahren konnte, verblüffend mit den alten Weisheiten und den verschiedenen Aussagen über den Tod (Tibetaner, Ägypter, Maya usw. – Totenbücher) übereinstimmten.

Ich habe versucht, diese Stufen, Phasen, als 12 Bewußtseins-Zustände oder Erlebnis-Phänomene des ICH bei der Transfiguration im Tod zu definieren. Dementsprechend sind die Bewußtseins-Zustände oder typischen Situationen während des klinisch-toten Zustandes die folgenden:

1. Austritt: Einen Tunnel, einen Engpaß oder ein dunkles Rohr passieren. Angst, daß man irgendwo hängenbleibt. Verzweifeltes Streben in die Richtung des Lichtes.

2. Durchgekommen, auf der Lichtseite angekommen: Wiedererlangung des Bewußtseins: „Ich habe die Krise überlebt – ich habe Glück gehabt." – Gefühl von Freude. Das Bewußtsein ist klarer, transparenter, breiter, schärfer, weil es nicht auf materielle Ebenen eingeschränkt ist.

3. Bewußtwerden des Todes: „Ich bin ausgetreten – ich habe keinen Körper mehr – ich bin tot." Eine natürliche Feststellung, eine Selbstverständlichkeit ohne Angst, ohne Emotionen.

4. Feststellung der Schmerzlosigkeit, Gefühl der Befreiung, der Erleichterung, des Wohlbefindens – Glücksgefühl. Wahrnehmung der ganzen Welt als Schwingung von harmonischen Farben, Formen, Tönen.

Eventuell Begegnung mit Verstorbenen, Geborgenheitsgefühl in der Liebe Gottes.

5. Neugier: Was passiert mit dem abgelegten Körper? Beobachtung des eigenen Todes: Wahrnehmung der Umgebung, ohne Sinnesorgane alles sehen und hören, auch die Gedanken der Anwesenden werden wahrgenommen.

6. Kein Interesse mehr am ehemaligen Körper sowie an irdischen Problemen. Alles Materielle wird bewußt losgelassen.

7. Intensives Lichterlebnis – für Gläubige das Gotteserlebnis. Man verspürt den einzigen Wunsch, ins Licht hineinzufliegen, direkt zu Gott zurückzukehren, sich mit Gott zu vereinigen und so mein ICH aufzulösen – Glücksgefühl (TSHI – HAI – BARDO).

8. Ein Schock: „Stop – du kannst nicht ins Licht fliegen, weil du nicht reif und rein genug bist." Große Enttäuschung. Man muß Rechenschaft ablegen über das Leben.

9. Der Lebensfilm: Er umfaßt alle Gedanken. Die Motivationen für die Entscheidungen werden von uns selbst aufgrund des allgemeinen kosmischen Harmoniegesetzes der Liebe beurteilt. Große Überraschung: Selbsterkenntnis – alles wird auf einmal klar.

10. Einerseits Freude über die bestandenen Prüfungen, andererseits Klage, Qual über die gemachten „Fehler". Erleben von „Himmel und Hölle" als Bewußtseinszustände.

11. Tiefes Reuegefühl wegen den gemachten Fehlern, es gilt keine Entschuldigung. Dann folgt die Vergebung. Man spürt keine Strafe oder Verdammung, sondern erkennt dankbar die neue Chance durch Reinkarnation.

12. „Die persönliche Einweihung": Erlangen von kosmischen Erkenntnissen, Verstehen von bisher verhüllt gewesenen Problemlösungen. Einblick in frühere Leben und noch zu bestehende Prüfungen. „Schlüsselloch-Effekt".

Dann kam die Phase der Entscheidung, wobei ich diese selber, als Person, gefällt habe.
Mir waren zwei Alternativen als Möglichkeiten dargestellt, weil

ich nicht „rein und reif" genug war, direkt ins Licht zu gelangen: Wieder neu geboren zu werden mit neu gewählten Aufgaben, mit anderer Lebens-Regie, oder sofort wiederbelebt zu werden, wobei die bereits gewählten Aufgaben bestehen bleiben. Ich konnte also versuchen, mit dem bestehenden Schicksal weiterzuleben und alles besser zu machen.

Im allgemeinen gibt es zwei Möglichkeiten, das Ziel zu erreichen, Gott näherzukommen nach dem Lebensfilm:

1. Volle Reinigung durch Reue und Vergebung gelungen: man darf in die Richtung des Lichtes fliegen (vgl. TSCHOENID BARDO, zum Schluß die Erlösung von dem Rad der Reinkarnationen).

2. Nur Teilreinigung vollzogen: man muß wieder reinkarniert bzw. reanimiert werden (vgl. SIPA BARDO, Drang nach Wiederverkörperung). Aufgabe, Karma und Regie des neuen Lebens werden gewählt.

Diese Phasen der Transfiguration des Bewußtseins sind für mich Realitäten, können aber bei der Erfahrung des Umwandlungsprozesses zur Transzendenz als Denkmodell gebraucht werden; z.B.:

– bei meditativer Vorbereitung auf den eigenen Tod
– bei Psychotherapie zur Überwindung der Todesangst
– bei der Ausbildung von Sterbebegleitungspersonal
– bei tiefenpsychologischer Forschung
– für die Entwicklung einer positiven Lebensphilosophie
– bei der Ausbildung von Ärzten, Krankenpflegepersonal, Therapeuten, Heilpraktikern
– bei der Ausbildung von Seelsorgern
– bei Lebensberatungen usw.

In meinen verschiedenen Lebensschule-Seminaren oder Sterbebegleitungs-Workshops sind diese 12 Phasen als Studium integriert. Es sei auch erwähnt, daß die als „Entscheidung" bezeichnete Phase nicht zu den Todeserlebnissen gehört, sondern bereits ein Hinweis auf den postmortalen Zustand ist, den das ICH zwischen zwei Erdenleben erfährt. Das Wissen über diese verschiedenen Bewußtseins-Situationen ist meiner Meinung nach für die Vorbereitung des eigenen Sterbens sehr wichtig. Durch Studien und das Sich-Einfühlen in diese 12 Situationen ist der Tod nicht mehr so fremd, er wird nicht mehr so gefürchtet, und das erleichtert uns Menschen den Durchgang sehr. Das Wissen, wie es sein wird, löst die Angst vor dem Ungewissen auf. Der Mensch kann durch diese Vorbereitung einen großen Schritt in der Entwicklung des eigenen ICH's tun.

Es wurde gesagt, daß der Mensch durch 7 Tode stirbt ..., und es stimmt also, wenn man die östlichen Schalen (Kosha), die das wahre ICH umgeben, eine nach der anderen ablegt, bis das ICH völlig frei und rein wird (siehe folgende Abbildungen).

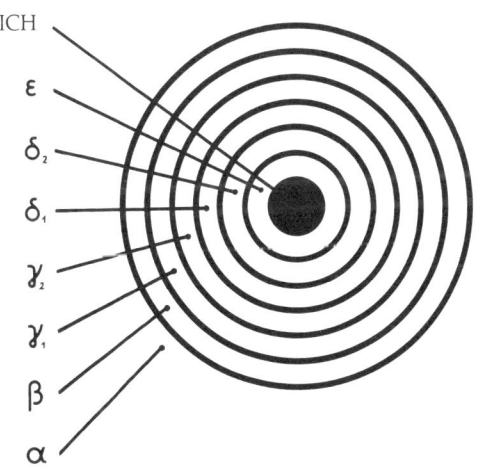

Schematische Darstellung der „Hüllen" des Menschen

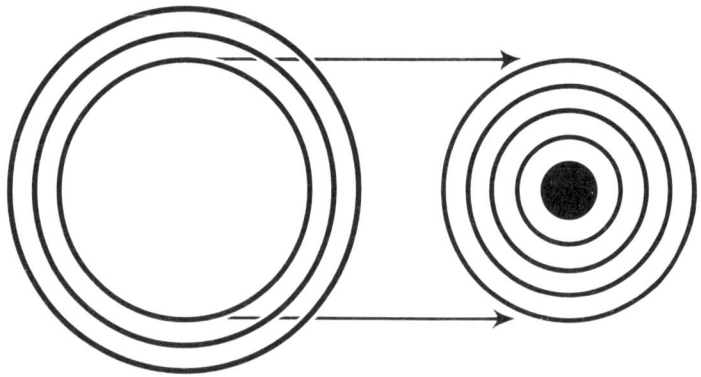

Schematische Darstellung des Todes

Die Frage ist, ob sich meine persönlichen Erlebnisse mit den Erlebnissen von anderen Wiederbelebten decken. Nach meinen Begegnungen mit wiederbelebten Menschen, nach dem Studium von vielen Berichten und nach dem heutigen Stand der thanatologischen Forschung kam ich zur Überzeugung, daß es sich bei mir nicht um ein personengebundenes, spezifisches Erlebnis handelt, sondern daß ich mit meinen Erlebnissen nur ein repräsentativer „Fall" mehrerer tausend bisher erforschter und erfaßter „Fälle" bin. So glaube ich, daß wir hier auf den Spuren für das Erlernen des Todes angelangt sind.

Wenn man das Denkmodell weiter betrachtet, kann man sagen, daß die Energien des *ICH-Trichters* weiterhin nur auf den verbliebenen Ebenen wirksam sind. Der ehemalige Mensch als ein einmaliges Phänomen ist endgültig vergangen. Diese Tatsache bestätigt die biblische Lehre des Christentums von der Einmaligkeit jedes einzelnen Menschen als solche.

Zusammengefaßt: Der Tod ist für mich – energetisch gesehen – eine Umstrukturierung der ursprünglichen energetischen Struktur des Menschen, verursacht durch eine Frequenzverschiebung der belebenden Ur-Energie (Aufhören auf der Bio-Ebene).

188

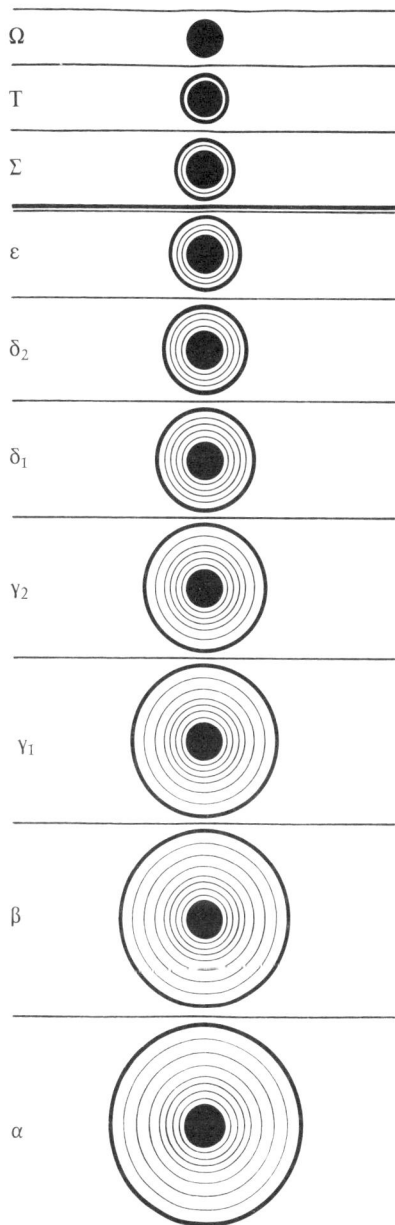

Der Aufstieg des ICH
zur Transzendenz.

Während dieser Strukturänderung werden alle Erinnerungen an alle Motivationen der während des Erdenlebens getroffenen Entscheidungen frei und bewußt (Lebensfilm). Die gesammelten Erfahrungen steigen in die obersten Teile des *ICH-Trichters* zum ICH und bereichern dieses dadurch.

Das ICH bleibt also nach dem Tod weiter bestehen, und es wird mit jedem Leben immer vollkommener. Es ist eine sehr positive, hoffnungsvolle Tatsache, daß mit „meinem ICH im Tode nichts passieren wird". Im Gegenteil, es wird immer reicher und reifer an Erfahrungen, die man zur Vervollkommnung dringend braucht.

Diese Ummodulation, Transfiguration, Strukturveränderung vom Schwingungsbereich der Materie in einen anderen, materielosen bzw. feindschaftlichen Struktur-Zustand ist eine erhabene Sache, die das ICH mit völliger Hingabe zur Gott erleben sollte.

Die 12 Stufen oder Bewußtseins-Zustände während des Todes sind heute bereits erforscht. Man kann sie studieren und erlernen, und sie bilden die Grundlage dazu, wie man allen Menschen einen natürlichen, individuellen und menschenwürdigen Tod ermöglichen könnte und müßte.

Wir haben als Menschen alle das Recht auf ein Leben und auf einen Tod als Individuum. Wir sollen einen natürlichen Tod sterben dürfen, ohne unnötige Lebensverlängerung oder willkürliche Lebensabkürzung, und unter menschenwürdigen Umständen. Diese drei Prinzipien sollten als Grundrecht für jeden einzelnen Menschen anerkannt werden.

So wünsche ich mir und allen Menschen einen

MENSCHENWÜRDIGEN,
INDIVIDUELLEN,
NATÜRLICHEN ... Tod.

Leider werden in der heutigen materialistisch denkenden, christlich orientierten, technisch hochentwickelten Konsum-Gesellschaft die obengenannten Grundrechte des Menschen immer mehr ignoriert. Es sollte eine große soziale Aufgabe sein, *allen Menschen* ein menschenwürdiges, individuelles und natürliches Sterben zu ermöglichen – bzw. zu sichern.

13. Reinkarnation – in welcher Form existiert das ICH-Bewußtsein weiter?

Wir haben gesehen, daß der Tod nicht zur Vernichtung oder zum Auslöschen des ICH führt, sondern daß es – gemäß energetischem Modell – ohne die den materiellen Schwingungen entsprechenden Bestandteile – weiterexistiert. Es tauchen aber Fragen auf: Wo? Wie lange? Warum? – und ähnliche. Versuchen wir, auf diese Fragen näher einzugehen.

Wenn das ICH weiterexistiert, muß das einen Sinn haben. Diesen können wir mit dem Reinkarnations-Gedankengut zu finden versuchen. Reinkarnation ist ein uraltes Gedankengut der Menschen. Die Mehrheit der heute auf der Erde lebenden Menschen glauben an die Reinkarnation als festen Bestandteil ihrer Religion. Auch die Wiederbelebten erzählen von Erinnerungen an frühere Leben, die oft nachgewiesen werden können.

Für mich ist Reinkarnation eine Tatsache, eine Realität. Wie komme ich zu dieser Behauptung? Ich möchte es im folgenden kurz erklären: Am 16. 9. 1964 erlitt ich in der Nähe von Bellinzona, im Tessin, einen schweren Autounfall. Dabei brach ich mir 18 Knochen und galt, wie medizinische Untersuchungen einwandfrei bestätigten, während rund 5½–6 Minuten als *klinisch tot*. Während dieser Zeit hatte ich viele sonderbare Erlebnisse, die ich nach meiner Wiederbelebung versuchte, schriftlich oder auf Tonband festzuhalten. Zu diesen Erlebnissen gehört ein sogenannter Lebensfilm, der sich nach dem Austritt des ICH-Bewußtseins vom schwerverletzten Körper klar und deutlich vor mir abspielte.

In diesem Lebensfilm sah ich mein ganzes Leben und alle erlebten Situationen nochmals. Die Bilder waren deutlich und transparent. Ich war Hauptdarsteller und Zuschauer zugleich. Ich beobachtete mich gleichzeitig von allen Seiten – von oben, von unten, von innen und von außen. Dabei wurden mir mit einem Male alle Gedanken, alle meine Beweggründe zu verschiedenen Handlungen, meine Motivation der Entscheidungen klar.

Mir wurde aber auch gezeigt, ob ich in bestimmten Situationen mit guten, liebevollen oder bösen, egoistischen Hintergedanken gehandelt hatte. Ich konnte selbst einsehen, ob der Grundgedanke positiv, d.h. von Liebe geprägt, oder negativ, d.h. egoistischen Ursprungs war.

Sehr merkwürdig war das Kriterium bei der Beurteilung der Gedanken und Taten – ob sie böse oder gut waren – nicht die Gesetze des Staates, religiöse Gebote oder Verbote, Gewohnheiten der Gesellschaft waren maßgebend, sondern das *allgemeine kosmische Harmoniegesetz der Liebe.*

Bei den guten Gedanken und Taten spürte ich angenehme Zufriedenheit und eine tiefe, innere Harmonie. Ich war glücklich und fühlte mich in einen himmlischen Zustand versetzt. Die negativen Gedanken und Taten bewirkten jedoch in mir einen sehr disharmonischen, qualvollen, man kann sagen höllischen Zustand. Ich tadelte mich selbst wegen begangener Fehler und bereute diese aufrichtig. Diese ehrliche und tiefe Reue hatte zur Folge, daß mir irgendwie vergeben und dadurch die schlechten Gedanken und Taten ausgelöscht wurden.

Während der Beobachtung der einzelnen Szenen aus meinem Lebensfilm wurde mir plötzlich klar, daß ich den einen oder anderen Fehler schon einmal oder sogar mehrmals begangen haben mußte. Ich verstand, daß ich mit denselben Schwächen, zu denen Neid, Geldgier, Unehrlichkeit, Herrschsucht, Unterdrückung anderer Meinungen etc. gehören, schon in früheren Leben konfrontiert worden war und, daß ich auch damals ähnliche Fehler begangen hatte wie heute.

Nur die Inszenierung der Probleme war verschieden, die Handlung blieb die gleiche. Ich hatte also in meinem jüngsten Leben nichts dazugelernt! – Dies habe ich erkannt.

Diese Feststellung war für mich eine grundlegende Erkenntnis, und ich empfand sie als vollkommene Realität. Ich fühlte etwa so: „Du, jetzt als Stefan, hast wieder die gleichen Fehler begangen wie damals – so und so – dort und dort."

Während meines klinisch toten Zustandes erhielt ich so einen begrenzten Einblick in einige meiner früheren Leben. Diese Einsichten, die mir dabei zuteil wurden, bezogen sich immer auf Situationen, in denen ich genau dieselben Fehler begangen hatte, wie es in meinem jüngsten Leben der Fall war.

1. So wurde mir bewußt, daß ich früher an der Adriaküste gelebt hatte, und zwar als Pietro Mulinar, einem kleinen, gierigen Fischer in Dalmatien (1856–1898 oder 1918).
2. Vorher war ich im 18. Jahrhundert „Ship carpenter", ein Schiffszimmermann in Südengland, sehr wahrscheinlich bei Southampton.
3. In der Zeit der Renaissance, Ende 16., Anfang 17. Jahrhundert, lebte ich als schöne Frau in Venedig.
4. Ebenfalls als Frau verbrachte ich ein anderes Leben, und zwar eines im alten Griechenland, in der Umgebung von Athen. Es war damals, als Bauersfrau, ein hartes Leben.
5. Noch früher lebte ich unter Ramses II., 19. Dynastie (1290–1224 v. Chr.), in Oberägypten als kleiner, unbedeutender Steinmetz-Sklave. Ich arbeitete damals an verschiedenen Orten und habe dabei das Bildnis der Königin Nefertari oder Nefretari als Relief in den Fels gemeißelt (Grab 66, Tal der Könige). Die Körpermerkmale von Nefertari haben sich mir so eingeprägt, daß mir solche heute noch überaus gut gefallen.
6. Vorher war ich eine junge Frau auf Kreta und erlebte das Ende der I. Palastkultur durch den Ausbruch des Vulkans Thira = Santorin (ca. 1670 v. Chr.), wobei sie auch starb.
7. Noch weiter zurück liegt mein Leben auf der Insel Raratonga oder Tonga-Tabu in Polinesien. Damals lebte ich, wie als Pietro in Italien, ebenfalls als Fischer und war auch so eine Art Priester oder geistiger Führer dieser Dorfgemeinschaft.
8. Schließlich weiß ich, daß ich irgendwann einmal mit fünf Kugeln in die Brust erschossen wurde.

Fragen Sie mich nicht, woher ich das alles weiß. Während meines Lebensfilms wurde es mir einfach mit einem Schlag bewußt. Die Erkenntnis war plötzlich da, und ich akzeptierte sie als gegebene Tatsache. Beweise kann ich schulwissenschaftlich nicht erbringen. Aber ich habe nicht einmal das Bedürfnis, es zu tun, denn ich persönlich habe die absolute Gewißheit, daß es so ist, wie ich es in meinem Lebensfilm erlebt habe.

Es war sehr interessant, die Gegenden, in denen ich einmal gelebt habe, später als Tourist zu besuchen. Oft fühlte ich mich dann an einem Ort wie zu Hause und kannte mich erstaunlich gut in diesem Gebiet aus. Dabei erlebte ich nicht selten irgendwelche visionäre Erinnerungen – in Meditation oder in Träumen – die mit einem früheren Leben verbunden waren. Sehr ausgeprägt war es auf Kreta, in Ägypten, in Venezia, Südengland, in Dalmatien..., und mein Hobby ist Segeln auf dem Mittelmeer..., dort fühle ich mich sehr wohl, und die Nordadria ist für mich quasi ein „Zuhause". Die Beschreibungen und Skizzen, die ich von Bildern von früheren Leben damals anfertigte, konnte ich verblüffend in heutigen Gegenden wiedererkennen..., sogar das Grab von Pietro ausfindig machen.

Es wird immer wieder diskutiert, ob der Reinkarnationsgedanke mit dem Christentum zu vereinbaren sei oder nicht. Ich persönlich sehe da keinerlei Probleme.

Vor meinem Unfall und vor den mystischen Erlebnissen während meines klinisch-toten Zustandes war mein Christentum durch Angst vor Sünden und Strafen geprägt. So hatte ich auch Angst vor dem Tod, welchen ich als ein strenges Strafgericht und ewige Verdammnis ohne Begnadigungsmöglichkeit sah: ein schreckliches, mittelalterliches Bild, welches z.B. auch Michelangelo in seinem „Jüngsten Gericht" in der Sixtinischen Kapelle künstlerisch so wunderbar dargestellt hat.

Ich versuchte natürlich, die Vorstellungen von Sünden, Todsünden, Hölle und Strafen zu verdrängen. Im Lebensfilm, den ich während meines klinisch-toten Zustandes erlebte, wurde mir aber statt eines strengen und strafenden Richtergottes ein Gotteserlebnis, von unendlicher Liebe geprägt, zuteil. Durch den Lebensfilm wurde mir ein unfehlbarer Spiegel vorgehalten, und ich fühlte die Möglichkeit zu echter Reue in mir, durch welche die Vergebung in Liebe vollzogen werden konnte. Ich erfuhr in diesem Lebensfilm als Realität auch meine früheren Inkarnationen, und es wurden mir die Aufgaben, die ich damals schlecht gelöst hatte, bekannt. Mit großer Dankbarkeit stimmte ich deshalb meiner Wiederbelebung und damit einem neuen Anlauf und einer neuen Chance, mich noch einmal daran zu versuchen, zu.

So erschien mir der Mensch Jesus und seine Christus-Rolle in ganz neuem Licht. Er wurde geschickt, um den Menschen das große Prinzip LIEBE zu verkünden. Er hat als Mensch Jesus die Liebe wunderbar formuliert: „Liebe deinen Nächsten wie dich selbst", anstelle des bisherigen jüdischen Prinzips: „Auge um Auge, Zahn um Zahn." Er hat die Liebe nicht nur gepredigt, sondern gelebt und während seines ganzen Lebens niemandem etwas Schlechtes oder Nachteiliges angetan.

Er, der Mensch Jesus, hat das Schlimmste auf sich genommen, obwohl er eigentlich unschuldig war: Er wurde durch die Rache der sogenannten Gerechten erniedrigt und als Verbrecher zum Tode verurteilt, ohne die Möglichkeit einer Begnadigung. Und er hat seinen Feinden, Richtern und Henkern vergeben und sie aus aller Schuld entlassen – durch seine unendliche Liebe. Dadurch hat er das Zahn-um-Zahn-Prinzip der Rache durchbrochen. Seit dieser Zeit ist uns die Erlösung von den Todsünden, den ewigen Strafen und der ausweglosen Verdammnis durch die Gnade und Liebe Gottes gegeben. (Und es wurde uns eine Verbesserungsmöglichkeit eröffnet durch Reinkarnation). Die Sünden sind aufgehoben, und meine mit einem freien Willen getroffenen falschen Entscheidungen habe ich im Lebensfilm als Fehler anstatt als Sünden erfahren. Fehler aber kann man korrigieren.

Die Auferstehung im Fleisch – für mich gleich Reinkarnation – ist also eine Chance, in einem weiteren Leben alles besser zu machen. Diese Möglichkeit interpretiere ich als Christuswirkung, als Erlösung durch die göttliche Liebe.

– Somit ist erstens der Gedanke der Reinkarnation für mich der größte göttliche Gnadenakt.

– Zweitens werde ich mit christlicher Hoffnung erfüllt, einmal das Angesicht Gottes schauen zu dürfen.

– Drittens kann ich mich durch wiederholte Erdenleben schrittweise entwickeln, ohne den Druck und die Bedrohung durch eine ewige Verdammnis in der Hölle. In einem der Psalmen wird dies so ausgedrückt: „Näher mein Gott zu dir."

Grundsätzlich wurde ich durch den Reinkarnationsgedanken und durch mein persönliches Erleben in meinem christlichen Glauben bestärkt. Die Erde ist meiner Meinung nach keine Strafkolonie, sondern eine Schule Gottes, aus der man im Laufe der Zeit und entsprechend der eigenen positiven Entwicklung entlassen werden kann.

Ich finde es sehr gut, daß die Reinkarnationsidee nicht durch menschliches Unverständnis falsch formuliert und verdreht in die christliche Dogmensammlung der Kirchen aufgenommen worden ist. So ist der Reinkarnationsgedanke ja ausdrücklich nicht verboten, und es besteht die Möglichkeit, daß sich auch das Christentum immer mehr dieser Vorstellung von wiederholten Erdenleben öffnet. Ich bin nämlich der Meinung, daß der Mensch die Annäherung zu Gott nicht in einem Leben, sondern nur in einer Kette mehrerer Leben vollziehen kann.

So habe ich selbst erfahren, daß das Reinkarnations-Gedankengut in vollständigem Einklang ist mit dem christlichen Glauben. Die Kirche hat diese Theorie bisher nicht offiziell in ihre „Credo"-Lehre aufgenommen, aber auch nicht ausdrücklich verboten – eher einfach ignoriert. Diese Frage wurde in der ZDF-Sendung „Viele Male auf Erden?" (eine Diskussionssendung über Reinkarnation am 9. Januar 1986) eindeutig bestätigt. Während der Sendung habe ich diesbezügliche Fragen an Prof. Dr. Dr. A. Resch, Theologe und Professor an der Lateranuniversität in Rom, gestellt. Seine kurze Antwort hat er durch die Fragen von Dr. K. Schnelting vom ZDF noch erweitert.

Zitat des Textes, herausgegeben vom ZDF:

„Stefan von Jankovich:
(Architekt, Autor des Buches ‚Ich war klinisch tot. Der Tod –
mein schönstes Erlebnis', Drei Eichen Verlag, Ergolding)
Ich möchte doch noch zwei Fragen an Herrn Professor Pater Resch

stellen, die noch offengeblieben sind, als Sprachrohr für viele tausend Zuschauer. Die erste Frage, Pater Resch: Hat die katholische Kirche je einmal schriftlich offiziell in einer päpstlichen Bulle oder einer Enzyklika die Reinkarnation als solche verurteilt? Die zweite Frage: Habe ich als praktizierender Katholike eine Sünde oder eine Todsünde begangen, wenn ich die Reinkarnationstheorie für meine weitere Entwicklung brauche, weil ich mich nicht stark genug und reif genug fühle, in einem einzigen Leben die Vervollkommnung zu erreichen, die ich brauche – wie es in der Bibel heißt – um zum Angesicht Gottes zu gelangen?

Pater Andreas Resch:

(Redemptoristenpater, Dr. der Theologie und Philosophie mit dem Fach Psychologie und psychoanalytischer und verhaltenstherapeutischer Ausbildung. Professor an der Lateranuniversität Rom, Direktor des Inst. für Grenzgebiete der Wissenschaft, Innsbruck.) Zunächst ist zu sagen, daß es im Rahmen der katholischen Kirche keine lehramtliche Entscheidung gegen die Reinkarnation gibt. Das zweite, Sie sagen, daß Sie die Reinkarnation für Ihre persönliche Entfaltung brauchen, dazu würde ich sagen: Wenn Sie dadurch in diesem Gedankenmodell zu Ihrer persönlichen Vollendung kommen, dann sollen Sie und müssen Sie das bei sich entwickeln. Wichtig ist dabei, daß Sie, was Sie ja genannt haben, das Hauptgebot des Christentums, nämlich die Liebe, die Eigen-, Nächsten- und Gottesliebe in eine Einheit bringen.

Moderator Karl Schnelting an Prof. Dr. Resch:

Pater Resch, in Seminaren katholischer Akademien wird nun auch das Thema wiederholter Erdenleben in aller Unbefangenheit behandelt. Ist das ein Zeichen für die eben zitierte wachsende Gesprächsbereitschaft oder könnte diese Gesprächsbereitschaft auch wieder eingegrenzt werden?

Pater Andreas Resch:

Dazu darf ich sagen, daß ich schon 1978 zum IMAGO-MUNDI-Kongreß – wovon das Buch ‚Fortleben nach dem Tode‘ als Sammelband erschienen ist – drei Sprecher eingeladen habe, d.h. um einmal über diese Frage zu sprechen. Einer war unser Gesprächspartner Stefan von Jankovich, der über sein Erlebnis im *klinisch-toten Zustand berichtete, wo auch Reinkarnationserlebnisse erwähnt wurden. Damals war das Thema noch tabuisiert. Ich war völlig allein. Daß heute dieses Gespräch ist, freut mich besonders, und ich darf hier hinzufügen, daß ich 1984, als ich in einer kurzen Sonderaudienz vom Papst empfangen wurde, diese Frage an ihn gestellt habe in dem Sinne, daß ich gesagt habe, daß die Kirche eine große Offenheit hat im Dialog mit dem Atheismus, mit den Nichtgläubigen, aber völlig gesprächsverschlossen ist mit dem Spiritismus, der Esoterik, und vor allem auch das Gespräch auf theologischer Seite mit jenen, die an die Reinkarnation glauben, völlig unter den Tisch schiebt. Wobei wir offen sagen müssen, und wir müssen einfach ehrlich sein, daß heute auf der Welt so viele Menschen an die Reinkarnation glauben wie an das persönliche Fortleben nach dem Tode, und wir haben eine Untersuchung, die auf der Bischofssynode in Rom vorgelegt wurde, daß im europäischen Bereich von den Katholiken 23% an die Wiedergeburt glauben, von den Protestanten 21% und von jenen, die keiner Gemeinschaft angehören oder nicht glauben, (es gibt auch die sogenannten Atheisten, die an die Reinkarnation glauben) sind es 12%. Daher glaube ich, daß es einfach notwendig und eine Verpflichtung der Kirche ist, sich mit dieser Frage zu befassen; wobei ich hinzufügen muß, daß wir im Moment auf der Seite jener, die die Reinkarnation vertreten, keine grundlegenden Arbeiten haben, die eine Diskussionsgrundlage bieten würden. Wir müssen noch hinzufügen, daß die Formen der Reinkarnationslehre (und das haben wir gerade gesehen in bezug auf die Theosophie) so vielfältig und so verschieden sind, so daß wir auch hier rein von der kirchlichen Seite her – und ich kann hier wohl auch von der christlichen Seite her sagen – ersuchen müßten, daß die sogenannten Reinkarnationisten sich auch bemühen, eine grundlegende Arbeit als Basis für eine Diskussion vorzubereiten."*

Man kann sehr zufrieden sein, daß es im Christentum kein Verbot gegen die Reinkarnation gibt; aber dieses Gedankengut wird seit 1500 Jahren totgeschwiegen, ignoriert, aus der Christlichen Lehre (Katechismus) ausgeklammert. Die Gläubigen müssen nicht an die Reinkarnation glauben, aber sie dürfen es, es ist ihnen freigestellt. Ich persönlich hoffe, daß die Entwicklung im Vatikan von der bisherigen ablehnenden Haltung in Richtung Toleranz, Akzeptanz und später Öffnung weitergehen wird.

Aber wie können wir das Reinkarnations-Phänomen mit dem Denkmodell *ICH-Trichter* deuten?

In einem früheren Kapitel haben wir davon gesprochen, wie das unsterbliche ICH sich im Tode von einem Wesensglied des Menschen, vom niedrig schwingenden, sterblichen, vergänglichen, materiellen Körper trennt, wie die Lebensenergien sich von der Materie zurückziehen, wie eine Frequenztransformation stattfindet. Wird für das ICH eine vollständige Vervollkommnung nach Erledigung aller nötigen Soll-Prüfungen (Grund-Karma des Menschen) im „Fleische" (siehe Bibel) erkannt, so wird es vom Zwang der Wiederverkörperung befreit. Die Probleme der Materie sind erkannt und gelöst, die Materie ist durchdrungen (Rudolf Steiner), es gibt keine weiteren Aufgaben mehr in der Materie. Solche ICH werden in „höhere" Kraftfelder integriert, wo sie sich sicherlich anderen der Seele, dem Geist und der Intuition zugeordneten Aufgaben widmen müssen. Für uns Menschen sind diese ICH's bereits von der Reinkarnation „im Fleische" erlöst. Die Spitze des *ICH-Trichters* bleibt dann in höheren Schwingungsbereichen.

Wenn wir unser Denkmodell weiter betrachten, können wir sehen, daß das ICH sich immer bis zu den tiefsten Ebenen herabbildet, wo noch Aufgaben zu erledigen, Prüfungen zu bestehen, Probleme zu lösen sind. Damit wird das ICH immer einen Teil (die jeweilige Spitze) des Individuums aufgeben. So wird also das ICH langsam, durch weitere Bewährungsproben, immer mehr die durch den Abstand von Gott geprägte, ursprüngliche Persönlichkeit aufgeben, bis alle Prüfungen auf allen Ebenen erledigt sind und das ICH wieder zu Gott zurückkehrt, sich völlig Gott hingibt, sich mit Gott vereinigt, sich im Nirwana, im göttlich-ursprünglichen All-Nichts auflöst (siehe Abbildungen auf den beiden nächsten Seiten).

Das ICH als Mensch, im Zwischenzustand, als wiederverkörperter Mensch.

ICH
inkarniert
als
Mensch

ICH
im Zwischen-
zustand
(Bardo)

Wieder-
inkarmiertes
ICH
als Mensch

TOD

ϵ
ϑ_2
ϑ_1
γ_2
γ_1
β
α

ICH

ICH

ICH

Die Entwicklung des ICH – durch gelöste Aufgaben auf bestimmten Ebenen – auch ohne Körper.

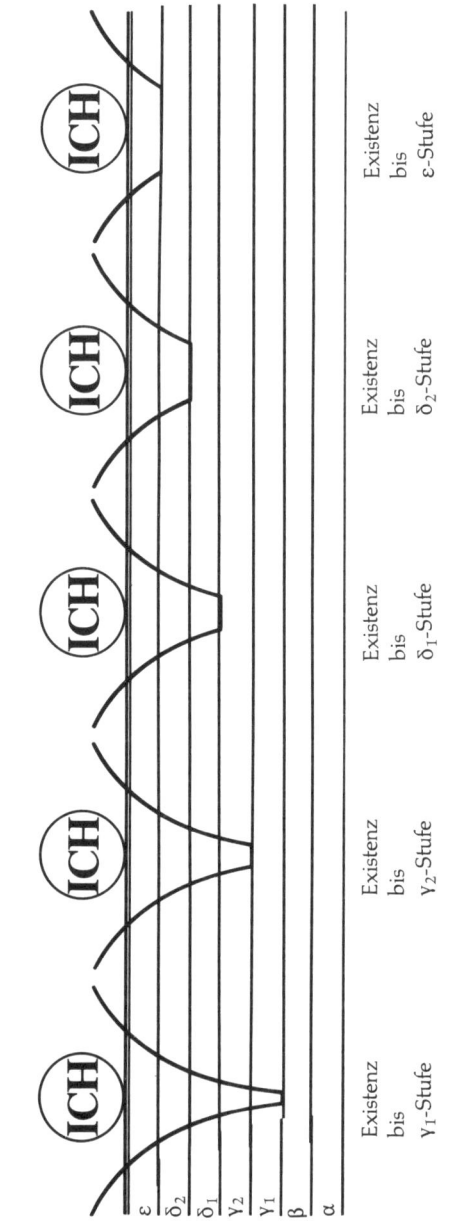

| Existenz bis γ_1-Stufe | Existenz bis γ_2-Stufe | Existenz bis δ_1-Stufe | Existenz bis δ_2-Stufe | Existenz bis ε-Stufe |

Alles ist erledigt, alles ist vollzogen, daß ICH fand den Weg zurück zum Ur-Sprung, von wo es stammt. Es kehrt zurück von den Individualitäten, die spannungsbeladene Polarität ist endlich aufgehoben, es kehrt zum harmonischen EINS zurück. Der Sinn aller Existenz auf allen Ebenen in allen Frequenzbereichen ist der, die Störungen, die Probleme dort zu lösen, die Hindernisse aus dem Weg zu räumen und damit die Rückkehr zu Gott zu ermöglichen. Dies bedeutet gleichzeitig die Aufgabe der eigenen Persönlichkeit. Das ICH existiert nicht mehr als ICH, sondern es ist im Prinzip Gott enthalten, im Ur-Prinzip, das einzig ist, immer war und immer sein wird.

Wenn nun aber nicht alle Proben eines in der Materie inkarnierten Menschen bestanden wurden, so muß er eine weitere Chance wahrnehmen, um diesen Entwicklungsprozeß weiterzuführen, d.h. sich „im Fleische" inkarnieren. So bleibt ein solches ICH nach dem Tode mit allen nichtmateriellen Wesensgliedern bestehen, um sich dann auf der Erde weiterentwickeln zu können.

Die Berichte von Menschen, die klinisch tot waren, bestätigen diese körperlose Existenz als Übergangsphase zwischen zwei Erdenleben. Die Buddhisten nennen diesen Zustand des ICH's das Sipa-Bardo: Ein Drang nach Wiederverkörperung, um die Chance der Entwicklung ausnützen zu können.

Es folgt die Bildung einer neuen Spitze des Trichters durch Frequenzreduktion (Verlangsamung), welche wieder in die materielle Ebene (α-Ebene) hinunterreicht. Wie viele Male findet dieser Prozeß statt? Man weiß es nicht im voraus. Sicherlich aber so oft, bis die Trichterspitze die Materie durchdrungen hat und deshalb nicht mehr auf die Erde kommen muß.

So ist für mich in der Reinkarnation die Gnade Gottes zu erkennen. Wir jetzigen Menschen haben also die Chance, uns durch die Liebe Gottes zu veredeln, uns zu entwickeln, uns zu vervollkommnen, wie es im göttlichen Schöpfungsplan vorgesehen ist. Es wäre noch sinnvoll, im Zusammenhang mit dem Prozeß der Reinkarnationen auf Erden und der Reexistenz auf verschiedenen höheren Ebenen, das Wort Karma zu erläutern, weil, meiner

Meinung nach, im Gebrauch dieses Wortes ziemlich viel Verwirrung und Unklarheit herrscht.

Für mich bedeutet Karma: Aufgabe.

Ich definiere folgende „KARMA":

- Ur-Karma: Aufgabe, aus der christlichen Erbsünde zu Gott zurückzukehren.
- Grund-Karma: Es besteht aus allen Soll-Prüfungen, die alle Menschen während vieler Erdenleben bestehen müssen, um zu Gott zu gelangen.
- Lebenskarma: Das sind die individuell gewählten Prüfungen jeden Lebens, die als Hauptaufgaben erscheinen und den Sinn des Lebens bestimmen. Sie bilden unser Schicksal für jedes einzelne Leben.
- Neues Karma: Das sind die Konsequenzen von gemachten Fehlern, die in einem zukünftigen Leben wieder als Prüfung erscheinen, um sie dann positiv erledigen zu können, d.h. Karma abzutragen.

In diesem Sinne versuchen wir, die verschiedenen Grundgedanken, die aus meinen Reinkarnationserfahrungen hervorgehen sowie den Begriff Karma zu verstehen.

Es ist eine allgemeine Vermutung, daß das menschliche ICH ein vom Gottesprinzip in Abstand geratenes, sich entfernt habendes, von Gott abgefallenes, vom Himmel gestürztes Bewußtsein ist – wie die verschiedenen theologischen Richtungen dies bezeichnen.

Warum ist es so? Wir wissen es nicht – wir Menschen werden es nie zu wissen bekommen. Deshalb sollen wir auch nicht viel Energie und Zeit verlieren, diese Frage zu stellen und uns mit den möglichen menschlichen Theorien zu beschäftigen. Was man nie wissen kann, kann man durch Glauben erahnen.

Ich glaube, daß es einem Menschen nie möglich sein wird, das „Warum"-Problem zu erforschen und es zu verstehen. Seit 70 000 Jahren, seitdem HOMO SAPIENS SAPIENS auf dieser Erde erschien, ist es niemandem gelungen, in Ost oder West, in Nord oder Süd, in den alten Zeiten oder in der Gegenwart, eine annehmbare und allgemeingültige Antwort zu geben.

Da auch ich ein gewöhnlicher Mensch bin, versuche ich deshalb nicht in jener Richtung zu forschen, wo Gott den Vorhang gezogen hat. Ich akzeptiere einfach, daß es so ist: Wir (d.h. unser ICH) müssen vom gottesentferntesten Punkt – vom Schwingungsfeld der Materie – unsere Laufbahn starten und den schwierigen Weg der Entwicklung antreten. Der Weg ist für uns alle immer anders, individuell. Deshalb sind und bleiben wir für immer die „Suchenden".

Die Rückkehr ist aber mit vielen Schwierigkeiten verbunden. Das göttliche ICH, das in allen Menschen präsent ist, soll sich von der tiefsten, d.h. von der Gott entferntesten Situation oder Schwingungsebene langsam immer weiter auf ein höheres Schwingungsfeld hinaufarbeiten und sich so Gott nähern. Es muß sich also auf allen Ebenen bewähren. Unserer Meinung nach ist der tiefste Schwingungszustand die materielle Ebene. Das ICH muß alle möglichen Inszenierungen in mehreren Leben bestehen und sich so immer weiter entwickeln, die Probleme der materiellen Ebene kennenlernen und diese lösen. So bekommt der Mensch von Gott immer wieder neue Chancen, an die Probleme der Materie und der materiellen, vierdimensionalen (3 Raum und Zeit) Welt heranzugehen und sein Leben so gut als möglich für seine geistige Entwicklung zu nutzen.

Wie viele Male? Man weiß es nicht; sehr wahrscheinlich so oft und so lange, bis das göttliche ICH die Probleme der Materie verstanden hat, sich von dem Eingeschlossensein in der Materie befreit hat, die Materie durchdrungen hat. So sind für jedes ICH einige, viele oder sehr viele Inkarnationen „im Fleische" möglich – so viele, wie dieses ICH nötig hat.

Die Menschen, die auf Erden leben, sind alle einzelne Individuen, Persönlichkeiten von sehr unterschiedlichem Entwicklungsgrad, besser gesagt mit sehr unterschiedlicher Erfahrungssubstanz, welche als Resultat und Summe aus den vorherigen Inkarnationen, Erdenleben stammen bzw. gesammelt oder angeeignet worden sind. Jeder Mensch hat seine Einmaligkeit *als Mensch*, weil das unsterbliche ICH immer wieder andere materielle Körper wählt.

1. Erbsünde = Ur-Karma

Zur Klärung der ganzen Philosophie der Reinkarnation müssen wir uns mit dem theologischen Problem der sogenannten „Erbsünde" oder dem „Ur-Karma" auseinandersetzen.

Warum sind wir gefallen? Warum haben wir uns von Gott abgesondert? Warum hat sich unsere Energieschwingungsfrequenz so enorm verlangsamt?

Wir wissen es nicht. Aber wir wissen, daß es *so ist*. Dieses Wissen, das wir an der tiefsten Startposition anzufangen haben, ist meiner Meinung nach selbst die „Erbsünde" oder das „Ur-Karma" d.h. die pure Tatsache, daß es *so ist*.

Wir nehmen beim Start des ersten Erdenlebens keine andere behindernde Last oder „Sünde" mit, als die Aufgabe, daß wir uns, in die Materie eingeschlossen, so schnell wie möglich befreien sollten.

2. Ziel unserer Existenz ist die Entwicklung

Alles ICH startet auf der niedrigsten Ebene der Materie, welche sinnbildlich die verlangsamteste göttliche Schwingungsfrequenz darstellt. Unsere Aufgabe ist die Entwicklung. Unser Ziel ist es, zum Ursprung zu gelangen, ins Licht hineinzufliegen, uns mit Gott zu vereinigen oder das ICH im Licht aufzulösen, in das Nirwana einzugehen.

Dieser Drang nach Entwicklung, nach Aufsteigen ist in Ost und West, Nord und Süd, in allen religiösen und philosophischen Richtungen als Motiv oder Ziel vorhanden. Es gehört zum allgemeinen Wissensgut der Menschheit. Das Endziel ist das Urprinzip. Es gibt für jeden Menschen einen anderen Weg, der zum gleichen Ziel führt.

Zusammengefaßt (meiner Meinung nach):

Wir sind auf der Erde, um unsere karmische Belastung abzutragen, um uns zu entwickeln und uns dadurch vom Zwang der weiteren Wiedergeburten zu befreien. So lange es nicht so weit ist: Ich zitiere Wilhelm Busch: „Wird man von einem Leben herausgeklopft – hascht man ins andere wieder ʼrein", um weiterzukommen (siehe Farbtafel 8).

206

3. *Methoden der Entwicklung sind die Aufgaben = Grund-Karma*

Methoden zur Entwicklung auf der materiellen Schwingungsebene sind die verschiedenen zu lösenden Aufgaben, Proben,
die zu bestehenden Prüfungen. Dadurch können wir schrittweise immer wieder höher steigen bis zu der Vervollkommnung
oder wie ich gerne sage: Menschwerdung. Aufgaben? Proben?
Prüfungen? Frage: Welche und wie viele sind es, bis wir die materielle Ebene verlassen können?

Diese Frage kann man wissenschaftlich nicht beantworten. Deshalb kann nur ein Denkmodell, „die Schule", behilflich sein, z.B.:
Mein Sohn wird im 6. Lebensjahr in die erste Grundschule (Pri-
marschule) eingeschrieben. Er will Dr. med. Facharzt für Augen-
leiden werden. Wenn diese Entscheidung gefallen ist, ist bereits
bestimmt, was für Schulfächer er zu studieren hat, was für Lehrgänge er besuchen muß, an wie vielen Workshops, Seminaren
er teilzunehmen hat, wie viele Hausaufgaben er zu machen hat,
wie viele Lehrbücher und Fachbücher zu lesen sind, wie viele
und welche Prüfungen und Examen mit Erfolg von ihm abzulegen sind, bis er sein ersehntes Diplom bekommt. Mit anderen
Worten, es ist bestimmt, was für Lehrgänge und Prüfungen er zu
absolvieren hat, bis er sein Endziel erreicht. Wie bei der Reinkarnation, ist die Reihenfolge der Prüfungen nicht festgelegt, ob es
ihm auf den ersten Anhieb gelingt, oder ob er durch mehrere
Wiederholungen eine Prüfung zu bestehen hat, ist ihm freigestellt.

Meiner Meinung nach sind die zu bestehenden Aufgaben – im
„Jenseits aufgelisteten" Soll-Prüfungen – unser *Grund-Karma.*
Die Aufgaben, mit denen wir in jedes einzelne Leben eintreten, sind dagegen unser *Lebens-Karma* oder unsere Lebensaufgabe.

Um die Vervollkommnung zu erreichen, müssen wir sicherlich
Erfahrungen in allen Situationen, die ein Mensch machen kann,
sammeln. So ist es, daß wir einmal als Mann, einmal als Frau le-
ben müssen; einmal als glücklicher Mensch, einmal mit vielen
Existenzproblemen beladen; wir sollen den Wohlstand und die
Armut in verschiedenen Leben erfahren. Wir müssen sicherlich

in einem Leben das Leid, den Schmerz ertragen. Alle – alle Situationen in verschiedenen Rollen müssen wir erleben …
Es ist unmöglich, alle Erfahrungen als Mensch in einem Leben zu erhalten – deshalb brauchen wir viele Leben dazu, um das Gesamtspektrum des Menschen erarbeiten zu können.

4. Motivation des jetzigen Lebens: Lebens-Karma
Meiner Meinung nach haben wir von den vielen noch zu bestehenden Prüfungen einige als Hauptaufgaben unseres jetzigen Lebens selbst gewählt. Diese sind durch den Entwicklungsdrang des ICH's motiviert. Wir können nicht mehr wählen, als wir im Idealfall selbst bewältigen können. Es ist die göttliche Weisheit und Liebe, keine größeren Belastungen oder schwerere Prüfungen zuzulassen, die man nicht überwinden kann. Im Klartext:

> Da wir unsere Aufgaben selbst gewählt haben und von Gott genügend Kraft bekommen haben, alle Schwierigkeiten zu überwinden, ist eigentlich kein Platz und kein Grund für Verzweiflung vorhanden für unlösbare Depressionen, die zum „Es-geht-nicht-mehr" führen und den nichtglaubenden Menschen an den Rand der Verzweiflung oder zum Selbstmord treiben.

Aber die Frage, warum es so viele verschiedene Schicksale gibt, drängt sich immer wieder auf. Die Antwort ist im verschiedenen Entwicklungsgrad des einzelnen ICH sowie in den verschieden gewählten Aufgaben und in den sehr verschiedenen Inszenierungen zu suchen. Deshalb bestimmt das auf Inkarnation drängende ICH die verschiedensten geeigneten Gegebenheiten und führt Regie für die zukünftigen Erdenleben wie Mann oder Frau, Erdteil, Zeit, Nation, Beruf, Sternzeichen, Aszendent, Planetenkonstellationen, soziale Situation, Familienverhältnisse, Erbfaktoren, Schicksalsweg etc. etc. und wartet darauf, bis ein Ei im Mutterleib befruchtet wird, welcher genau dieses selbstgewählte Programm beinhaltet. So wählen wir auch unsere Eltern aus!

5. *Schicksal*

So sind diese Gegebenheiten – meiner Meinung nach – für jeden Menschen vorbestimmt: es ist unser Schicksal. Ich bezeichne alle diese Umstände mit allen Schwierigkeiten, ungelösten Fragen, zu bestehenden Prüfungen als Lebens-Karma.

Im Klartext:

Wir sind in diese Umstände hineingeboren, die wir selbst gewählt haben und für die wir die Regie selbst bestimmt haben. Diese können wir nicht ändern; deshalb soll man das eigene Schicksal akzeptieren als „mein Schicksal meines jetzigen Lebens". Ich sage: „Liebe dein Schicksal, weil es für dich die beste Chance ist, weiterzukommen. Die Hürden sind gestellt, die in Regie vorbestimmten Situationen werden wir erleben."

So ist das ganze Leben ein durch unsere Schicksal-Regie bestimmter Lehrgang. Wir können von allen Situationen, von allen unseren Gedanken und Taten sowie von der Umwelt ständig lernen. Alles ist in unserem Lernprozeß beinhaltet. Wir haben die Möglichkeit, alles für unsere Weiterentwicklung zu nutzen.

Wie wir aber den Situationen in unserem Leben begegnen, wie wir mit den Problemen fertig werden, ist ganz allein unsere Sache.

Wir sind diejenigen, die unser Leben – durch unseren freien Willen und zwischen den Grenzen des Schicksals – selber bestimmen, selber lenken und das beste daraus machen können. Deshalb nannte C.G. Jung diesen Selbstlenkungsmechanismus „Machsal" (anstelle des Begriffs „Schicksal").

Dieses „Machsal" erlaubt es uns, Steuermann unseres eigenen Lebensschiffes zu sein. Aber wie ist es zu steuern?

So können wir – und müssen wir unser Leben so schön, so wertvoll, so sinnvoll wie möglich gestalten. Es liegt an uns, wie wir die von unserem Schicksal offerierten Chancen wahrnehmen bzw. ausnützen.

Wir stehen ständig vor „kleineren" und „größeren" Entscheidungen. Unser Ziel ist es, diese Entscheidungen ganz bewußt zu fällen und uns nicht nur irgendwie treiben zu lassen. Jeder soll erkennen: Hier muß ich mich entscheiden! Ich besitze einen freien Willen. Ich alleine fälle diese Entscheidung!

6. Der freie Wille

Jetzt „liegt es an uns", *wie* wir diese Rennbahn (concours hippique) durchschreiten, *wie* wir an die Probleme herangehen bzw. wie wir sie anpacken.

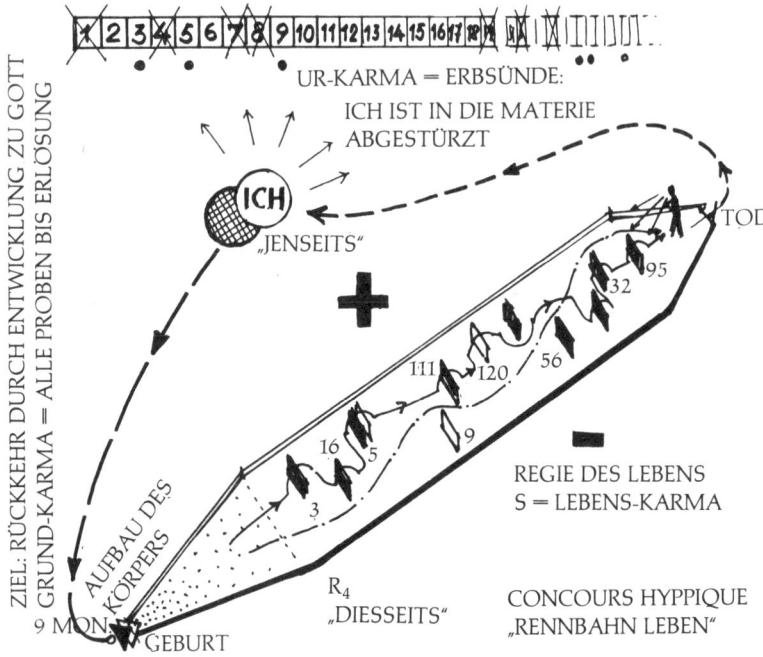

Denkmodell: Geburt … Erweiterung des Tagesbewußtseins bis 6–7 Jahre und Erlangen der Verantwortung, Ausübung der Freie Wille bei der Lösung der Probleme des Lebens. Einengung des physischen Lebens … TOD als Abschluß und als Anfang eines nicht körpergebundenen Existenzes.

Hier ist der freie Wille zu erkennen. Wir können den Problemen ausweichen, die Hürden umgehen, wir können die Probleme durch die Liebe lösen, oder wir können sie durch falsche, lieblose Entscheidung nicht lösen. Der freie Wille ist nur den Menschen eigen. Nur der Mensch kann bewußte Entscheidungen treffen; Entscheidungen, die positiven oder negativen Grundmotivationen entspringen und entsprechend gut oder böse sein können. Wir wissen, daß die Beurteilung aller Entscheidungen anläßlich des Lebensfilmes im Tod nicht nach den gültigen staatlichen Gesetzen oder nach religiösen Ge- und Verboten, nicht nach den Gewohnheiten der Gesellschaft, sondern nach dem „allgemeinen kosmischen Harmoniegesetz der Liebe" gefällt wird. C.G. Jung bezeichnete unsere Entscheidungsungleichheiten als „Machsal", d.h. es liegt an uns, was wir innerhalb der Grenze des Schicksals machen, dann, wie wir uns entscheiden, wie wir unser Alltagsleben lenken, beeinflussen, gestalten.

So haben wir die Verantwortung über alle Gedanken und Entscheidungen zu tragen. Der freie Wille ist eine wunderbare Sache, aber auch gleichzeitig eine große Belastung. Deshalb sollten wir unsere Entscheidungen bewußt im Hinblick auf die Beurteilung treffen. Die Methode ist vorher zu überdenken, ob ich mit meiner Entscheidung mir und anderen Menschen helfe, nütze oder schade. Das Gewissen sollen wir sensibilisieren und auf unsere innere Stimme hören. Sie berät uns immer für das Gute, für das Positive. Sie ist die Stimme der selbstlosen, bedingungslosen Liebe. Sie steht auf einer höheren Schwingungsebene als unser „Ego" mit seinem ausgeprägten Egoismus.

Das große Problem des Menschen ist, das eigene Schicksal zu definieren, dies zu akzeptieren und die Möglichkeiten der Änderung, Lenkung unseres Lebens durch den freien Willen zu erkennen.

So drückt das schöne Gebet dieses Problem aus:

Möge Gott mir die Einsicht verleihen,
das, was ich nicht ändern kann, zu bejahen,
die Kraft, das was ich ändern kann, zu ändern
und die Weisheit, den Unterschied zu erkennen."

7. Neue karmische Belastung oder neue Aufgaben

Die Frage, ob man in einem irdischen Leben durch Fehler, fehlerhafte Entscheidungen, neue karmische Belastungen auf sich nehmen kann, kann ich, nach meiner Erfahrung mit meinen früheren Leben, nur bejahen. Wenn man, unabhängig vom selbstgewählten Lebens-Karma, neue Fehler macht, lieblos ist, Menschen Schaden, Nachteile zufügt, in Selbstmord flüchtet, nimmt man diese neuen Belastungen der gemachten Fehler, d.h. neues Karma auf sich. Im nächsten Leben wird man zusätzlich mit denselben Situationen konfrontiert, erhält dadurch eine neue Chance, das nicht gelöste Problem zu erledigen, eine Probe zu bestehen oder sich in der gleichen Situation zu bewähren. Damit kann man dieses sogenannte NEUE KARMA wieder abtragen. Es ist eigentlich ein Unsinn – aber möglich – in einem Leben nicht weiterzukommen, sondern auf der Himmelsleiter wieder zurückzurutschen.

8. Grundprinzip des Menschen: DIE LIEBE
Was bedeutet die Liebe?
Ich soll mich und auch alle meine Mitmenschen lieben. Das heißt mit anderen Worten: Ich soll mir und allen anderen Gutes tun und niemanden schädigen. Wir sollten unseren Körper, die Seele und den Geist fördern und ihnen keine Nachteile bzw. Schäden zufügen.
Das Prinzip „Ti voglio bene", ist eine wunderbare italienische Ausdrucksweise dafür.
Da ich aber keine Fehler begehen möchte, denke ich bewußt nach, ob meine Entscheidung aus Liebe oder Egoismus erfolgt. Ich muß wissen, daß Gut und Böse im Jenseits anders bewertet werden, als dies die hier für uns geltenden staatlichen Gesetze, religiösen Gebote und Verbote oder allgemeinen Gewohnheiten der Gesellschaft tun. Hauptkriterium ist einzig und allein das allgemeine, kosmische Harmoniegesetz der Liebe.
Ein sehr guter Kompaß (oder Wegweiser) ist unsere innere Stimme, die wir viel bewußter anhören sollten. Wenn nicht…, dann fällen wir fehlerhafte, falsche Entscheidungen. Diese gehören auch zu unserem Lernprozeß…, aber unsere innere Stimme gibt unfehlbare Anweisungen durch intuitive Wahrnehmungen, wie wir uns – wo immer es ist – nur positiv entscheiden sollen.

212

So betrachtet, sehe ich unser Raumschiff „Erde" nicht als Strafkolonie, sondern als eine Schule, ein Trainingslager Gottes, welches alles mögliche bietet, sich weiterzuentwickeln.

Deshalb sollen wir das Leben, ebenso wie den Tod, bejahen und
als Abschluß einer Entwicklungsphase mit der Möglichkeit
einer Neugeburt erkennen.

Unser Ziel ist die Vervollkommnung, die Entfaltung und ein
innerer Reifeprozeß.

Alles Gute und alles Schlechte, dem wir fortwährend begegnen,
sollten wir daher von folgendem Standpunkt aus betrachten:

> Wie kann ich dieses Glück, den Erfolg, oder dieses
> Leiden, einen Verlust, ein trauriges Ereignis etc. für
> meine geistige Entwicklung gebrauchen?

So gesehen, können wir an unserer Menschwerdung ständig
arbeiten und einen Individuationsprozeß, eine Integration des
ICH und SELBST vollziehen.

Darum sehe ich in der Reinkarnation eine große Chance – einen
Gnadenakt Gottes – uns selbst zu erkennen, kosmisch besser zu
leben und unser erweitertes kosmisches *ICH-BIN-ICH-
SELBST-Bewußtsein* zu erarbeiten.

Meiner Meinung nach ermöglicht die Reinkarnation die ganze
christliche Hoffnung, daß wir der ewigen Verdammnis in der
Hölle entgehen können.

So ist die Reinkarnationsmöglichkeit im Christentum ein Gnadenakt Gottes.

Schön drückt sich Hermann Hesse aus:

NEUES ERLEBEN
Wieder sah ich Schleier sinken
Und Vertrautes wird fremd,
Neue Sternenräume winken
Seele schreitet traumgehemmt.
Abermals in neuen Kreisen
Ordnet sich um mich die Welt,
Und ich sah mit eit'len Weisen
Als ein Kind hineingestellt.

Doch aus früheren Geburten
Zuckt entfernte Ahnung her:
Sterne sanken, Sterne wurden,
Und der Raum war niemals leer.
Seele beugt sich und erhebt sich,
Atmet in Unendlichkeit,
Aus zerriss'nen Fäden webt sich
Neu und schöner Gottes Kleid.

So führt also unser Weg zu Gott durch viele Inkarnationen, währenddessen wir die verschiedenen Schöpfungsebenen erfahren und durchdringen. Diese Ebenen stimmen mit der mehrfachen Struktur des Menschen überein.

Es scheint mir irgendwie konsequent und logisch, die mehrfache Struktur des Menschen, die durch willkürlich gewählte Ebenen bezeichnet ist, in eine System-Struktur einzuordnen. Dabei gibt es aber Schwierigkeiten: Welche Zahl sollen wir als charakteristische Strukturzahl nehmen? – Spontan dachte ich damals an die Zahl 7.

Wenn wir diese Struktur studieren, verblüfft uns ihre Logik, Einfachheit und Verständlichkeit. Sie kann der Struktur der Welt entsprechen, die aus 7 Ebenen bestehen kann, die jeweils 7 Stufen beinhalten. Alle diese Ebenen, Sphären, Zonen, sind spezifischen Prinzipien zugeordnet und enthalten ganz spezifische Probleme.

Unser Weg zu Gott ist das mühsame Bestehen aller Proben auf allen Ebenen; mit anderen Worten: die einzelnen Ebenen von unten nach oben zu durchdringen, indem man das entsprechende Prinzip versteht, die dort gestellten Probleme löst und sich so einen Durchgang verschafft. Nach jeder Ebene erfolgt eine Promotion. Das ICH hat die Prüfungen bestanden. Es braucht nicht zu repetieren, sondern kann auf eine höhere Ebene aufsteigen, um dort wieder an die vorgeschriebenen Prüfungen heranzugehen. Es gibt natürlich auf jeder Ebene wieder Repetitionen, wenn das dort vorgeschriebene Aufgaben-Soll nicht auf einmal erledigt werden kann.

Meiner Meinung nach muß das ICH auf jeder Ebene Rechenschaft ablegen, bevor es zum Übertritt auf eine höhere Ebene promoviert wird. Dies erfolgt in einer Zwischenphase zwischen den beiden Ebenen. In dieses Denkmodell paßt also der körperliche Tod sehr gut hinein. Während des Todes wird das ICH erfahren, ob es wieder auf die materielle Ebene zurückkommen soll, oder ob dies nicht mehr nötig ist. Deshalb definiere ich den Tod einerseits als „Zwischen-Tod" (Sipa-Bardo), wenn das ICH sich wieder reinkarnieren muß, und als „Promotions-Tod", wenn es durch den Tod diese Ebene endgültig verlassen und in höhere Sphären eingehen kann.

Diesen Gedanken entsprechend, muß das ICH 7 Promotions-Tode durchschreiten und in jedem eine Form der Manifestation ablegen. Wir müssen 7 Tode sterben, bis wir zu Gott zurückkehren können. So kann es sich nach und nach von den Belastungen auf den einzelnen Ebenen befreien. Jeder Promotions-Tod ist also eine Befreiung, eine Erleichterung. Das ICH kann durch 7 Promotions-Tode immer näher und höher zu Gott gelangen und immer wieder etwas, eine Manifestationsform ablegen, bis es schlußendlich keine charakteristischen Eigenschaften mehr hat, sondern gottähnlich geworden ist und sich dann mit Gott vereinigen kann. Alle Manifestationsformen mit spezifischen Eigenschaften bilden die Persönlichkeit, welche sich um so egoistischer und ausgeprägter zeigen, je tiefer das ICH noch ist. Im Gegenteil: je höher ein ICH gestiegen ist, desto weniger hat es seine ehemalige Persönlichkeit, sein Ego, mitgenommen.

III. Teil

Struktur des Menschen

14. Mehrfache Struktur des Menschen

Wenn wir uns über die Struktur des Menschen Gedanken machen wollen, müssen wir gleich festhalten, daß immer von „mehrfacher Struktur" die Rede sein wird. Damit soll betont werden, daß der Mensch nicht nur aus seinem Körper besteht, sondern es gibt noch verschiedene andere, sogar viel wichtigere und beständigere Wesensglieder oder Bestandteile, als den vergänglichen, nur für kurze Zeit benutzten Körper. Von diesem Standpunkt aus ist es auch interessant, Wesensglieder zu erkennen und zu definieren, um die verschiedenen Funktionen, die in ihrer Summe, in der Gesamtheit, den Mensch als Mensch charakterisieren, zu verstehen.

Es geht um die Ganzheit, um die Gesamtheit, die wir immer wieder betonen. In diesem Sinne können wir wieder zu unserem Denkmodell *ICH-Trichter* zurückgreifen. Dort sehen wir ganz deutlich, daß eigentlich alle Manifestationen aus der einzigen Kraft durch „Frequenzmodulation" entstehen. Der Trichter hat eine hyperboloid-ähnliche, kontinuierlich zusammenhängende Fläche, welche keine Stufen, keine Anomalien aufweist, so daß man keinen Teil vom anderen unterscheiden kann. Alles ist eine Einheit; alle Flächenteile gehen stufenlos in die angrenzenden Flächenteile über. Morphologisch ist keine Struktur zu erkennen.

Wenn wir aber dieses einheitliche Gebilde näher untersuchen wollen, können wir versuchen, den Trichter durch horizontale, parallele Ebenen theoretisch in Scheiben zu schneiden und jede einzelne dieser Scheiben oder krummen Zylinder analytisch studieren. Bei dieser Methode werden dann Qualitätsunterschiede zwischen den durchschnittlichen mittleren Frequenzen der einzelnen Scheiben erkennbar. Es ist auch selbstverständlich, daß unsere Qualitätsuntersuchung um so feiner ausfällt, je „dünner" die einzelnen Scheiben sind. Die grobe Teilung hingegen ist durch Pauschal-Betrachtung, Schematisierung, mit wachsender Fehlermöglichkeit verbunden.

Grundsätzlich müssen wir feststellen, daß der Mensch eine einheitliche Struktur (morphologisch z.B. *ICH-Trichter* als Denkmodell), aufweist; aber weil diese durch die verschiedenen Frequenzen aus derselben göttlichen Ur-Energie entstehen, können wir sie als verschiedene Bestandteile, Strukturen, wahrnehmen. Man kann es so formulieren, daß der ganzheitliche Mensch 2, 3, 4, 7 oder mehr charakteristische Strukturen besitzt, die dann nur als die einzelnen Wesensglieder oder Bestandteile des Menschen verstanden werden können. Die synthetische EIN-HEIT besteht aus analytisch erfaßbaren Teilen, Qualitäten oder Strukturen dieser Einheit, d.h. wir können von einer mehrfachen Struktur des Menschen sprechen.

Es sind viele Hypothesen der Deutungen dieser mehrfachen Struktur möglich. Wir wollen versuchen, im nächsten Kapitel die wichtigsten miteinander zu vergleichen.

Für mich ist meine Erfahrung wichtig, weil ich alles aus dieser Quelle schöpfe, und ich versuche immer wieder, als ganzer Mensch für mich diese Erkenntnisse irdisch zu formulieren. In diesem Zusammenhang muß ich wieder darauf hinweisen, daß es mir sehr schwerfällt, für die Beschreibung oder Wiedergabe meiner Erlebnisse die richtigen Worte zu finden, weil ich kein Fachmann bin; solche und ähnliche Begriffe sind mir nicht geläufig. Besonders schwierig ist es auch, weil diese Begriffe in der Literatur nicht einheitlich gebraucht werden. Es sind so viele Interpretationen und Deutungen im Umlauf, daß eigentlich keine klare Definition aus diesem allgemeinen Wirrwarr erkennbar ist. Deshalb ist für mich die EIN-HEIT wichtig, die alle Frequenzen beinhaltet.

Das Prinzip des Menschen kann nur in der Synthese erahnt werden. Die Teile der EIN-HEIT dürfen nicht separat, sondern müssen immer als Teil des Ganzen studiert werden. Die Teile werden von den verschiedenen Fach-Schulwissenschaften erforscht; die Ganzheit können wir nur in den Wechselwirkungen der Teile in einer Synthese philosophierend erfassen. Diese Gedanken widerspiegeln sich in dem Spruch von Descartes (1546–1650), wenn er sagt:

„Wer ernsthaft die Wahrheit der Dinge ergründen will, darf sich keiner einzelnen Wissenschaft verschreiben, denn alle Teile der Wissenschaft stehen im Verbund wechselseitiger Abhängigkeit."

Wenn wir analytisch vorgehen, müssen wir feststellen, daß wir Menschen eine innere Struktur haben, welche nebst unserem lebenden Körper viele andere Funktionen der Seele und unseres Geistes, d.h. meines ICH's, beinhaltet. Jede dieser Strukturen hat ein Prinzip und ist einer entsprechenden Stufe, einem Plan, einer Idee, einem Programm, einer Existenzebene, einer Schwingungsart, einer Realität zugeordnet; aber alle zusammen sind von einem „Allmächtigen Baumeister der Welten" in einem großartigen Plan, einer umfassenden Idee, einem Gedanken, zusammengefaßt.

Es war sehr merkwürdig, daß ich diesen energetischen *ICH-Trichter* in Farben gesehen und darin sieben Farben definiert habe, welche vom Spektrum in sieben gleichmäßigen Abständen bestimmt werden können. Diese entsprechen den mittleren Frequenzen der einzelnen Scheiben oder Zylinder des *ICH-Trichters*, und gehen vom Infrarot bis zum Ultraviolett durch alle Regenbogenfarben. Das tiefe Rot, welches für mich das Symbol für Materie ist, geht in meiner Vision über in Schwarz, welches eigentlich das Prinzip der Farblosigkeit darstellt (schwarz ist Mangel an Farbe), und deshalb in spiegelbildähnlicher Vorstellung die Anti-Materie symbolisiert. Über der violetten Farbe wird von mir eine Intensivierung der Farbskala angenommen, welche durch Zumischung der weißen Farbe erreicht wird. Daraus ensteht die rosarote Farbe, welche schlußendlich in die weiße übergeht: Symbol der Vollkommenheit, der EIN-HEIT, Symbol Gottes (siehe 2. + 3. Farbtafel).

Es ist zu bemerken, daß es dem Menschen seit Urzeiten bewußt ist, daß er eine aus vielen Teilen zusammengesetzte Einheit ist, welche verschieden definiert werden kann. So war es auch schon in den atlantischen oder lemurischen Religionen, in Indien bei den Rischis, im alten Ägypten, im alten China..., bis heute, daß man versucht, mit wissenschaftlichem Denken die mehrfache Struktur des einheitlichen Menschen zu erforschen. Alle Teile aber können wir nur durch die „Erkenntnis" wieder zur Einheit zusammenfügen. Die Erkenntnis war vor 2000 Jahren auch die Grundlage der Gnosis – das esoterische ganzheitliche Denken im Gegensatz zum exoterischen Denken unserer Schulwissenschaften. So sollte man also den Menschen als Ganzheit im Innern erleben, anstatt seine Bestandteile rein analytisch zu erfassen.

*

Versuchen wir nun, die Teile des *ICH-Trichters* mit allen Vorbehalten, was die Einheit betrifft, zu charakterisieren und dann in eine Einheit zu integrieren, aufgrund meiner Erfahrungen im körperlosen Zustand. Es sind im Laufe der Zeit verschiedene Auffassungen der Aufteilung des energetischen *ICH-Trichters* entstanden (Abbildung nächste Seite).

A. Zwei-Teilung
Die gröbste Teilung kann aufgrund der menschlichen Grunderfahrung von Sein und Nicht-Sein erfolgen.
Was ist beständig und was ist vergänglich beim Menschen? So erfolgt dann die Teilung in den Bereich (β) des Lebens – wenn diese Energien gedrosselt und die noch in den Zellen vorhandene Lebensenergie aufgebraucht wird. Dann ist die Trennung zwischen

 I. sterblichen und

II. unsterblichen Teilen, Wesensglieder des Menschen, vollzogen (Abb. A). In der Bibel, im Alten Testament, ist auch von Körper und „Seele" die Rede, wo die „Seele" in unseren Übersetzungen als das unsterbliche Prinzip verstanden werden soll. Der Leib ist aus Materie, symbolisch aus Erde, Lehm, geschaffen worden, und er wird belebt, „beseelt", indem Gott ihm die unsterbliche Seele einhaucht ..., so wird es in der Genesis beschrieben. Deshalb sagt die Kirche: „Memento homo quia pulver es et in pulverem reverteris" – denke Mensch, daß du aus

σ + τ = ω = das ICH = ICH-BIN-ICH-SELBST-Bewußtsein

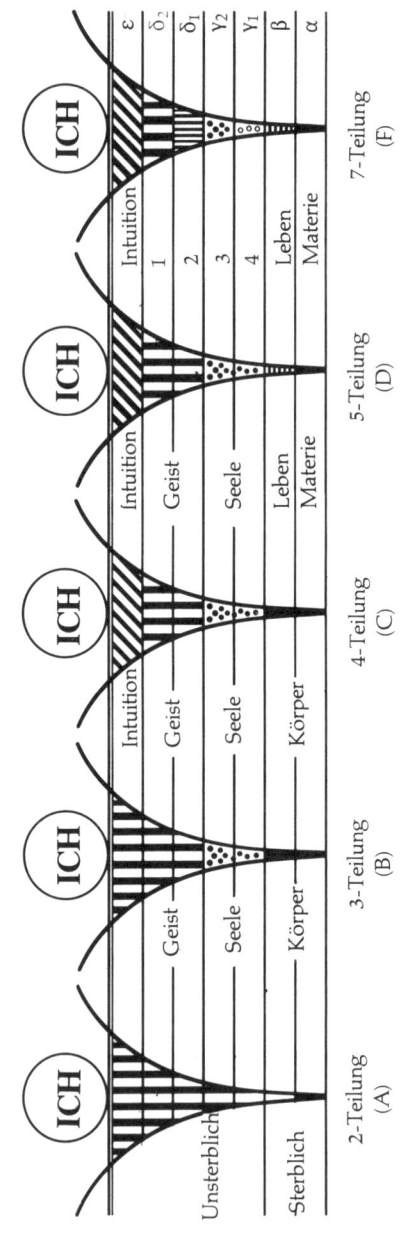

Staub bist und in Staub zurückkehren wirst; wobei im Neuen Testament immer wieder betont wird, daß die „Seele" unsterblich sei, weil sie direkt von Gott stammt und auch wieder zu ihm gelangen wird, sobald die Vollkommenheit erreicht worden ist. Die rituellen Bestattungen, die wir Menschen seit 70 000 Jahren praktizieren, bezeugen, daß das „Leben" nach dem körperlichen Tod, mit anderen Worten eine Weiterexistenz des unsterblichen Prinzips des Menschen, ein uraltes Gedankengut des Menschen ist.

Diese Aufteilung ist – obwohl sehr vereinfacht – zutreffend. Ich habe im ausgetretenen Zustand meinen sterblichen Leib bereits als Leiche auf der Straße liegend, gesehen, und ich wußte, daß ich nicht diese Leiche bin, ich identifizierte mich nicht mehr mit meinem „ehemaligen Körper". Ich wußte, daß ICH weiterhin bin, daß ich unsterblich bin, daß mein ICH ist, auch ohne Körper. Diese Teilung symbolisiert das materielle Prinzip, in das wir hineingestürzt oder eingeschlossen sind, bis uns der körperliche Tod aus dieser Zwangsjacke befreit. Dieser ist wie eine Wiedergeburt in das ur-sprüngliche „Zuhause", welches die nichtmaterielle Welt ist. So hat diese Zweiteilung einen ganz tiefen Wahrheits- und Symbolgehalt.

Die wichtigste Erkenntnis für mich war, daß mein ICH, meine Entität, meine Persönlichkeit, unsterblich ist, da sie göttlichen Ursprung hat. Im Tod sind wir nicht vernichtet, ausgelöscht, sondern bestehen mit allen bisher entwickelten Eigenschaften weiter, so daß beim ICH eine Kontinuität verzeichnet werden kann. Wir können also von einem kontinuierten Bewußtsein sprechen, das auch kosmisch ist.

B. Drei-Teilung

Es ist ebenfalls eine alte Tradition, den Menschen als ein dreiteiliges Wesen aufzufassen. In unserer christlichen Welt reden wir von

I.   dem lebenden Körper ($\alpha + \beta$)
II. der Seele ($\gamma = \gamma_1 + \gamma_2$)
III. dem Geist ($\delta + \varepsilon = \delta_1 + \delta_2 + \varepsilon$)

Im Vergleich zur Zweiteilung ist damit die dortige „Seele" differenziert als Seele und Geist, wobei die Seele dem emotionellen Gefühlsprinzip, und der Geist dem höheren, logisch denkenden, geistigen Prinzip entspricht. Für mich ist diese Vereinfachung: Körper/Seele/Geist viel zu ungenau, weil im Geist sinngemäß alle geistigen und höheren Funktionen enthalten sein sollen, inklusive die Fähigkeit, Intuitionen aus der Transzendenz wahrzunehmen. Auch die Seele weist viele verschiedene Funktionen auf. Die auch vom heiligen Paulus benutzte Dreiteilung kann jedoch als Vereinfachung nützlich sein.

C. Vier-Teilung

Wenn man die wichtigen Funktionen des Menschen zusammengefaßt charakterisieren will, gelangt man zur Vier-Teilung, welche ein besseres Verständnis für das Problem Mensch liefert. Gegenüber der Drei-Teilung ist hier der Intuitive Rezeptor als charakteristische „oberste" Region des *ICH-Trichters* zu erkennen, den ich als sehr wichtigen, für uns Menschen entscheidenden Funktionsbereich erlebt habe. Hier vollzieht sich die Öffnung zur Transzendenz. Durch diesen Bereich erhalten wir die Führung, ob wir es wahrnehmen oder verdrängen. So ist für mich die Vier-Teilung ein gutes, brauchbares, vereinfachtes Denkmodell:

I.   Lebender Körper ($\alpha + \beta$)
II. Seele ($\gamma_1 + \gamma_2$)
III. Geist ($\delta_1 + \delta_2$)
IV. Intuitiver Rezeptor (ε)

D. Fünf-Teilung

Wenn man die unterste Stufe genau analysiert, kann man im lebenden Körper wieder zwei verschiedene Manifestationen der Ur-Energie erkennen: Die leblose Materie, der Stoff, aus welcher unser Leib oder die Leiche besteht (ca. 78% Wasser und ca. 22% andere chemische Verbindungen), und die Lebensenergie als neue Qualität. Dementsprechend ist diese Fünfteilung für mich sehr brauchbar:

I.   Materie (α) = SOMA, MATTER
II. Leben als Qualität (β) = BIOS
III. Seele ($\gamma_1 + \gamma_2$) = PSYCHE
IV. Geist ($\delta_1 + \delta_2$) = PNEUMA
V.   Intuitiver Rezeptor (ϵ) = REZEPTOR

Für mich ist diese Differenzierung der leblosen, materiellen Aufbaustoffe von der durch Lebensenergie belebten Materie sehr wichtig. Ich habe nämlich erfahren, was die Lebensenergie ist, und daß die leblosen, chemischen Substanzen schlußendlich als Leiche zurückbleiben, die Aufbaustoffe für die lebenden Zellen sind.

E. Sechs-Teilung

Diese war für mich im körperlosen Zustand keine besondere Erkenntnis, deshalb unterlasse ich die entsprechende Analyse.

F. Sieben-Teilung

Das wichtigste Erlebnis, welches ich als Wahrheit oder Realität empfunden habe, war die Sieben-Teilung, die für mich heute noch ein brauchbares Modell darstellt. Die sieben, annähernd zylindrischen Scheiben entsprechen dabei den sieben Bewußt-seins-Stufen oder den sieben charakteristischen Frequenzbereichen. Wenn wir die diesseits der Grenze der Transzendenz, d.h. noch in der materiellen Raum/Zeit-Welt stattfindenden Manifestationen betrachten, ist für mich die folgende Sieben-Teilung das Arbeitsmodell:

I.   Materie (α) = SOMA   = welche statisch ist
II. Leben (β) = BIOS   = welches dynamisch lebt und wahrnimmt
III. niedrige Seele (γ_1)   = welche empfindet und instinktiv reagiert
IV. höhere Seele (γ_2)   = welche Begierden und Emotionen entwickelt
V.   niedriger Geist (δ_1)   = welcher konkret denkt und Intelligenz besitzt

VI.	höherer Geist (δ_2)	= welcher als höherer
		Intellekt fähig ist, logisch
		und abstrakt zu denken,
		planen
VII.	Intuitiver Rezeptor (ϵ)	= welcher die Öffnung
	„die Brücke"	gegenüber Gott ermöglicht

Diese Kraftfelder entsprechen den typischen Bewußtseins-Ebenen, die wir in Kapitel 7 ausführlich behandelt haben.

So versuchen wir, die 7teilige Struktur zu analysieren bzw. die verschiedene Manifestation der einzelnen Strukturteile, Schwingungsebenen, mit anderen Worten, Bestandteile des Menschen zu definieren.

Da die Flächen des *ICH-Trichters* keine Anomalien aufweisen und ein von mir als „Bereich" willkürlich bezeichneter Ring oder hyperbolische Zylinderfläche stufenlos in die benachbarte, anschließende Fläche übergeht, scheint es mir richtig zu sein, die entsprechenden Eigenschaften der Mittellinie zu untersuchen und als charakteristische Manifestationen für den ganzen „Bereich" anzunehmen. Diese Mittellinien bestimmen dann die „Flächen", „Kraftfelder", die gewisse definierbare Frequenzen aufweisen.

Die Analyse der „Bereiche" erfolgt durch die Bestimmung dieser charakteristischen Manifestationen oder Strukturen der Mittellinie der entsprechenden Ebene, die von den benachbarten Ebenen differenziert werden können (Tabelle A).

In der Tabelle sind die Entsprechungen (horizontal) der einzelnen Trichter-Ebenen aufgrund von 24 Gesichtspunkten oder Grundprinzipien (vertikal) zusammengestellt. Als Grundlage habe ich die Sieben-Teilung angenommen, welche mir von den *ICH-Trichter*-Erlebnissen die eindrücklichste Erinnerung hinterlassen hat.

Wir werden diese 24 Gesichtspunkte kurz beschreiben:

I. Die 7 Wesensglieder oder Bestandteile des Menschen
In der Schöpfung erkenne ich 7 Ebenen oder Bestandteile, We-

226

sensglieder des Menschen (1–7). Über der Schwelle der Schöpfung und der Transzendenz erspürte ich noch mehrere Stufen, die ich in drei Ebenen zusammenfasse (8, 9, 10). Es scheint mir interessant, daß ich dadurch auf die Zahl 7 + 3 = 10 komme, welche numerologisch die Zahl der Vollkommenheit, und deren Quersumme 1 = die EINHEIT von allem die oberste Stufe bezeichnet (siehe Abbildung nächste Seite).

II. Bezeichnungen der einzelnen Bestandteile, Ebenen
Hier ist es wesentlich, daß ich die intuitive Ebene als „Rezeptor" bezeichnete, um zu verdeutlichen, daß wir eine Empfangsstelle, eine Brücke, eine Türe, einen Kanal zwischen „Diesseits" und „Jenseits", einen Übergang von den geschaffenen Sphären zur Transzendenz haben. Die drei transzendentalen Ebenen bezeichnete ich nach der Erkenntnis unseres Entwicklungsweges:
Ebene der Selbstfindung (Σ)
Ebene der kosmischen Erleuchtung (T)
Ebene der Vereinigung mit Gott = höchste göttliche Ebene (Ω)

III. Symbolische Bezeichnung der Ebenen
Die in der Wissenschaft bereits eingeführten α-, β-, γ-, δ-Symbole (nach Dr. A. Resch/B. Heim), mußte ich in den seelischen Bereichen (γ) und in den geistigen Sektoren (δ) aufteilen, um die differenzierten feinen Funktionen, Attribute, Manifestationen, besser charakterisieren zu können. Für die Ebene der Intuitionen habe ich ε-Zeichen gewählt. Für die drei Transzendentalen Ebenen habe ich die Symbole Σ (Selbstfindung), T (kosmische Einheitsfindung) und Ω (Gott-Findung), gewählt.

IV. Farben-Entsprechungen
Die Teile der Trichteroberfläche erschienen bei mir in stufenlos ineinandergehenden Regenbogenfarben. So sind bei jeder Stufe oder Schwingungsebene charakteristische Farben zu erkennen. Diese reichen von den untersten Stufen der Materie schwarzrot, bis zum transzendentalen hell-weißen Licht. Die Frequenzbereiche sind im Spektrum des Infrarot (800 µm) bis zum Ultra-

Untersuchte Ebene nach 7-Teilung des *ICH-Trichters.*

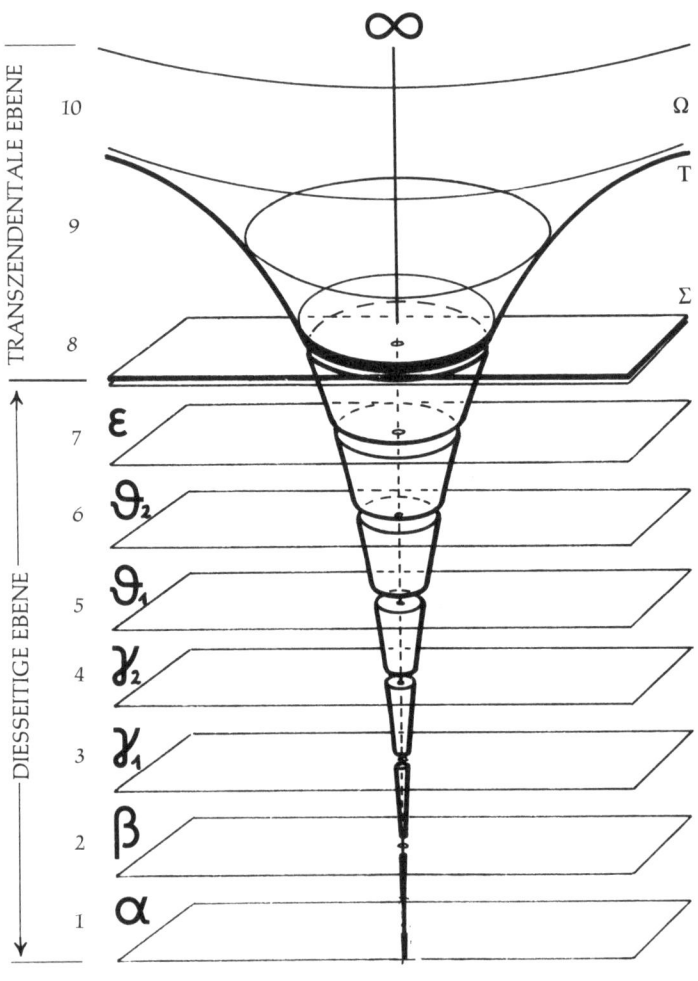

violett (400 µm) einzuordnen. Im transzendentalen Bereich wird dieses Violett immer mehr vom weißen Licht erhellt, und so geht dieses Rosa dann über in ein hell-leuchtendes Weiß. Dieses weiße Licht enthält dann, als Symbol der EINHEIT, alle Farben, die überhaupt erkennbar sind. Es ist leuchtend, strahlend und nicht blendend.

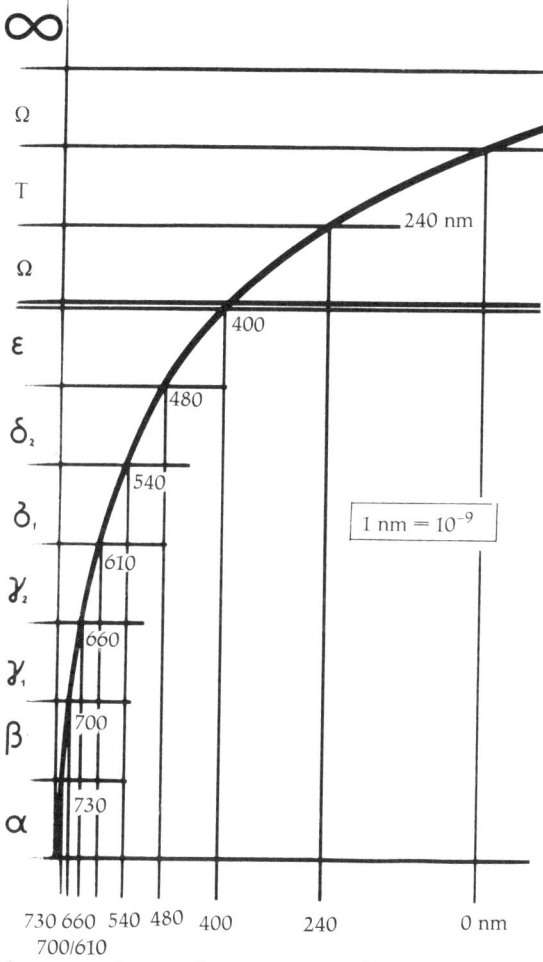

Farbenentsprechungen der *ICH-Trichter*-Sektoren.

V. Allgemeine Bezeichnung der Ebenen
Für die allgemeine Bezeichnung der Ebenen dient die grobe Einteilung der Wesensglieder des Menschen, ergänzt mit der transzendentalen Ebene der ICH-SELBST → KOSMOS → GÖTT-LICH-Prinzipien.

VI. Sektoren des Trichters
Wenn wir die Trichteroberfläche betrachten, können wir drei charakteristische Haupt-Sektoren erkennen, die den Grundprinzipien der Gesamtstruktur des Menschen entsprechen, wie: physisches Prinzip, metaphysisches Prinzip und transzendentales Prinzip. Die Unterteilung entspricht den Kolonnen V.

VII. Stufen des Bewußtseins
Hier präsentiert sich eine Entwicklung des Bewußtseins vom materiebezogenen Bewußtsein bis zum ICH-BIN-ICH-Bewußtsein, der Öffnung zur Transzendenz und den drei weiteren Stufen als Weg zu Gott. Das ICH-Prinzip des Menschen – als Ganzheit – wirkt auf den transzendentalen Ebenen: ICH-BIN-ICH-SELBST, ICH-BIN-KOSMISCH, ICH-BIN-GÖTTLICH …

VIII. Typische Manifestationen
In den Ebenen 1–7 sind die bekannten Manifestationen aufgeführt, die dann in der Transzendenz von den wichtigen Manifestationen des ICH ergänzt werden: Entscheidung und Wille als 8. Stufe, kosmisches Urteil als 9. Stufe und mit der alles überragenden Gottesliebe als höchstes Prinzip auf der vollkommenen 10. Stufe.

IX. Typische Aktivitäts-Prinzipien
Mit dem in diesen Kolonnen aufgeführten Material versuchen wir, die typischen Aktivitäten, die sich auf den entsprechenden Stufen abspielen, zu definieren. Ihr Ziel ist die Selbstentwicklung auf den verschiedenen Stufen.

X. Die wirkenden Kräfte

Jede Ebene entspricht einem Kraftfeld mit spezifischen Frequenzen. Es ist unbestritten, daß alles ein Potential hat, und, je nachdem auf welch hoher Ebene es wirkt, desto stärker kann es sein.

Ich muß hier bemerken, daß ich die Kräfte der Materie nicht analog zu den heutigen wissenschaftlichen Forschungsergebnissen (starke und schwache elektromagnetische Kräfte, elektromagnetische Kräfte und Gravitation) erkannt habe, sondern vereinfacht als Gravitationskräfte und elektromagnetische Kräfte erahnt habe. Für mich gibt es zwei „Gravitationskräfte":
I. Makrokosmische (herkömmliche) „Gravitationskräfte", und
II. Mikrokosmische (atomare, nukleare) „Gravitationskräfte".
Diese beiden bilden die Struktur der Makro-Materie des Kosmos und der Mikro-Materie der Atome.

XI. Fähigkeiten, Programme des ICH's

Diese Kolonne ist der Versuch, die charakteristischen Fähigkeiten des ICH's, d.h. von mir selbst, zusammenzustellen und in die verschiedenen Ebenen einzuordnen. Man könnte diese Fähigkeiten mit einem modernen Computer-Programm (Soft ware) vergleichen, welcher von den materiellen Ebenen her immer komplizierter, kompakter ist. Die Fähigkeit entwickelt sich immer in der Richtung des Selbst-Programmierens; zuerst quasi „unbewußt", automatisch, wie bei der Materie – bis alles voll bewußt abläuft, wie bei den Entscheidungen aufgrund des freien Willens auf der vollkommenen und integrierten ICH-SELBST-Bewußtseinsstufe.

XII. Charakteristische Aktivitäten

Um in der Arbeit weiterzukommen und sich schlußendlich auf der höchsten Ebene (Ω) mit Gott vereinigen zu können, sind auf jeder Ebene charakteristische Aktivitäten zu erkennen – welche aber gemäß der Struktur des *ICH-Trichters* stufenlos in die benachbarten Ebenen hineinreichen. Wir haben versucht, diese einzuordnen. Sie sind auch als Arbeitsmethode aufzufassen, mit deren Hilfe das Ziel, die Vervollkommnung, angestrebt werden kann.

XIII. Charakteristische Aufgaben

Die Fähigkeiten entsprechen auf allen Ebenen den Aufgaben, den Proben des Lebens. Das ICH soll alle diese Aufgaben erfüllen, dadurch die entsprechende Ebene erkennen und deren Probleme lösen. So wird das ICH jede Ebene durchdringen und sich dadurch befreit, den Weg zur Vervollkommnung beschreiten. Wenn die Aufgaben auf der entsprechenden Ebene gelöst werden, dann ist diese Stufe „ausgelernt", die dortigen Proben wurden bestanden, und das ICH erhält eine Promotion, um auf der nächst höheren Stufe weiterzuwirken.

Hier kann man die Stufen der Entwicklung erkennen. Auf den Ebenen 1–7 erfährt das ICH, daß alles ein Lehrgang ist, und nach den bestandenen Prüfungen auf der 8. Ebene erfährt es sich SELBST. Damit ist die Menschwerdung vollzogen, der Individuationsprozeß (nach C.G. Jung) abgeschlossen. Auf der 9. Ebene erkennt das ICH die Einheit von Makro- und Mikrokosmos. Es fühlt sich eins mit dem ganzen Kosmos – es ist kosmisch geworden. Die höchste Stufe bedeutet : Loslösung vom Kosmos – Austreten aus der Schöpfung, Aufgeben der Persönlichkeit des eigenen ICH's, zurückkehren zum UR-Sprung – sich in Gott auflösen, wieder mit IHM EINS-SEIN.

Grundsätzlich wird die Menschwerdung dann vollzogen, wenn das ICH, d.h. alles, was ich bin, die Integration von allen Strukturen, allen Bestandteilen, allen Wesensgliedern des Menschen erkennt, reinigt, von Lasten befreit und alles in sich vereinigt – dann kann es sich selbst erkennen und SELBST sein. Das ICH ist dann fähig, alle seine Wesensglieder zu lenken, zu kontrollieren und je nach den Entscheidungen des freien Willens zu steuern, welche, als gereinigtes Prinzip, immer aufgrund der Liebe getroffen werden. Das ICH kontrolliert alles = sich selbst. So erreicht das ICH einen ADAM-KADMON-Zustand.

XIV. Charakteristische innere Erlebnisse

Diese inneren Zustände oder Erlebnisse entsprechen den Zielen, Aufgaben, Fähigkeiten und Möglichkeiten des ICH's auf den einzelnen Sektoren oder Ebenen. Die sind nach dem bishergesagten verständlich.

XV. Charakteristische Funktionen

Hier werden kurz diejenigen Funktionen dargestellt und zusammengefaßt, die das Wirken eines Menschen charakterisieren. Diese sollen wir bewußt erkennen, erleben und damit für unsere Entwicklung gebrauchen.

XVI. Stufen der Person

Es gibt eine Entwicklung der Persönlichkeit von der Materie bis zum transzendentalen ICH. Wir denken dabei an das Prinzip, daß jedes Teilchen der Materie eine Entität besitzt. Dieses Grundprinzip wird heute immer mehr durch die Anomalien in atomaren Vorgängen untermauert und begründet. Wenn ein Atom-Teilchen eine – allerdings sehr begrenzte – Möglichkeit hat, entsprechend erforschten, physikalischen Gesetzen „normal" – oder diesen nicht konform, „abnormal", als Ausnahme – zu reagieren, dann muß man diesem ein Bewußtsein, eine Persönlichkeit, eine Entscheidungsmöglichkeit zuschreiben. Von dieser mikrokosmischen Persönlichkeit – die andererseits ein Makrokosmos sein kann – ausgehend, ist eine Entwicklung von den lebenden Zellen, Zellgruppen, Pflanzen, Tieren ... zum Homo erectus, dem „Tiermenschen", über den Homo sapiens bis zu uns, dem Homo sapiens sapiens festzustellen.

In den Tabellen haben wir dementsprechend als „Person Mensch" die Integration der 7 Bestandteile, Wesensglieder bezeichnet. Alles zusammen trägt natürlich dazu bei, eine Person, ein Individuum, einen Menschen mit charakteristischen, persönlichen Eigenschaften, Reifegrad, Lebensaufgaben, Veranlagungen, Problemen usw. zu bilden.

So wird es auch verständlich, daß, falls im Tod die erste materielle Ebene abgetrennt wird, die Energien der zweiten Ebene des Lebens aufhören zu fließen, die verbleibenden 5 Bestandteile des ICH's eine körperlose Persönlichkeit, eine Wesenheit bilden, die weiterhin besteht.

XVII. Entsprechungen der vier Elemente

Es ist ein uraltes Wissen, daß die Lebensenergien, die die Materie für die Lebensfunktionen anspornen, entsprechend vier Prinzipien wirken. Diese werden nach den alten Traditionen „Elemente" genannt. Es sind dies:
– die starre, feste, grobstoffliche ERDE,
– flüssiges, überall durchdringendes, feinstrukturiertes WASSER,
– aufflammendes, oft zügelloses, oft sich auslöschendes FEUER, und
– die überall anwesende, lebensspendende, ätherische LUFT.
Die Sektoren des Trichters entsprechen diesen 4 Elementen, die sich in der Schöpfung manifestieren. In den höheren Sphären der Transzendenz spürte ich ein fünftes „Element" wirken: das LICHT.

XVIII. Chakra-Entsprechungen

Die sieben Chakren sind Energiekonzentrationen der Kraftfelder der einzelnen Ebenen und so die Transformatoren der Lebensenergien, deshalb müssen sie in der energetischen Struktur des Menschen auch Entsprechungen haben. Diese Entsprechungen sind für die Gesundheit von eminenter Bedeutung. Krankheitsdiagnosen und Therapien können auf die Entsprechungen abgestützt werden. Hier sei die Verbindung der Chakren mit den Farben erwähnt und mit den Farbtherapiemöglichkeiten bei Erkrankungen der verschiedenen Organe, die bekanntlich den einzelnen Chakren zugeordnet sind. Die energetische Struktur des Menschen ist die Grundlage für das Verstehen von Gesundheit und Krankheiten, die hier in den Gesamtaspekten des Menschen dargestellt verstanden werden können. Ich habe diese Chakren als farbige, rotierende Energieballungen erlebt.

234

GOTT

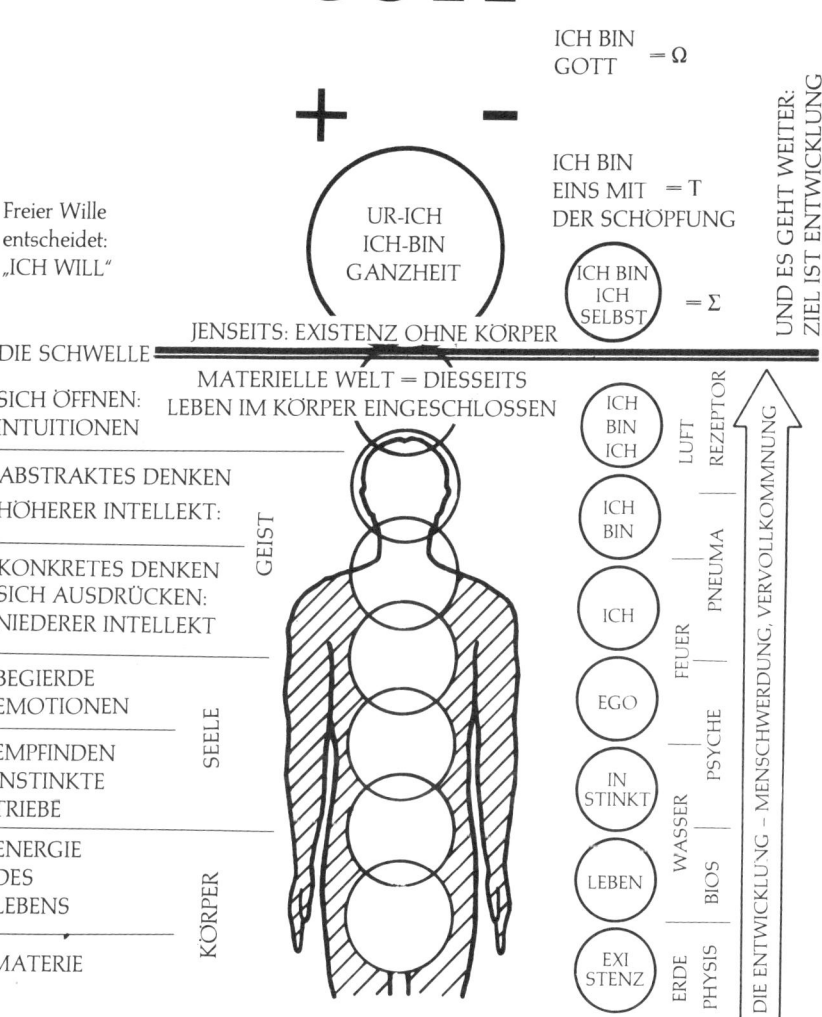

ICH BIN
GOTT $= \Omega$

ICH BIN
EINS MIT $= T$
DER SCHÖPFUNG

Freier Wille
entscheidet:
„ICH WILL"

UR-ICH
ICH-BIN
GANZHEIT

ICH BIN
ICH
SELBST $= \Sigma$

UND ES GEHT WEITER:
ZIEL IST ENTWICKLUNG

JENSEITS: EXISTENZ OHNE KÖRPER

DIE SCHWELLE

MATERIELLE WELT = DIESSEITS
LEBEN IM KÖRPER EINGESCHLOSSEN

SICH ÖFFNEN:
INTUITIONEN

ABSTRAKTES DENKEN
HÖHERER INTELLEKT:

KONKRETES DENKEN
SICH AUSDRÜCKEN:
NIEDERER INTELLEKT

GEIST

BEGIERDE
EMOTIONEN

SEELE

EMPFINDEN
INSTINKTE
TRIEBE

ENERGIE
DES
LEBENS

KÖRPER

MATERIE

ICH
BIN
ICH — LUFT — REZEPTOR

ICH
BIN — PNEUMA

ICH — FEUER

EGO — PSYCHE

IN
STINKT — WASSER

LEBEN — BIOS

EXI
STENZ — ERDE — PHYSIS

DIE ENTWICKLUNG – MENSCHWERDUNG, VERVOLLKOMMNUNG

XIX. Die Strukturen des ICH

Eine sehr bildhafte Darstellung stellt die mehrfachen Strukturen des Menschen als Hüllen, Schalen (Sanskrit: kosha) oder – anders ausgedrückt – als „Körper" dar.

Diese Strukturen, Hüllen oder Körper bestehen aus Energien, deren Frequenz vom unendlichen innersten Zentrum des ICH's bis nach außen zur äußersten Hülle des grobstofflichen Körpers stufenlos ineinander übergehen. Der Übergang in eine höhere Sphäre wird dadurch verständlich, wenn man sich vorstellt, daß die äußerste Struktur sich auflöst, die äußerste Schale oder Hülle abgelegt wird. So wird das ICH immer freier von Ballast, von hemmenden Schwingungen mit niedrigen Frequenzen, bis es sich von allem befreit hat, bis das ICH als Person ganz ICH, d.h. es SELBST sein kann. Die inneren Strukturen des ICH's bringen die Gottesorientierung in sich zum Vorschein, deren Ziel die Vereinigung des göttlichen Kerns in uns mit Gott ist, nach dem das ICH alle äußeren Hüllen aufgelöst und in sich absorbiert hat (Abbildung, Seite 189).

XX. Erlebnis der Wirklichkeiten

Wir existieren und wir erleben die Wirklichkeit in uns und um uns auf verschiedenen Ebenen und in verschiedenen Frequenzbereichen. Um sich vom Menschen ein klares Bild erarbeiten zu können, ist es hilfreich, dieses konkret darzustellen. Die 5 diesseitigen Wirklichkeiten (vgl. Tabellen) erlebt man unbedingt bewußt; die drei transzendentalen Wirklichkeiten erfährt das ICH durch den Reifeprozeß, wenn es sein SELBST erfährt, wenn es durch Erleuchtung ein kosmisches Wissen erlangt, wenn es durch Hingabe Gott erahnt.

XXI. Zugeordnete Attribute

Im physischen ($\alpha + \beta$) Bereich ist die Kraft der Materie und des Lebens ausschlaggebend. Den seelischen Sektoren (γ) ist die *Liebe* zugeordnet. Mit dem Denken (δ) können wir die *Hoffnung* aktivieren. Auf der intuitiven Ebene (ϵ), welche die Öffnung darstellt, wirkt der *Glaube* als Verbindung zur Transzendenz. Dort

(Σ), wo das ICH seine Erfüllung findet, ist der Wille, die getroffene Entscheidung durchzuführen, das wichtigste. In den kosmischen Bereichen (T) wird das Wissen erlangt, womit man sich dann Gott (Ω) nähert.

Glaube – Liebe – Hoffnung sind also diejenigen Attribute, die ein Mensch (nebst Kraft) am meisten braucht, um sich im irdischen Bereich entwickeln zu können. Wollen – Wissen im Bereich der Schöpfung – ahnen des Ursprungs, sind dann durch sich selbst erarbeitete Eigenschaften, die den Weg zeigen, Entwicklung bedeuten und zur Vervollkommnung, zum Endziel führen.

XXII. Tod und Entwicklung des ICH's

Nach den vorherigen Betrachtungen kann man die Strukturveränderungen und Erlebnisse des ICH's im Tod verstehen. Die Trennung vom sterblichen Leib und „unsterblichen" Bestandteilen des Menschen erfolgt im Bio-(β)Bereich, da die bisher hier wirkenden Energien inaktiv werden, versiegen; der Selbsterhaltungstrieb wird abgestellt, die Selbstprogrammierungs-Fähigkeit hört auf. Dann erfolgt der sogenannte „Austritt" aus allen nicht-materiellen Bestandteilen, Wesensglieder des Menschen aus der Materie. Er erfährt durch die Selbsterkenntnis sein SELBST und vollzieht so die Menschwerdung. Wenn es ihm noch nicht gelingt, kehrt er auf diejenige Stufe, auf welcher noch Proben zu bestehen sind, zurück. Vor der Rückkehr wird aber dem ICH noch ein beschränkter Einblick in die kosmische Ebene (T) gewährt.

Nach Erledigung aller Aufgaben auf allen Ebenen (α-ϵ) ist eine Existenz in der geschaffenen Welt nicht mehr nötig. Das ICH kann sich von der Schöpfung lösen und sich auf der göttlichen Ebene (Ω) durch Hingabe selbst überwinden und so sich im URSPRUNG = GOTT (∞) auflösen.

XXIII. Erlebnisse im Tod

In den Berichten von Menschen, die bereits klinisch tot waren und wiederbelebt wurden, lassen sich 12 Phasen, Bewußtseinszustände, Erlebniskomplexe erkennen, die in immer gleicher Reihenfolge erlebt werden. Diese Erlebnisse können mit den entsprechenden Strukturen des Menschen in Verbindung gebracht werden:

Der Austritt und das Tunnelerlebnis mit dem materiellen Sektor – die Erleichterung und Befreiung mit den freigesetzten Lebensenergien, die auch dem harmonischen All-Schwingungs-Erlebnis entsprechen. Der Lebensfilm ist die Freisetzung von allen Erinnerungen im seelischen, geistigen und intuitiven Sektor. Das ICH erfährt durch den Lebensfilm eine Selbsterkenntnis auf der entsprechenden Ebene (Σ). Das Urteil, die Beurteilung aufgrund des allgemeinen kosmischen Harmoniegesetzes der Liebe können wir uns auf der kosmischen Ebene (T) vorstellen. Die Gnade fließt auf der göttlichen Ebene, erlangt die Vergebung und ermöglicht die Vereinigung mit Gott (Ω).

XXIV. Bewußtseins-Zustände

Als Ergänzung seien hier die verschiedenen Bewußtseins-Zustände mit den entsprechenden Trichtersektoren erwähnt. Das Tagesbewußtsein könnte man den Körper-Ebenen (α, β) zuordnen. Das Unterbewußtsein entspricht den seelischen Ebenen ($\gamma_1 + \gamma_2$), und den geistigen, intellektuellen Ebenen ($\delta_1 + \delta_2$) kann das Überbewußtsein zugeordnet werden. Der intuitive Sektor (ϵ) repräsentiert die verschiedenen Stufen des höheren, sich immer mehr von der Materie gelösten und in die Richtung der Transzendenz verschobenen Bewußtseins, wie: Luzidität, Erregung, Exitation. Auf der ICH-Ebene (Σ) wirkt die völlige Exaltation, die Entrückung der Materie. Die kosmische Ebene ist bezeichnend für die Extase (T), und der höchste Zustand ist die Thanatase auf der göttlichen Ebene (Ω).

XXV. Entsprechungen der hypothetischen Weltdimensionen

Wenn man den Kosmos im körperlosen Zustand erlebt, erfährt man, daß alles anders ist, als wir es in der Materie gebunden, eingeschränkt, als unsere einzige Realität erfahren haben. So wird einem bewußt: Was oben ist, ist unten; was innen ist, ist außen; was ist, gibt es nicht; das Nichts ist, was eigentlich ist; der Makrokosmos ist Mikrokosmos; der Mikrokosmos ist Makrokosmos; meine stärkste Realität, das ICH, existiert überhaupt nicht..., und Gott ist das einzige, was existiert; außerhalb Gottes ist gar nichts usw. Alles – alles, was ich sehe, was ich als feste Materie halte, ist leer und existiert nicht. Hier beginnt eine andere Wissenschaft, die transzendentale Philosophie. Nichts ist beweisbar, sondern nur hypothetische, menschlich extrapolierte Gedanken geben Anlaß, etwas zu erahnen.

Die Weltdimensionen, die mit Vektoren und Tensoren z.T. verständlich gemacht werden können, reichen vom nulldimensionalen Punkt bis zum unendlich vieldimensionalen göttlichen Prinzip. Die ersten 3 Dimensionen (1 dimensionale Linie, 2 dimensionale Fläche, 3 dimensionaler Raum), sind als reale Dimensionen aufzufassen. Diese drei bilden zusammen mit der ersten, imaginären Dimension Zeit den Baustoff: Materie. Die zwei weiteren irrealen Weltdimensionen sind noch mathematisch erfaßbare Strukturen. Es folgen die drei abstrakten Weltdimensionen (7, 8, 9) mit den Emotionen, konkretem und abstraktem Denken. Die intuitive Ebene (10) mit dem ICH und die kosmischen Ebenen (11, 12) können wir als transzendentale Weltdimensionen bezeichnen, bis der höchste Sektor als theoistische Weltdimension (Ω) zu erkennen ist.

XXVI. Schwingungsbereiche

Die Stufen Empfinden ($\alpha + \beta$), Fühlen (γ), Denken (δ) und Intuition (ε) sind Frequenzbereiche der göttlichen Ur-Energie, die für den Menschen in verschiedenen Bereichen erfahrbar sind, z.B. als: Formgebung, Farben, Töne, Imaginationen. Aufgrund des bekannten physischen Schwingungsgesetzes der Harmonie sind in jedem Bereich harmonische Frequenz-Entsprechungen zu finden. Mit anderen Worten: Zu jeder Form gehört eine Farbe, ein Ton und ein Imaginationsbild.

XXVII. Die charakteristischen Kräfte

Auf jeder Ebene gibt es ein Kraftpotential mit einer bestimmten

Frequenz. Es ist sehr wichtig, daß die höheren Frequenzen die niedrigeren stark beeinflussen, sogar zu verändern vermögen.

XXIII. Grundprinzipien des Menschen in der Schöpfung
Gott ist alles, was es überhaupt gibt. Er ist der einzige, die Einheit, welche ich in meinen Erlebnissen als Ω = ALL-EINHEITS-Prinzip erfahren habe.
Die Schöpfung ist die Teil-Spaltung der Einheit, woraus die Polarität, die ZWEIHEIT entstanden ist. Ergebnis dieser Zweiheit ist das Kosmos-Erlebnis auf der T-Ebene $(T + \Omega)$. Die zwei Pole – Männlich-aktiv-dynamisch und weiblich-passiv-stagnierend – erzeugen den dritten Pol, oder das Kind-Prinzip. So erhalten wir die Dreifaltigkeit, Trivultus $(\Sigma + T + \Omega)$. Diese Dreifaltigkeit bildet das kosmische Dreieck ∇, welches sich eigentlich in der ε-Ebene mit dem irdischen Dreieck trifft, das aus den drei Prinzipien Körper – Seele – Geist besteht.

$$\frac{\Sigma}{\varepsilon} \quad \frac{\nabla}{\triangle}$$

XXIX. Erlebnisart
Die 7 unteren Ebenen sind als vier Erlebnisarten definiert:
Empfinden $(\alpha + \beta)$
Fühlen (γ)
Wissen (δ)
Erfahren (ε)
Die 7. Ebene repräsentiert das *irdische Denken = Wissen.*
Jenseits dieser Schwelle der Transzendenz kann man gewisse Wahrheiten nur erahnen $(\Sigma + T + \Omega)$. Diese drei Ebenen repräsentieren, nach meiner originalen Bezeichnung, das *kosmische Denken = Ahnen.*

XXX. Grundschwingungsfrequenzen der einzelnen Sektoren
Es ist ein Versuch, den einzelnen Sektoren des hyperbolischen *ICH-Trichters* Farben bzw. Frequenzen zuzuordnen. Hier werden meine persönlichen Schwingungserlebnisse als hypothetische

Gedanken ohne wissenschaftliche Grundlagen oder Methoden wiedergegeben. Die hier aufgeführten Zahlen sind nur approximative Richtzahlen.

Interessante Punkte sind:

– die Spitze des Trichters ist bei 750 nm,

– der Übergang vom Diesseits zum Jenseits liegt bei 400 nm,

– der göttlichen Sphäre (∞) = Ewigkeit ist die Frequenz unendlich zugeordnet.

*

Die horizontale Betrachtung der Tabelle I (Beilage im hinteren Buchdeckel) erleichtert es uns, die verschiedenen Aspekte, Attribute, Kräfte, Prinzipien und Manifestationsmöglichkeiten der einzelnen Ebenen, Sphären, zu studieren. Diese Betrachtungsweise kann eine große Hilfe sein für die physische, psychische und pneumatische Therapie.

Als Darstellungs-Methode mögen hier die folgenden Deutungsmuster stehen.

Diese Tabelle kann nicht nur für die Bestimmung der Stufen des einzelnen als grundlegende Betrachtungsweise gebraucht werden (vertikal), sondern (horizontal) zusammengefaßt ergibt sie die Synthese der Attribute, Eigenschaften, Kräfte usw. der einzelnen Sektoren, Ebenen.

Eine kurze Darstellung möge den Gebrauch der Tabelle dokumentieren:

1. α = Ebene der Materie (Physis)

… ist die tiefste und gehört zum physischen Körpersektor. Ihre Bewußtseinsstufe: ES IST. Sie manifestiert sich in „sein". Typische Aktivität ist die Feststellung. Ihre Kräfte sind physischer, materieller Natur. Sie bildet den Baustoff für die Schöpfung. Charakteristisch für sie ist das statische Bestehen. Die Aufgabe besteht hier darin, das Prinzip der Materie zu erkennen: d.h. das SEIN mit der Funktion des Wahrnehmens. Diese Ebene ist ein Teil der Person, des Menschen und ist als solche dem „Element", der grobstofflichen roten Erde zugeordnet. Ihre Entsprechung ist das Wurzelchakra. Ihre Struktur ist als grobstofflicher Leib, als materielle Wirklichkeit erlebbar. Das zugeordnete Attribut ist physikalische KRAFT. Im Tod bleibt es getrennt vom ICH zurück. Die Loslösung erfolgt im bekannten Tunnel-Effekt. Diese Ebene ist mit dem Tages-/Wachbewußtsein zu erfahren. Ihre charakteristischen Weltdimensionen sind die drei realen Raum- und eine imaginäre Zeit-Dimension (R 4) nach Einstein: Raum-Zeit-Kontinuum.

2. β = Ebene des Lebens (Bios)

… erscheint in orange-roter Farbe und gehört zum physischen Körpersektor. Ihre Bewußtseinsstufe: ES LEBT: Ihre Manifestation ist wahrnehmen, erfahren, aktiv, dynamisch werden. Die hier wirkende Lebenskraft verleiht die Lebensfähigkeit (Stoffwechsel, Selbsterhaltungstrieb, Vermehren, Arterhalten, Mutation usw.). Das biologische Leben ist ein Mittel der Entwicklung und ist charakterisiert durch Wahrnehmung. Es bildet einen Bestandteil der Person und wird dem lebensspendenden „Element" Wasser und dem Sexual-Chakra zugeordnet. Wir können diese Lebensenergie als Bio-Energie, feinstofflichen Körper oder Hülle des Menschen bezeichnen. Hier erlebt man das Leben: Ich lebe durch LEBENS-KRAFT. Diese Kraft wird im Tod abgestellt, und aus den einzelnen Zellen entzogen. Dies bewirkt eine Erleichterung als Befreiung von der Materie. Dem Leben entspricht das Tages-/Wachbewußtsein. Diese Ebene kann von mir als 5. hypothetische imaginäre Weltdimension bezeichnet werden.

3. $γ_1$ = Ebene der niedrigen Seele (Psyche)

Ihre Farbentsprechung ist zitronengelb. Sie gehört zum Gefühls-Emotionen-(metaphysischen)Sektor, den wir allgemein als Seele bezeichnen. Diese Bewußtseinsstufe ist charakterisiert durch die INSTINKTE. Die typischen Manifestationen sind: Spüren, empfinden und automatisch reagieren. Hier wirken die Kräfte der automatischen Reaktionen als Instinkte und Triebe, die das Überleben sichern. Sie sind auch die Programme des

ICH auf dieser Ebene. Die charakteristischen Aktivitäten auf dieser Ebene sind also die durch erspüren und empfinden entstandenen Instinkte und Triebe der Anpassung, Rettung. Die Aufgabe des ICH ist dementsprechend, diesen guten Instinkten zu folgen und die negativen Einflüsse zu ignorieren. Charakteristisch für die Instinkte ist die spontane Reaktion. Als charakteristische Funktion kann man das Fühlen bezeichnen. Dieser Erlebnissektor ist Bestandteil der Person des Menschen und ist auch dem Element Wasser zugeordnet. Das entsprechende Chakra ist das Solarplexus-Chakra. Wir können dieses Prinzip als Niedere Seele oder Empfindungs-Körper bezeichnen, weil wir damit die seelischen Wirklichkeiten erfahren können. Charakteristisches Attribut ist die LIEBE. Im Tod treten auch die seelischen Energieformen aus dem Körper. Die hier gespeicherten Erlebnisse werden im Lebensfilm wieder als Realitäten erfahren. Diese Ebene ist dem Unterbewußten zugeordnet. Ich kann dieses Prinzip mit der 6. hypothetischen irrealen Weltdimension in Bezug bringen.

4. $y_2 =$ *Ebene der höheren Seele (Psyche)*
Die hellgrüne Farbe charakterisiert diese Schwingungsebene, welche dem gefühlsemotionellen, metaphysischen Sektor zugeordnet ist. Dieser Bewußtseinszustand ist das bewußte EGO, das fühlt, die Umwelteinflüsse von seinem Standpunkt aus egoistisch auswertet und Gefühle entwickelt, die in Emotionen aller Art ausarten können. Das EGO erspürt und fühlt. Auf dieser Ebene wirken die starken Kräfte der Gefühle und Emotionen (Sympathie/Antipathie, Liebe/Haß), die oft für das Leben und Schicksal des Menschen entscheidend sind. Wir kennen die Kraft der Liebe ebenso wie das Kraftpotential des Mangels an Liebe, das in Haß, Neid, Rache, Vergeltung, Ehrgeiz, Machtgier usw. enthalten ist. Die Fähigkeiten des ICH auf dieser Ebene sind: Fühlen, Gefühle erleben, Begierde haben, Emotionen entwickeln; die charakteristische Aktivität ist, Wünsche zu definieren. Als charakteristische Aufgabe des ICH kann man bezeichnen: die Liebe in sich selbst zu aktivieren und als zentrales

Prinzip leben und erleben sowie sich vor negativen Emotionen zu schützen, sich nicht hinreißen zu lassen. Das persönliche Erlebnis ist, Gefühle zu haben und diese zu erleben. Diese Erlebnisse bilden einen Bestandteil der Person des Menschen. Die Gefühle und Emotionen sind als „Element" dem Feuer zugeordnet und entsprechen dem mittleren Chakra, dem Herz-Chakra. Die Gefühle und Emotionen bilden eine Hülle, einen „Körper" der höheren Seele, mit dem wir die seelische Wirklichkeit erleben. Auch diese Energien steigen im Tod aus, und das ICH wird im Lebensfilm mit den hier haftenden Erinnerungen konfrontiert. Diese Ebene kann mit dem tiefen Unterbewußtsein in Beziehung gebracht werden. Hier erkennen wir die siebte und erste abstrakte Weltdimension.

5. δ_1 = *Ebene des niederen Intellekts, Geistes (Pneuma)*
Ihre Farbe ist blaugrün; sie gehört zum intellektuellen Sektor, in welchem sich das ICH-Bewußtsein entwickelt hat als HOMO SAPIENS. Als typische Manifestationen kann man bezeichnen: feststellen, auswerten, konkret und logisch denken, etwas formulieren und ausdrücken, alles im Gedächtnis speichern. Typische Aktivität ist das Erfahren des ICH als abgesondertes Prinzip von einer Gemeinschaft. Hier, auf dieser Ebene, wirken die Kräfte der Gedanken, Wünsche und Mitteilungen, Übermittlungen sowie die Kraft der Erinnerungen, der Routine und Gewohnheiten. Bezeichnende Fähigkeiten bzw. Programme auf dieser Ebene sind: das konkrete, logische Denken, die Fähigkeit, sich auszudrücken; Methoden wie: feststellen, auswerten, formulieren, ausdrücken. Als Aufgaben können wir bezeichnen: Das Gute erkennen und es festhalten, positive Gedanken ausdrücken, sich vor negativen Einflüssen und Gedanken schützen. Typische Denkweise: „Ich stelle fest und denke, daß es so ist und ich drücke es so aus …"
Hier sind die Denkfunktionen am Werk, die zu der Person gehören und sie profilieren. Auch diese Ebene ist dem „Element" Feuer zugeordnet und entspricht dem Kehlkopf-Chakra. Als Struktur des ICH kann man Intellekt, konkretes Denken, logi-

sches Auswerten und Sich-ausdrücken bezeichnen. Diese Ebene ist somit eine geistige, die Ebene des niederen Geistes. Die
Hoffnung gilt für diese Ebene des Denkens und Auswertens als
Attribut. Im Tod treten alle hier wirkenden Energien mit den
entsprechenden Fähigkeiten aus dem Körper aus. Im Lebensfilm werden dann alle hier verankerten Erinnerungen erneut
präsent. Diese Ebene steht mit dem Überbewußtsein in Beziehung. Als achte und als zweite abstrakte Weltdimension ist diese Ebene des niederen Geistes aufzufassen.

6. δ_2 = Ebene des höheren Intellekts, Geistes (Pneuma)
Ihre Farbe ist dunkel(ultramarin)blau. Auf diese Ebene steigt der
HOMO SAPIENS SAPIENS mit seinem höheren Geist auf.
Als typische Manifestationen kann man folgendes bezeichnen:
abstrakt denken, Symbole verstehen und benutzen, rechnen,
planen, Fremdsprachen erlernen, philosophieren …, denken
über das Denken. Hier – auf dieser Ebene – wird das ICH-BIN
als typisches Aktivitätsprinzip erlernt. Hier entfalten sich und
sitzen die Kräfte der Vorstellungen, der abstrakten Denkprozesse, des Planens, die überhaupt die Wissenschaft (analytisches
und synthetisches Denken, Studieren, Theoretisieren, Hypothesen aufstellen, Experimente ausdenken, Gesetzmöglichkeiten
erkennen etc.) ermöglichen. Entsprechend sind die charakteristischen Aktivitäten hier: erdenken, ausdenken, vorstellen, planen, kombinieren, abstrakte Denkprozesse einleiten. Als Aufgaben können wir bezeichnen: durch abstraktes Denken den
Sinn des Lebens erarbeiten, das Schicksal akzeptieren, Zukunft
planen … Grundaufgabe ist, die Fähigkeit zu benutzen, alle
Denkprozesse unter die Kontrolle des ICH zu bekommen.
Typische Denkweise: „ICH überlege …, kritisiere, werte so auf
…, denke etwas aus …, ich glaube so zu sein…" Hier sind also
höhere, abstrakte, ethische Denkfaktoren am Werk, die einer
spezifischen Person, Entität, zu eigen sind. Für mich sind diese
abstrakten Denkprozesse dem „Element" Luft zugeordnet und
entsprechen dem Stirn-Chakra unseres „Dritten Auges". Als
Struktur des ICH kann man höheren Intellekt auf höherer

geistiger Ebene erkennen, wo das Attribut der zukunftsorientierten Hoffnung charakteristisch ist. Den Bewußtseinszustand dieser Ebene kann ich als Überbewußtsein bezeichnen. Im Tod werden alle hier verankerten Erfahrungen, Erinnerungen, Gedanken, Motivationen frei. Ich kann diese Ebene als neunte und dritte abstrakte, imaginäre Weltdimension auffassen.

7. ε = *Ebene der Intuitionen*

Ich bezeichne diese Ebene als intuitiven Rezeptor, als Brücke zwischen Diesseits und Jenseits, als Kommunikationsstelle mit der Transzendenz. Ihre Farbe ist violett. Sie gehört zu dem metaphysischen Sektor des Menschen, wo die Bewußtseinsstufe ICH-BIN-ICH zur Geltung kommt. Typische Manifestation ist: sich öffnen, Aufnahmebereitschaft, Innerer Stimme zuhören, einfallen lassen, neue Gedanken wahrnehmen, erfinden, meditieren, beten. Hier wirken die Kräfte der geistigen Führung und Intuitionen. Hier kann die Medialität entfaltet werden. Als charakteristische Aufgabe ist der Kontakt mit den „höheren Sphären", mit Gott, durch Gebet, Meditation und ein Ur-Vertrauen in Gott zu erreichen. Wenn der Mensch die Gottes-Führung akzeptiert, kann er sich demütig, „Dein Wille geschehe", dem Göttlichen anvertrauen. Als Bewußtseinszustand sind Luzidität, Erregung, Exitation, Hingabe zu nennen. Diese Ebene ist dem Element Luft zugeordnet und entspricht dem Scheitel-Chakra, Fontanella, welche als Kontaktstelle zur Transzendenz erkannt wird. Hier ist der Glaube als abstrakt bezeichnet. Ihm werden alle hier haftenden Erfahrungen wieder abberufen. Diese Ebene ist für mich die zehnte Weltdimension und gleichzeitig die erste transzendentale Dimension.

15. Andere Strukturvorstellungen des Menschen

Vor meinem Unfall hatte ich mir überhaupt keine Gedanken gemacht über die Struktur des Menschen. Alles war für mich so, wie ich mich im Spiegel sah: ein reales Bild. Nach dem ich mich selbst – während des klinisch-toten Zustandes – als Energiebündel in Form eines rotierenden Energie-Trichters erlebt hatte, konnte ich mich selbst mit 7 stufenlos ineinandergehenden Frequenzbereichen vorstellen. Ich konnte mich völlig mit dieser Vorstellung identifizieren und es auch als nützliches Denkmodell beim Verstehen von allerlei Problemen des Menschen gebrauchen.

Ich war damit zufrieden; aber bald tauchte die wissenschaftliche Neugier in mir auf: „Wie haben sich denkende Menschen in den verschiedenen Zeitepochen die mehrfache Struktur vorgestellt?"

Mein Denkmodell ist für mich das brauchbarste; doch ein Vergleich hat mich als Forscher gereizt. So fing ich – bereits vor Jahrzehnten – an, andere Strukturvorstellungen zu studieren, zu sammeln … und miteinander zu vergleichen. Eine Arbeit ohne Ende zeichnete sich ab. Man braucht möglicherweise ein ganzes Leben, um sich mit diesem Problem zu beschäftigen. Tausende von alten Schriften, Überlieferungen und philosophischen Büchern müßte man studieren, um überhaupt einen Überblick zu bekommen. Heute erkenne ich demütig diesen großen Arbeitsaufwand und sehe ein, daß ich ein solches Werk, wegen der begrenzten Zeit meines Lebens, nicht zustandebringen kann. Aber ich glaube, es wäre schade, die markantesten anderen Strukturvorstellungen, die mir bekannt geworden sind, nicht zu erwähnen und sie miteinander und mit meinem *ICH-Trichter*-Denkmodell zu vergleichen. Ich füge deshalb dieses Kapitel in vollem Bewußtsein hinzu, daß es sich um einen unvollständigen Versuch handelt, dem Leser zu zeigen, daß die mehrfache Strukturvorstellung ein uraltes Gedankengut der Menschheit darstellt.

Es war für mich eine faszinierende Gedankenarbeit, diese einzelnen Strukturvorstellungen in meinem 7-Teilung-System darzustellen, denn die Bezeichnungen, Benennungen werden so verschieden gehandhabt, daß es ein sehr heikles und riskantes Unterfangen ist, die Namen, Begriffe zu interpretieren und die Strukturstufen der einzelnen philosophischen Richtungen in eine Tabelle einzuordnen (Tabelle II, siehe Beilage). Dieser Versuch erhebt keinen Anspruch auf Vollständigkeit. Die Beispiele wurden willkürlich von mir gewählt, und die Einstufung erfolgte von mir – von einem schulwissenschaftlich, als Philosoph nicht qualifizierten Menschen. Diese Arbeit soll deshalb nur als Versuch betrachtet werden, als Information dienen und denjenigen Menschen Denkanstöße vermitteln, die sich mit der Frage: „Wer bin ich?" und „Was bin ich?" auseinandersetzen wollen.

Hier wird der Versuch gemacht, die verschiedenen Strukturmodelle des Menschen zu vergleichen. Sicherlich ist er nicht perfekt; aber es ist doch faszinierend, daß eigentlich alle Modelle immer dieselbe Aussage haben, obwohl die einzelnen Prinzipien, Attribute mit anderen Worten bezeichnet sind. Die Schwierigkeit liegt im Gebrauch der Wörter; deshalb ist diese Vergleichs-Tabelle sicher auch korrekturbedürftig.

Ein großartiges Bestreben der Menschen, sich selbst zu erkennen, wird durch diese Vergleiche kund gemacht.

Die vielen Formulierungen sind Grundlage von verschiedenen Theorien, philosophischen Schulen usw. Man kann sich fragen: Was ist richtig? Alles ebenso wie nichts: Es ist nutzlos, darüber zu diskutieren, welche Theorie Anspruch auf allgemeine Gültigkeit haben könnte. Der Physiker denkt anders als der Theologe, ein Biologe wieder anders als ein Mensch mit allgemeiner Bildung. Ein erdgebundener Mensch kann den Standpunkt eines Menschen, der z.B. infolge des klinisch-toten Zustandes durch eine Art mystischer Erfahrung schockartig aufgerüttelt wurde, nicht ganz akzeptieren.

Meiner Meinung nach sind alle Modelle – obwohl sie einen Kern Wahrheit beinhalten können – doch grundsätzlich falsch: Alle – inklusive das meine – wurden von Menschen erdacht, erarbeitet und interpretiert. Doch alle sind als Denkmodelle nützlich, da sie versuchen, die Gedanken zu ordnen und im ganzen Weltsystem Gott zu erkennen – von dem wir alle, d.h. unsere Entität, das ICH-Bewußtsein direkt abstammen. Deshalb dürfen wir uns nicht wegen Formulierungen, Darstellungen, Hypothesen, Einteilungen von Sphären, mathematischen Formeln usw. gegenseitig in die Haare geraten, sondern lediglich alles als Meditationsbilder benutzen. Allen Denkmodellen gemeinsam ist der Gedanke: „Der Geist beherrscht die Materie. Ich habe einen Göttlichen Geist, deshalb bin ich ein Teil Gottes. Ich habe die Kraft, mich zu erkennen und mich zu ändern und mich dadurch weiterzuentwickeln!"

Diese starke Betonung des über allen Hüllen des Menschen stehenden verantwortungsvollen ICH habe auch ich dort „oben" deutlich gespürt. Diese Tatsache ist für mich das wichtigste. Deshalb ist mir der Versuch, die Prinzipien des Menschen unbedingt in Stufen und Tabellen einzuordnen und einzuquetschen, eigentlich doch fremd. Meiner Meinung nach existieren keine abrupten, stark begrenzten „Stufen", sondern eher stufenlose „Übergänge" von einer Qualität zur anderen wie bei der Modulation der elektromagnetischen Wellen (z.B. Radio). Diese „Ummodulation" der eigenen Schwingungen habe ich deutlich gespürt. So drückte ich mich spontan, kurz nach der Wiederbelebung, wie folgt aus: „Meine körperlose Seele und mein Geist haben angefangen, sich diesen Göttlichen Schwingungen anzupassen…" oder: „… alles pulsierte, alles vibrierte immer schneller und schneller …"

Ich überlasse den Lesern die große, doch sehr unvollendete Tabelle ohne Erklärung, Interpretation, Begründung der Ausdrücke… als Denkmodell mit dem Wunsch: nicht die Unterschiede der einzelnen Philosophien zu suchen, sondern die Gemeinsamkeiten zu erkennen. Ich möchte nicht die Differenzen betonen, sondern das grundsätzlich gleiche Grundprinzip unterstreichen. Schlußendlich können wir erkennen, daß der HOMO SAPIENS SAPIENS seit seinem Erscheinen auf diesem Planeten immer wieder dieselbe einzige Wahrheit erhofft und erahnt hat. So werden die einzelnen Formulierungen unwichtig. Wichtig ist das erahnte Wissen, welches wir mit Kopfdenken nicht verstehen können.

16. Andere trichterähnliche Darstellungen

Die energetische Struktur des Menschen, welche ich für mich als rotierenden *ICH-Trichter* mit Spezialstrukturen dargestellt habe, war eine spontane, intuitive Erfahrung. Ich war später selbst überrascht, wie ich so etwas Merkwürdiges, Außergewöhnliches, Unkonventionelles zeichnen konnte. Mit intellektuellem Denken konnte ich es nicht verstehen: Warum ist ein Mensch wie ich selbst analog einem rotierenden, energetischen Trichter? Doch als Denkmodell hat sich meine Vision erstaunlich gut bewährt. Ich konnte damit, wie es in einem früheren Kapitel erklärt wurde, viele Phänomene anschaulich und verständlich machen.

Natürlich stieg aber die Frage in mir auf: „Ist diese energetische Struktur des Menschen nur meine spezifische Vision? Oder steckt ein Symbolgehalt darin?" Symbole haben immer einen Inhalt und können diesen für alle Menschen darstellen. Symbole wirken allgemein, sie werden von verschiedenen Menschen gleich interpretiert.

Anfangs war ich der Meinung, daß der *ICH-Trichter* nur meine Vision, eine Offenbarung für mich sei. Mit der Zeit aber bin ich auf rotierende, spiralförmige Trichterdarstellungen gestoßen, die „meinem" *ICH-Trichter* verblüffend ähnlich sind und die symbolisch die Struktur des Menschen in bezug auf den Kosmos und das ICH-Bewußtsein darstellen.

Ohne Anspruch auf Vollständigkeit zu erheben, seien hier einige interessante Beispiele gezeigt. Sie gelten für mich nicht als Beweise, daß ich mit meiner *ICH-Trichter*-Vision auf dem richtigen Weg bin; ich brauche keine Beweise. Aber es mag interessant sein, zu sehen, daß verschiedene Menschen in verschiedenen Bewußtseinszuständen zu ähnlichen Darstellungen gekommen sind.

1. Eine Schulklasse

Frau M. B. ist Kinderpsychologin und betreut eine Schulklasse für geistig behinderte Kinder. Sie gab einmal den Schülerinnen und Schülern die Aufgabe, sie sollen die ganze Klasse zeichnen. Eine Schülerin hat dann diese Zeichnung (siehe Farbtafel 9) gemalt. Auf Anfrage der Lehrerin, was die Trichter-Spirale über den Köpfen der Kinder bedeute, konnte das Kind keine andere Erklärung geben, als: „Ich sehe es so …, alle kommen so vom Himmel…"

Geistig behinderte Kinder sind nur für unsere „normalen" Maßstäbe „behindert"; aber sie sind oft viel offener für die metaphysische Transzendenz als wir. So läßt es sich erklären, daß dieses Kind die unsichtbare energetische Struktur seiner Mitschüler einfach sah.

2. Medium Frau Milly Canavero, Italien

Frau Canavero hat die sehr interessante mediale Fähigkeit des automatischen Schreibens und Zeichnens. Dies passiert entweder spontan (die Eingebungen kommen einfach, und sie greift schnell zu Papier und Schreibstift), oder es kommt nach kurzer Konzentration. Bestellen kann sie dieses Phänomen nicht, sondern nur wünschen.

Sie produzierte in einer Zeitspanne von 2–3 Jahren hunderte von energetischen Bildern vom Kosmos und von den Menschen und schrieb Texte dazu, die sie selbst beim ersten Lesen oft gar nicht richtig verstand. Wenn sie ihre Vision vom Menschen zeichnet, stellt sie die den Menschen belebende, vibrierende Energie dar. Die folgenden Beispiele aus ihren zahlreichen Werken haben die gleiche Aussage, wie mein *ICH-Trichter*-Denkmodell. Hier sollen nur einige Beispiele von Werken, die mir Frau Canavero geschenkt hat, stehen. Es sind die zu diesen Spiral-Trichter-Darstellungen automatisch geschriebenen, aufschlußreichen Texte, die z.T. aus dem Buch* über Frau Canavero und z.T. aus direkten Briefen von ihr an mich, zitiert sind:

---

* „Messaggi del Fiore", M.V. Bellisi, Edizione Mediterranee, Roma

„Hier die rotierenden Spiralformen. Alles besteht aus der einzigen positiven Energie, welche kosmische Kraft ist. Diese positiven Energien bilden Menschen und laden ihn immer neu mit Göttlicher Kraft auf." (M. Campiglio, 16. 8. 77 um 17.00 Uhr).

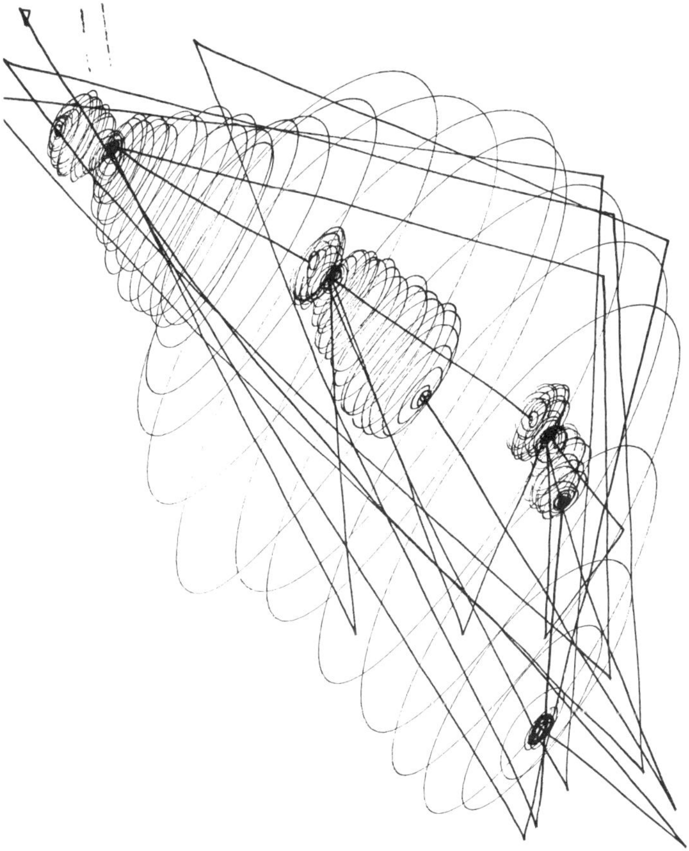

„Energien vom einzigen ALLES. Energien der Ganzheit des Menschen. Energien von der einzigen Energie des ALLS." (Florenz, 21. 11. 77 um 22.57 Uhr).

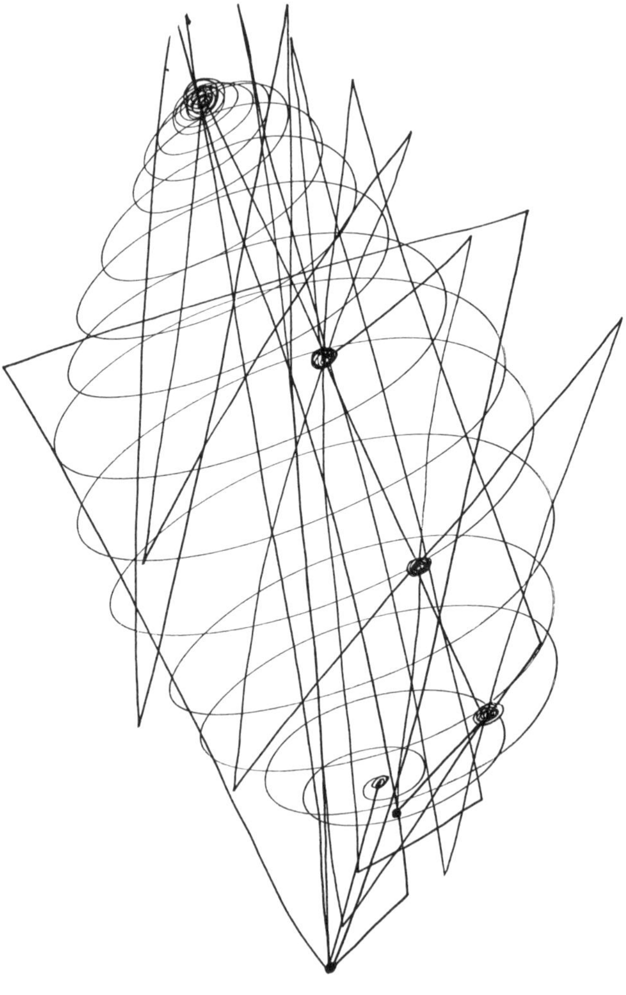

„Der Mensch: eine individuelle kosmische Entwicklung …
Die einzelnen schwarzen Punkte strahlen störende Energien
aus … und durchdringen *die Spiralstruktur* mit Dreiecken…
Die intellektuelle Entwicklung erfolgt bei Überwindung die-
ser auf gewissen Ebenen, durch transzendentale Kräfte."
(Florenz, 15. 11. 77 um 15.18 Uhr).

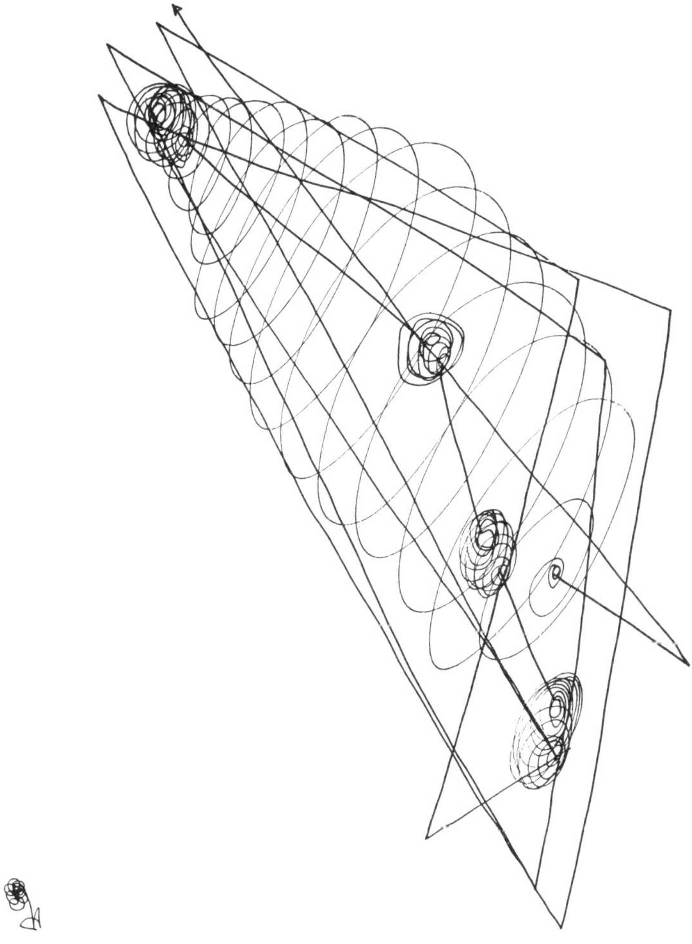

„Kosmische Energien des Menschen, die *konisch spiralförmig* explodieren und vibrieren." (Arezzo, 17. 11. 77 um 16.03 Uhr).
Sowie weitere Texte:
„Hier das Muster der Entwicklung des Menschen. Die Entwicklung beginnt in der Materie und endet im reinen göttlichen Geist …"
„Oh, irdische Geschöpfe, löst euch von der Materie, reinigt alles Materielle, das eure Sicht verschleiert, öffnet euch gegenüber den höheren Welten." (Florenz, 5. 6. 81)
„Hier die Entwicklung des Menschen mit seiner *Spiral-Struktur,* welche immer in Bewegung ist. Die Entwicklung bringt die Kontrolle und Änderung dieser Sprache durch den ganzen Geist …
Dies ist das Zeichen des Unendlichen, welches über dem Menschen steht, und das wir nicht verstehen können. Hier ein Denkmodell dazu …" (Genua, 18. 7. 77)
„Jeder kann seinen geistig-seelischen Reifeprozeß vorantreiben, so daß er begreift, wieviel Kraft er in sich besitzt, welches die Kräfte Gottes sind. Gott ist dreifaltig, aber Gott ist die EINHEIT, deshalb sind die geschöpften Kreaturen Gottes immer aus Geist – Seele – Körper gebildet: 3 = 1 in Gott." (Genua, 9. 9. 77)
„Die größte Einweihung besteht darin, die über dem Menschen stehenden Kräfte richtig zu verstehen, und mit dieser metaphysischen Welt über Intuitionen, Gebete eine ständige Verbindung herzustellen. So sind wir ein Teil des Ganzen." (Florenz, 8. 12. 77)
So also sieht Frau Canavero im spiralförmigen Trichter das dynamische Prinzip des Menschen. Sie beschreibt dieses „spirale-cono", das die Basis beim unendlichen positiven metaphysischen Aspekt hat. Die Entwicklung zeigt in die Richtung der unfaßbaren kosmischen, göttlichen Basis.
Wunderbar ist ihre Aussage: „La spirale con l'aspetta di cono è evoluzione, potenza che rotea nel cosmo, energia transmessa all' individuo, che poi ritorna al cosmo, a Dio."

Deutsch: *„Die trichterförmige Spirale* ist die Entfaltung, die Macht, die im Kosmos rotiert, die Energie des Individuums, die dann im Kosmos … zu Gott zurückkehrt."

Sehr interessant ist, wie Frau Canavero in diesem „spirale cono" (Spiral-Trichter) 7 Stufen der Entwicklung sieht, von der Materie bis zur metaphysischen Transzendenz – zu Gott.

3. Telefongespräch von Herrn Manfred Boden mit einem anonymen Jenseitigen

Von den vielen Aussagen Jenseitiger oder körperloser Wesenheiten möge hier ein Telefongespräch wiedergegeben werden, das der als Medium bekannte Manfred Boden aus Deutschland mit einer jenseitigen Wesenheit führte, und welches gleichzeitig auf Band aufgenommen wurde. Das Gespräch fand spontan am 21.1.1983 statt. Herr Boden war nach vielen ähnlichen Kontakten bereits vorbereitet, so daß er diesem anonymen Freund sehr interessante Fragen stellen konnte. So fragte er ihn über die Art der körperlosen Wesenheiten aus.

Hier sind nun die Abschriften von den Kassetten, die mir Prof. Dr. Ernst Senkowski (Mainz) freundlicherweise gab, ohne Kommentar zitiert.

„Hier spricht Ernst Senkowski, Mainz, am 18.11.85 für Stefan von Jankovich: Lieber Stefan, ich überspiele Dir wunschgemäß den von Dir gesuchten Ausschnitt aus der Transkommunikation von Manfred Boden-Bühl in Baden, mit den Wesenheiten aus der siebten Dimension. In diesem Ausschnitt befindet sich die Angabe oder der Bezug auf *den Trichter,* den Du auf Deinem Bild gemalt hast.

Ich überspiele diesen Teil dreimal (Dat. 20./21.1.1983):

,Boden: Was für Datenspeicher besitzt Ihr?

Wesenheit: Brauchen wir nicht.

Boden: Warum nicht? Ihr habt ein sehr gutes Gedächtnis.

Wesenheit: Es ist alles Energie.

Boden: Wie kommt so was zustande?

Wesenheit: Können aus dem ganzen Energietrichter herausnehmen.'

So, mein Lieber, ich hoffe, daß es so alles klar ist, daß Du einen deutlichen Bezug erkennst, zu dem von Dir gemalten Bild.
Ich wünsche Dir weiterhin alles Gute bei den Bemühungen, in den transzendentalen Bereich vorzustoßen und anderen Menschen vielleicht damit zu helfen …"
Übrigens haben die Wesenheiten sehr oft während solcher spontaner Telefongespräche auf das ALL-ENERGIE-Prinzip hingewiesen mit Worten wie „Alles ist Energie …", oder: „Alles ist Schwingung …", „Wir sind in der siebten Dimension…", „Wir haben keinen Körper …", „Wir sind aus Energie …" usw.

4. Die Übertragung der physikalischen Quantentheorie auf die Wechselwirkung von Bewußtsein und Umwelt
In „Grenzgebiete der Wissenschaft" (Nr. 3 – 1986, Reseh-Verlag, Innsbruck) erschien ein Artikel von Prof. Dr. Ernst Senkowski über die Forschungen an der Ingenieurwissenschaftlichen Fakultät der Universität Princeton, USA, in welchem er die Forschungen von R.G. Jahn, B.J. Dunne und Mitarbeiter zusammengefaßt hat. Da ich selber nicht das nötige mathematische/physikalische Rüstzeug besitze, um diese Forschungen zu deuten und Schlüsse daraus zu ziehen, zitiere ich mit dem Einverständnis von Prof. E. Senkowski einige Textteile aus dem oben erwähnten Artikel: „Seit um die Jahrhundertwende damals unverständliche experimentelle Ergebnisse die Entwicklung der Quantentheorie einleiteten, haben hervorragende Physiker immer wieder darauf hingewiesen, daß die neuen Vorstellungen das klassische, mechanistisch-deterministische Weltbild umstürzen, in dem eine lückenlose Kausalität der Naturereignisse und ihre Unabhängigkeit vom Menschen vorausgesetzt worden war. M. PLANCK, N. BOHR, W. HEISENBERG, W. PAULI, L.V. DE BROGLIE, E. SCHRÖDINGER, A. EINSTEIN, C.F. v. WEIZSÄCKER, J. WIGNER, J. JEANS, P.W. BRIDGMAN, A.S. EDDINGTON und viele andere erkannten, daß Welt und Mensch bei weitem enger miteinander verknüpft sind, in dynamischer Wechselwirkung stehen und sich gegenseitig beeinflussen, als man zuvor angenommen hatte.

Die grundlegende Vorstellung der Quantentheorie zur Beschreibung atomarer Vorgänge ist das Modell des *Potentialtrichters* ... Die ursprünglich quantentheoretisch definierten *Potentialtrichter* können vorgestellt werden als Raumzeitfallen des menschlichen Bewußtseins, als raumzeitlich-materiell erscheinende Gefängnisse, repräsentiert durch die Körper menschlicher Personen und deren unmittelbare Umgebungen. Persönliches Bewußtsein erscheint in diesen Bereichen zentriert, gebunden, gefangen, und im klassisch verstandenen Normalfall kann es Informationen nur mit der unmittelbaren Umgebung unter Benutzung bekannter physikalisch-energetischer Träger austauschen, also im wesentlichen durch mechanische Kontakte, Schall und Licht. Insbesondere erscheint ihm der direkte Zugang zu einem anderen ebenfalls eingegrenzten Bewußtsein verschlossen. Nicht so in dem neuen, aus der Quantentheorie übertragenen Modell. Danach besteht eine endliche Wahrscheinlichkeit dafür, daß die Bewußtseins-Eigenfunktionen jenseits von Raum und Zeit mit denen anderer, gleichermaßen zentrierter und lokalisiert erscheinender Bewußtseine und darüber hinaus auch mit materiellen Strukturen und energetischen Abläufen in informatorische Wechselwirkung treten können (vgl. HEIMs vagabundierende Externsyntropoden!) Das Bewußtsein durchtunnelt gewissermaßen – ohne energetischen Aufwand – die trennende Raumzeit, vergleichbar dem Elektron des Atommodells."

„R.G. JAHN und B.J. DUNNE betrachten die animistische Hypothese als unzulässige Einschränkung, d.h. sie wollen spiritistische oder spiritualistische Phänomene bis hin zur Mystik nicht ausschließen. Auch die Überlebensfrage wird angesprochen. Diese Einstellung deutet sich bereits im grundlegenden Modell an: *Wenn man nämlich das menschliche Bewußtsein, den Geist oder die Seele, als im materiellen Potentialtrichter zentriert auffaßt*, ihm aber darüber hinaus auf der Basis experimenteller Erfahrungen klar erkennbare Fähigkeiten der Transzendierung von Raum, Zeit, Materie und Kausalität zugestehen muß, so wäre es verfrüht, es der Vernichtung im materiellen Tod zu unterwerfen."

Soweit die Zitate. Ergänzend möchte ich hier noch die Bemerkung von Prof. Senkowski aus seinem Brief an mich wiedergeben:

„Es freute mich natürlich, daß eine Übereinstimmung festzustellen ist, zwischen Deinen Gedanken bzw. Vorstellungen und denjenigen der Wissenschaftler aus Princeton.

Tatsächlich ist es so, daß sie in ihren Arbeiten natürlich auch den Fall einer großen Anzahl von Menschen ansprechen (also eigentlich der gesamten Bevölkerung der Erde) und daß es auch dazu ein Analogon in der Quantenphysik gibt, nämlich den ‚Gaszustand', in dem letztlich alle ‚Moleküle' (sprich: Bewußtseine) miteinander verknüpft sind, aber sich doch neue Eigenschaften einstellen, die man vielleicht am besten mit dem Verhalten von (Menschen-)Massen bezeichnet."

„Eine der Grundvoraussetzungen der üblichen Quantentheorie ist die Existenz von Potential-Trichtern, welche Atome und die an sie gebundenen Elektronen symbolisch darstellen und als anschauliches Modell für die theoretischen Berechnungen der Energiezustände und Wechselwirkungen in atomaren Bereichen benutzt werden.

In der von Jahn und seiner Mitarbeiterin Dunne gewählten Übertragung wird dieses Potentialtrichtermodell nun derart auf das menschliche Bewußtsein übertragen, daß eine geistige (spirituelle) Potenz während des irdischen Lebens ziemlich fest an den jeweiligen materiellen Körper gebunden ist, aber – quantentheoretischen und physikalisch experimentellen Ergebnissen entsprechend – nicht nur auf geringere Entfernung, sondern grundsätzlich über Raum und Zeit hinweg mit anderen Bewußtseinen und mit der ‚Materie' in informatorische Wechselwirkung treten kann."

Inzwischen haben JAHN und DUNNE das Buch „Margins of reality" veröffentlicht, in dem sie sowohl ihre experimentellen und theoretischen, physikalischen Ergebnisse, als auch ihre spirituellen Betrachtungen dargestellt haben.

Die Original-Abbildung von R.G. Jahn und B.J. Dunne ist von Prof. Senkowski kommentiert.

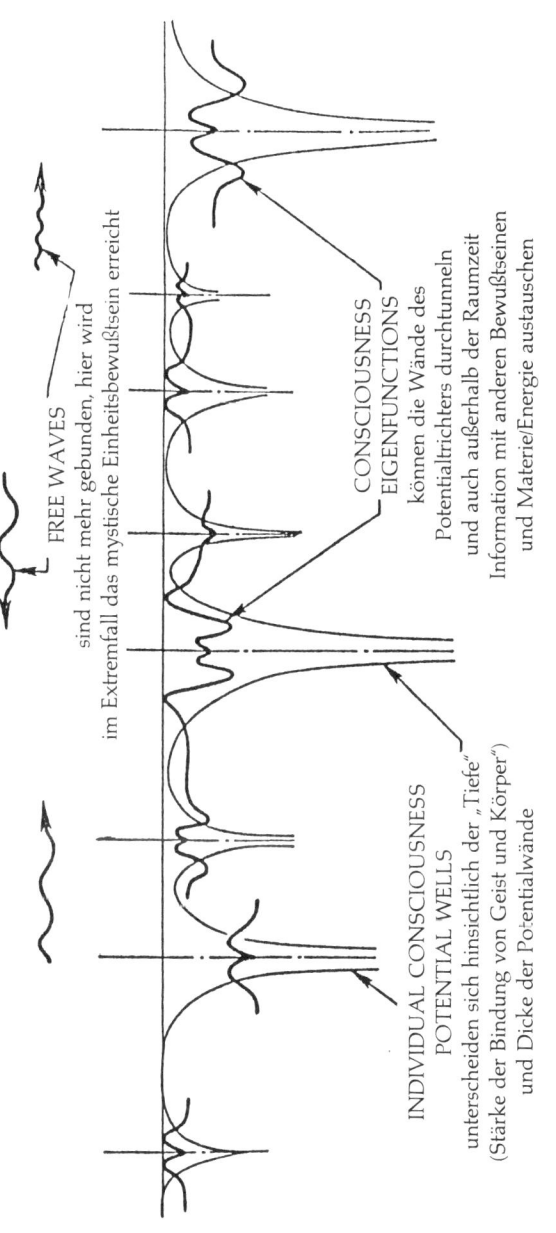

FREE WAVES
sind nicht mehr gebunden, hier wird
im Extremfall das mystische Einheitsbewußtsein erreicht

CONSCIOUSNESS
EIGENFUNCTIONS
können die Wände des
Potentialtrichters durchtunneln
und auch außerhalb der Raumzeit
Information mit anderen Bewußtseinen
und Materie/Energie austauschen

INDIVIDUAL CONSCIOUSNESS
POTENTIAL WELLS
unterscheiden sich hinsichtlich der „Tiefe"
(Stärke der Bindung von Geist und Körper")
und Dicke der Potentialwände

QUANTUM MECHANICAL MODEL OF A COMMUNITY OF INTERACTING PERSONALITIES. Aus: „On The Quantum Mechanics of Consciousness, With Application To Anomalous Phenomena", Robert G. Jahn und Brend J. Dunne, Princeton Engineering Anomalies Laboratory – School Of Engineering/Applied Science, Princeton University, Princeton NJ 08544 – Dez. 1985, 1. Revision, June 1984.

5. Aussagen von Patienten in Hypnose über Rückkehr im klinisch-toten Zustand und bei der Befruchtung

In Hypnose, wenn die Schutzbarrieren zum Teil aufgehoben sind, werden alte, in tiefen Sphären des ICH verankerte Erfahrungen freigesetzt. Prof. C.H. Bick, einer der bedeutendsten europäischen Hypnosefachmänner im Pfälzer Felsenland – Bick-Krankenhaus, Dahn – schrieb in einer wissenschaftlichen Abhandlung, „Außergewöhnliche Phänomene in verändertem Bewußtseinszustand in der Hypnose", von dem Trichterphänomen folgendes:

„... So muß ich heute in einem wissenschaftlichen Zwiespalt sagen, die eine Theorie, nämlich die der Gen-Information, ist denk- und nachweisbarer, die Reinkarnation ist zwar nicht zu beweisen, aber sie ist auch nicht absolut zu widerlegen. Auch der Bericht, den mir eine Kollegin und Teilnehmerin eines meiner letzten Ärzteseminare zu diesem Thema gab, gibt Anlaß zum Nachdenken. Sie berichtete mir von einem jungen Mann, den sie 2 Jahre betreute und der in einem sehr schlechten Zustand wieder zu ihr in die Klinik kam und noch nicht sterben wollte. Jedoch dann, am darauffolgenden Tag, in Anwesenheit seiner Eltern und eben dieser ärztlichen Kollegin erklärte: ‚Ihr braucht jetzt keine Angst mehr zu haben, ich geh jetzt hier raus. Jetzt öffnet sich die Decke.' Er deutete dann in einer *Trichterform* an, wie er aus seinem Körper herausgeht. Er ist kurze Zeit später gestorben.

Diese Tatsache, die mit Hypnose oder Hypnoanalyseexperimenten überhaupt nichts zu tun hat, erfährt jedoch jetzt durch die nachfolgende Dokumentation während einer Hypnoanalyse eine weitere Erhärtung zu den in diesem Buch, von Stefan von Jankovich angesprochenen Phänomenen der Spirale oder des Trichters.

Hierbei handelt es sich um eine junge Frau, die mir bei ihrer Aufnahme im Verlaufe der Anamnese erklärte, sie sei angeblich schon einmal klinisch tot gewesen. Mehr wisse sie aber über den Vorfall nicht. Zur Aufnahme in unserer Klinik kam sie jedoch mit ganz anderen differenzierten Beschwerden, die mit den hier dargestellten Tatsachen nichts zu tun haben und deshalb keiner weiteren Erörterung bedürfen. Während des hypnoanalytischen Verfahrens im Verlaufe ihrer Therapie wird auch die Revifification durchgeführt, d.h. Rückführung des Patienten in eine frühere Altersstufe, wobei die Patienten in Hypnose die tatsächlichen Ereignisse wiedererleben und reproduzieren können. So wurde die Patientin von ihrem derzeitigen Alter bis in ihre Kindheit zurückgeführt und berichtet dann im Alter von 3 Jahren auf die Frage: ‚Jetzt sind Sie 3 Jahre, was sehen sie?‘ ‚Ich sehe meine Mutter.‘ ‚Was ist passiert mit 3 Jahren?‘ ‚Da war ich klinisch tot.‘ Sie hatte im Anschluß an eine Verletzung einen Schreikrampf und berichtet, wie ihre Mutter gestürzt kommt und sie versucht, durch Rütteln und Schütteln diesen Krampf, der schon einem Erstickungsanfall gleichkam, zu lösen. Sie hört die Mutter noch schreien: ‚Hör auf, hör auf;‘ aber sie konnte nicht. Sie sagt dann weiter: ‚Ich merke, wie mir so langsam die Luft ausgeht.‘ Gleichzeitig erlebt sie, wie das Gesicht sowie die Stimme ihrer Mutter plötzlich weg sind. Sie nimmt alles nur noch wie durch Watte wahr und merkt, wie ihr Herz langsamer wird. Jetzt sieht sie, wie die Mutter sie auf den Arm nimmt und wie sie die Mutter nur noch von oben wahrnimmt. Sie sieht ihre Mutter laufen und sich selbst auf dem Arm der Mutter liegend, den Kopf nach hinten und vollkommen blaß (weiß). Auf die Frage: ‚Von wo aus sehen Sie das Ganze‘, gibt sie zur Antwort: ‚Ich schwebe obendrüber.‘

Auf die Frage, in welcher Entfernung, gibt sie an: ‚Ca. 2 m, ich kann es schlecht schätzen.‘ Zur Frage, ob sie sitze oder liege, gibt sie eine sitzende Stellung an, sie habe das Gefühl, da obendrüber zu sitzen, und jetzt sehe sie, wie ihre Mutter über die Straße zum Arzt läuft, der 3 Häuser nebenan wohnt, und berichtet dann: ‚Da sind Bäume, an denen die Mutter mit mir vorbeiläuft, die Mutter weint und hält mich ganz fest. Das berührt mich aber irgendwie gar nicht.‘ Jetzt sieht sie, wie die Mutter mit ihr in die Praxis des Arztes hineinläuft. ‚Wenn Sie darüber schweben und die Mutter in die Praxis hineinrennt, dann müssen Sie doch oben irgendwo an den Balken oder an der Decke oder an dem

Sturz hängenbleiben?' Sie gibt zur Antwort: ,Nein, das ist ganz komisch, ich bin da dabei.' Auf die provozierende Frage: ,Gehen Sie durch die Wand oder wie', antwortet sie: ,Ich weiß nicht, ich weiß nur, daß ich oben darüber bin und alles sehe.' ,Sind sie oben darüber und sehen sie alles, auch wie sie durch die Tür durchgehen?' Sie antwortet: ,Ja.' Nochmals die Frage: ,Von wo aus sehen Sie das, wenn Sie durch die Tür durchgehen? Sind Sie da auch so hoch darüber?' ,Ja, ich bin einfach da, ich sehe, wie die Schwester gerade kommt, die ganzen Leute in der Praxis, da sitzen viele ältere Leute, meine Mutti schreit, mein Kind, mein Kind, der Doktor ist nicht da. Mir gefällt es da oben gut. Da oben, wo ich schwebe, da bin ich so unter der Decke.' Ich frage: ,Unter der Decke von der Praxis?' ,Ja, ich schaue von oben herunter.' Auf eine weitere Frage nach dem Wohlbefinden antwortet sie: ,Ich fühle mich wohl.' ,Sie fühlen sich also wohl, und was machen die da unten', damit sind die Personen gemeint, die sie von ihrer angeblichen Höhe wahrnimmt. Sie berichtet dann: ,Die Frau vom Arzt kommt, und die legen mich auf einen Tisch, reißen mir das Zeug herunter.' ,Was für Zeug?' ,Ich habe so ein Kleidchen an, ich bin noch klein.' ,Und das reißen sie herunter?' ,Ja, damit sie an meine Brust kommen, und meine Mutti steht da und schreit und schluchzt.' Auf die weitere Frage: ,Was macht Ihnen das da oben aus', gibt sie zur Antwort: ,Ich glaube, mir tut sie nur leid, aber da ist es so ruhig, und ich fühl mich so unheimlich geborgen.' ,Sie fühlen sich unheimlich geborgen und schauen von oben runter zu?' ,Ja.' ,Was machen sie denn mit Ihnen?' ,Jetzt machen Sie Herzmassage, wie ich heute weiß, die drücken auf der Brust herum.' Es folgt ein merkwürdiger Kommentar bei der Reproduktion der zuvor geschilderten Situationen: ,Ich will aber gar nicht zurück.' Ich frage sie dann noch einmal: ,Wer holt Sie zurück, wollen Sie gar nicht zurück?' ,Nein, die Frau vom Doktor versucht mich zurückzuholen, ich höre wie sie sagt, daß sie nicht glaubt, daß sie es schaffe, damit meinte sie, mich wiederzubeleben. Sie sagt wörtlich: Oh Gott, ich glaube nicht, daß wir es schaffen.' Auf die Frage, was passiert jetzt, gibt die Patientin zur Antwort: ,Plötzlich merke ich, wie mich

264

etwas nach unten zieht', und sie betont nochmals: ,Ja, ich will aber gar nicht richtig, das ist, wie wenn man *durch einen Trichter nach unten gezogen wird.*' Ich lasse die Patientin zu dieser Bemerkung mit den Händen zeigen, was sie darunter verstehe und wie man aus der Videoaufzeichnung ersehen kann, zeigt sie und kommentiert: ,So sieht es aus, wie es mich herunterzieht' (siehe Fotos Seite 266), dann zeigt sie, wie es sie hineinzieht, ,dann bin ich wieder drinnen und ich merke, mein Herz schlägt.' ,Merken Sie, wie Ihr Herz schlägt?' ,Ja.' Auf die Frage: ,Was passiert danach?' antwortet sie: ,Ich habe angefangen zu schnaufen, d.h. zu atmen. Die Frau des Arztes ist wahnsinnig erleichtert, sie und meine Mutter sind ganz geschafft, ich fange an zu weinen und zu heulen, und meine Mama stürzt über mich, weint auch. Ich selbst weiß gar nicht, was passiert ist, ich weiß gar nicht, wie ich dahingekommen bin, ich habe gar keine Ahnung', gibt sie dann zum Schluß zu Kommentar. Sie gibt sogar zu auf die Frage: ,Kommt Ihnen das alles ein bißchen komisch vor?' Die Antwort: ,Ja, ich habe irgendwie ein bißchen Angst, ich weiß gar nicht, was los ist, alles um mich herum, auch das Lachen und die Tränen verwirren mich, was soll das?' Danach berichtet sie, wie auch die anwesenden Personen, die an diesem Geschehnis der Wiederbelebung teilgenommen haben und sich darüber freuen und diskutieren. Im Verlaufe der weiteren Rückführung berichtet sie dann, im Rahmen ihrer Zeugung von fast dem *gleichen Trichterphänomen,* von dem sie bereits bei der eben geschilderten Wiederbelebung berichtet hat."

6. Rückerinnerungen an die Empfängnis in wach-suggestivem Zustand
Viele Rückführungen durch die Geburt und Schwangerschaft bis zur Empfängnis geben ähnliche Berichte wie in der Hypnose.
Möge hier ein Protokoll stehen von einem jungen Menschen in diesem Zustand:
„Ich schwebte frei herum und beobachtete Papi und Mami, und plötzlich gab es einen Knall. Ich begann mich zu drehen, ich wurde schwindlig. Alles zog sich in mir zusammen. Ein starker

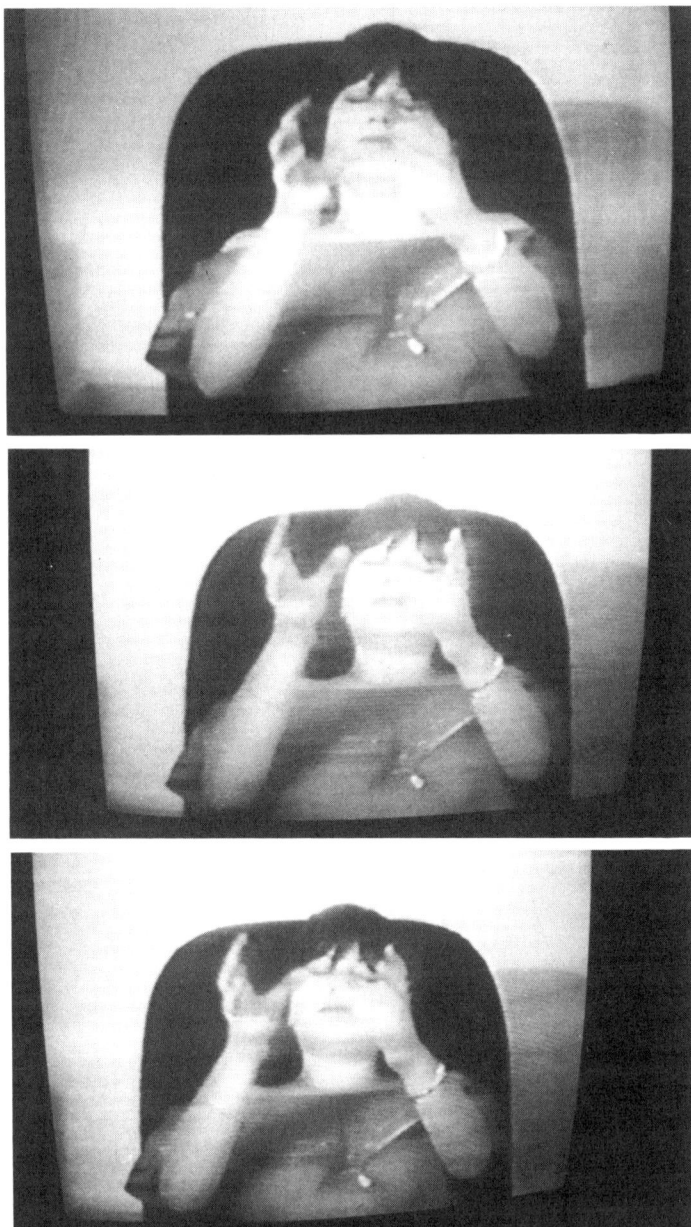

Sog riß mich spiralförmig wie ein Wirbel in einen Trichter hinunter. Ich konnte und wollte nichts dagegen tun. Alles war dunkel, sehr dunkel, aber warm. Es wurde immer enger und enger, während ich in den Trichter hinuntergezogen wurde …, und plötzlich wurde ich sehr klein … Ich zog mich zu einem Punkt zusammen …, ich war angekommen."

Die Rückführungsprotokolle sprechen immer von spiralartigen Bewegungen in einem „Trichter", welcher eigentlich die Person selber ist.

7. K.O. Schmid: „Abendländisches Totenbuch"

Von vielen ähnlichen Darstellungen möge hier noch ein Zitat über die trichterförmige Spirale stehen:

Spirale als Sinnbild

In der Innenschau enthüllt sich das vielgestaltige Panorama eines *unendlichen Lebens, das immer höher führt,* nicht auf gerader Bahn und nicht in endlosen Kreisen, sondern in myriadenstufigen, aufwärtsweisenden Wendel- oder *Schraubengängen,* in deren Sog und Zug nach oben sich der fortschreitende Wandlungsprozeß der Vergeistigung des Stoffs und der Vergöttlichung des Geistes vollzieht.

In diesem universalen Prozeß gibt es keine Wiederkehr des Gleichen. Sein Sinnbild ist darum nicht der Kreis, sondern die *Spirale,* wobei jede Windung im Spindelgang einem Lebenskreis entspricht.

Wie der Weg der *Erde* um die Sonne keine Kreisbahn ist, weil sie, wie alle Planeten, der Sonne auf ihrem Wege um das Zentrum der Milchstraße folgt, sondern ein *Schraubengang,* so ist auch die Entwicklungsbahn des *Selbst* von Leben zu Leben ein *spiraliger Höhenweg,* auf dem jeder neue Daseinskreis um einiges höher liegt als der vorangegangene, wobei er jeweils teils im Licht (des äußeren Daseins), teils im ‚Schatten' der Todesspanne liegt …

So schaute der Religionsphilosoph Wilhelm *Hauer* mit Recht in der *Spirale* das höchste Sinnbild der Wiederkehr:

‚Heil'ges Sinnbild du, Spirale,
Kräftig quellen deine Ringe
Aus der ewig-einen Mitte,
Endlos kreisend, All-umgreifend,
Vom Unendlichen umfangen,
Haltend alles ird'sche Werden,
Schwingend in der großen Ordnung.
Stille wendest du dich wieder
Rückwärts, einwärts zu der Mitte,
Tief dich bergend in dem Ausgang,
Ruhst im Unbegreiflich-Einen.
Jedes Tages Auf und Nieder,
Jedes Jahres Steigen, Sinken,
Unseres Lebens Kommen, Gehen,
Und des Weltalls Werden, Sterben,
Bist du, heilige Spirale
Aus der ewig-einen Mitte.'"

IV. Teil

Mensch und Schöpfung

17. Entwicklung des Menschen

Schon seit Urzeiten hat der Mensch das Verlangen, zu wissen:
Woher komme ich? Wohin gehe ich? Warum bin ich da?
Es scheint mir daher nützlich zu sein, die irdische Entwicklungsgeschichte kurz zu streifen, um dadurch das Prinzip des Menschen besser verstehen zu können.
Als ich die Entwicklungsgeschichte des Menschen studierte,
wurde mir klar, daß ich mit ähnlichen Ahnungen vom klinisch-
toten Zustand zurückkam. Damals war in mir alles irgendwie
klar. Ich hatte keine Probleme mit mir als Mensch. Das Problem
begann erst, als ich darüber nachdachte und versuchte, diese
selbstverständlichen Ahnungen oder Kenntnisse mit dem Kopf
zu bearbeiten. Ganz besonders schwer fiel es mir, dies alles auch
noch zu formulieren. Und mit dieser Schwierigkeit kämpfe ich
noch heute.
Wenn wir mit unserem Intellekt über die Entwicklung des
Menschen nachdenken wollen, müssen wir zwangsläufig die
ganze Evolution seit der Geburtsstunde des Universums durch-
arbeiten.

1. Die Schöpfung der Materie

„In principium erat verbum" – zu deutsch: „Im Anfang war das
Wort", so beginnt das Johannes-Evangelium, wobei das Wort
die Bedeutung von: Gedanke, Idee, Planziel, Programm, in
Mantra manifestierte Energie, äonischem Prozeßanfang,
Urprinzip, verkündetem Willen haben kann. Damit erfolgte die
Schöpfung der Materie. Seit dieser Zeit befindet sich alles in
einer Entwicklung: Expansion bis ca. 50 Milliarden Jahre, da-
nach eine Zurückbildung, die nach heutigen wissenschaftlichen
Theorien wieder ca. 50 Milliarden Jahre dauern wird. Das ist die
Periode des Werdens und Vergehens „unseres" geschaffenen
Weltalls.
Die heutige Physik lehrt uns, die Materie sei konzentrierte Ener-
gie. Wir können annehmen, jedes Teilchen, jeder Baustein der

Materie habe eine diskrete energetische Aufgabe, nach der die Organisationsmuster aller zukünftigen Entwicklungsstufen zu verwirklichen sind. Das ist das Programm der Materie.

Unser Universum ist durch die Schöpfung der Materie entstanden. Dies bedingt die Existenz einer Urenergie – wir nennen sie Gott – welche für die Entstehung aller Organisationsmuster, aller Strukturen und damit alles *Seins* verantwortlich ist. Diese Gottes-Idee kann Strukturen bzw. Organisationsmuster aller Art erschaffen. Deshalb ist es denkbar, daß von unserem Universum sehr verschiedene, nach völlig verschiedenen Organisationsmuster erschaffene Zusammenballungen von Energie existieren können.

Unser Universum ist verhältnismäßig jung. Vor ca. 15 Milliarden Jahren erfolgte angeblich die Geburt, der „Big Bang", die schöpferische Ur-Explosion. Darüber hat der Physiker und Nobel-Preisträger Steven Weinberg sein Buch „Die ersten drei Minuten" geschrieben. Darin versucht er, das Entstehen des Universums zu berechnen. Demnach besteht das Universum aus einer riesigen, jedoch endlichen Materiemenge, schätzungsweise aus 10^{80} Atomen bzw. 10^{53} kg Materie oder 10^{23} Sonnenmasse. Folglich ist das Weltall fast leer. Durchschnittlich enthält ein m^3 nur 10 Atome, jedoch eine Milliarde „Neutrinos" und eine Milliarde „Photonen" als Träger der elektromagnetischen Energie. Das Leben auf der Erde hat sich unter dem Einfluß dieser Strahlungen entwickelt.

Das Licht breitet sich im leeren Raum mit einer Geschwindigkeit von ca. 300 000 km/Sekunde aus, was wir Lichtgeschwindigkeit nennen. Es benötigt dementsprechend 15 Milliarden Jahre, bis Lichtsignale vom äußersten Ende des Universums zu uns gelangen.

Das Universum ermöglicht neben der Materie auch die Existenz von Antimaterie, welche eine entgegengesetzte elektrische Ladung hat. Jedes bekannte Teilchen hat sein Antiteilchen in der Antimaterie. Wo immer Partikel aus Materie und Antimaterie zusammentreffen, kommt es zu ihrer vollständigen Vernichtung, d.h. die materielle Energie wandelt sich in äquivalente

Strahlenenergie, deren Träger die Photonen und Neutrinos sind.

Dieser Prozeß läuft unaufhörlich, und es entsteht eine unvorstellbare kosmische Strahlungsenergie, in der wir Menschen wie Fische in einem Ozean schwimmen ... Dieses Strahlungsmilieu hat die Entwicklung der Materie, des Lebens und dadurch des Menschen gesteuert.

2. Die Zeit

Bevor wir fortfahren, müssen wir noch das Phänomen „Zeit" ein wenig betrachten. Da alle materielle Energieschwingung in der Zeit geschieht, ist die Zeit als eine Weltdimension zu betrachten. Die verschiedenen Autoren nennen sie als vierte Dimension. Es ist wichtig, daß der Zeitfluß von einem Ausgangspunkt (z.B. „Big Bang") linear in eine Richtung geht. So reden wir von gestern, heute, morgen im Raum-Zeit-Kontinuum.

Was würde passieren, wenn die Zeit nicht linear, sondern gekrümmt fortschreiten, wenn eine Kreisbahn befahren würde? Wenn die Zeit, je nach der Position des Beobachters, einmal fortschreiten und zurücklaufen würde? Wenn sie sich spiralartig ausdehnen oder plötzlich als Anomalie stehenbleiben würde? Oder rast die Zeit an der Grenze des Universums mit Lichtgeschwindigkeit? Diese Gedankenmodelle sind es, die viel Faszinierendes in sich haben, wenn man nur an die Raumfahrt mit Lichtgeschwindigkeit, an die Zeitreise, an Erscheinungen der Ufos der Vergangenheit oder der Zukunft, an Prophezeihungen und Hellsehen usw. denkt.

Einstein hat die relativistische Zeitdehnung formuliert, welche bei großen Geschwindigkeiten von über einem Prozent der Lichtgeschwindigkeit, d.h. bei über 3000 km/Sekunde auftritt. Deshalb ist die Zeit relativ und imaginär. Auch in der Zeit können Anomalien auftreten. Dieser Effekt wird immer mehr unser physikalisches Weltbild in der Zukunft prägen.

Es ist merkwürdig, daß laut Einstein'scher Theorie ein Körper mit zunehmender Beschleunigung bis auf Lichtgeschwindigkeit

– ein Anwachsen seiner Masse bis auf unendlich schwer,

– ein Schrumpfen seiner Ausdehnung bis auf unendlich klein,

– eine Verlangsamung seiner eigenen Zeit bis auf unendlich langsam erreicht.

So hat ein Reisender mit Lichtgeschwindigkeit keine Zeit mehr; er lebt in der unendlichen Gegenwart. Außerhalb der Lichtgeschwindigkeitsgrenze, außerhalb R 4, existiert die ewige Gegenwart. Eine ähnliche Zeitdehnung, welche an der Grenze der R 4-Weltrealität war, erlebte ich nach dem Austritt. Ich wollte von der Unfallstelle wegfliegen, und ich flog bereits in die Richtung der Sonne. Außerhalb der materiellen Welt gibt es für mich keinen Raum und keine Zeit mehr. Die theoretische Physik stößt jenseits der Lichtgeschwindigkeit zwangsläufig auf philosophische und religiöse Begriffe.

Die Zeit ist charakteristisch für „diesseitige", in der materiellen Welt sich abspielende Prozesse. Im absoluten „Jenseits" ist alles gegenwärtig, gleichzeitig. In unseren Träumen z.B. erleben wir andere Zeitabläufe; aber die Erinnerungen, aus denen wir die Eindrücke abrufen, erfolgen immer in der Welt, d.h. in der seriellen Zeit.

Wenn man die Qualität der Zeit untersucht, stößt man auf die Erkenntnis, daß ohne Zeit kein Raum existieren kann. So vollzieht sich die biblische Trennung von Finsternis und Licht durch Gott. Das Licht des Urknalls, welches in jede Richtung mit Lichtgeschwindigkeit rast, markiert den Raum, erschafft den Raum und kennzeichnet die immer größer werdende Ausdehnung des Weltalls. So hat das All wie ein aufgeblasener Luftballon eine gekrümmte Grenze.

Auf die Fragen: „In welchem Hyperraum expandiert unser All? Was war vor dem Urknall? Was wird danach sein, wenn die ganze Welt in einem ‚schwarzen Loch' verschwindet?" können wir keine Antwort geben. Die Antworten liegen außerhalb der Raum-Zeit-Welten und sind nur durch unerschütterlichen Glauben an Gott zu erahnen!

3. Weltstrukturen

Jetzt möchte ich einen Gedanken zusammenfassend wiederholen: Eine Verschiebung, Verdrehung, Krümmung oder Anomalie in einer Raum- oder Zeitstruktur können andere Raum-Zeit-Strukturen hervorrufen. Hier können wir die Ursache von vielen sogenannten Wundern, parapsychologischen, besser gesagt paranormalen Phänomenen usw. erkennen. Mit „Über"- oder „Super"-Energien, mit anderen Worten mit Göttlicher Geisteskraft ist es – meiner Meinung nach – möglich, auch Raum-Zeit-Strukturen lokal zu verändern. Hier können unerklärliche Wunder, die aber alle nicht materiellen, sondern übermateriellen Gesetzen gehorchen, geschehen. Durch Meditation, durch das In-sich-gehen, ist man eventuell begrenzt fähig, diese Kräfte zu aktivieren und für gute Zwecke anzuwenden.

> „Wunder entstehen nicht entgegen der Natur, sondern entgegen unserem Wissen über die Natur."
>
> Prof. v. Weizsäcker

Sehr faszinierend beurteilt Burkhard Heim als genialer deutscher Atom-Physiker nach seinem Erlebnis des klinisch-toten Zustandes die Welt*:

„Aus der mathematischen Analyse gewisser empirischer allgemeiner Prinzipien der materiellen Welt in Form einer nichthermetischen Strukturbeschreibung der Raumzeit ergibt sich die zwingende logische Notwendigkeit, die drei reellen Koordinaten x_1, x_2 und x_3 des physischen dreidimensionalen Raumes, sowie die Lichtzeit x_4 (als Zeitdimension) durch zwei weitere verborgene Weltdimensionen x_5 und x_6 zu ergänzen, die ebenso wie x_4 algebraisch imaginär zählen. Diese Koordinaten eines sechsdimensionalen Weltensoriums R_6 spannen also derart ein Bezugssystem auf, daß x_5 und x_6 normal zu den übrigen vier Raumzeitkoordinaten verlaufen, so daß x_1, x_2, x_3 und x_4 als physische Raumzeit R_4 einen vierdimensionalen Unterraum des R_6 aufspannen. Die Semantik der verborgenen Koordinaten x_5 und x_6 jenseits des R_4 ergibt sich aus der Tatsache, daß x_5

---

* „Postmartale Zustände", Bernhard Heim, Resch Verlag, Innsbruck

offenbar sich ständig in x_4 aktualisierende Organisations-
zustände bewertet, während die mehrdeutige Aktualisie-
rungsrichtung in x_4 aus x_6 gesteuert wird. Aus diesem Grunde
wurde x_5 als entelechiale und x_6 als äonische Dimension
bezeichnet."

Dementsprechend enthält seine Weltstruktur:

3 reelle Koordinaten:

x_1, x_2, x_3 des Raumes

3 imaginäre Koordinaten:

x_4 Lichtzeit-Dimension

x_5 entelechiale Dimension

x_6 äonische Dimension

So ist unsere R_4-Raum-Zeit-Welt ein Unterraum der R_6-Struk-
turen. Wir können bereits in 6 Dimensionen mathematische
Operationen durchführen. Da die Indizierungen bei Heim
voneinander unabhängig die Raum-Zeit-Dimensionen durchlaufen, gibt es insgesamt $4^3 = 64$ Operatorbeziehungen, die
ebenso viele diskrete Punktspektren der Struktur der R_4 =
Raum-Zeit-Welt beschreiben. Hier haben wir mathematisch
wieder die Zahl 64 als Zahl der Grundoperations-Möglichkei-
ten entsprechend dem genetischen Code und den archetypischen Grundsituationen der geistigen Weiterentwicklung in der
Philosophie des I-GING. Eine faszinierende Feststellung! Die
Zahlenmystik gibt der Zahl 64 auch besondere Bedeutung!
Der bekannte Physiker und Nobel-Preisträger Prof. Weinberg
definiert 10 Dimensionen für unseren geschaffenen Kosmos:
9 Raumdimensionen + 1 Zeitdimension. Von diesen nehmen
wir die ersten 3 Raumdimensionen als reale Dimensionen und
die Zeit als imaginäre Dimension wahr. Die 6 zusätzlichen
Raumdimensionen, die gekrümmt, gerollt und ineinander ver-
flochten sind, erzeugen die Schwerkraft, welche für die Zusam-
menballung der entstandenen Materie verantwortlich ist. So
erklärt er die Bildung von Galaxien sowie die Entstehung unseres Sonnensystems.

Die Weltstrukturen, die außerhalb unserer R_4-Raum-Zeit-Welt liegen, können wir nie erforschen. Der Aufbau der Welt erfolgt nach verschiedenen kosmischen Prinzipien, Plänen, Ebenen, Lokas – wie immer man es nennen mag. Die vielen Modelle sind faszinierend und interessant, weil sie verschiedenen philosophischen Richtungen entsprungen sind. Welche ist nun richtig? Diese oder irgendeine andere der vielen Theorien?

Ich behaupte, daß es gar nicht so wichtig ist, wie viele Dimensionen wir bezeichnen, und wie wir diese benennen. Wir werden uns nie über die Richtigkeit dieser oder jener Theorie vergewissern können.

Mir persönlich ist die Tatsache, die ich während des klinisch-toten Zustandes wahrnehmen konnte, wichtig, daß mehrere „höhere" Dimensionen bestehen, die wir als in die Materie eingeschlossene Menschen nicht vollständig erfahren können.

4. Entwicklung der Materie

In der Zeit ist die Entwicklung der Materie des ersten materiellen Teilchens so weit fortgeschritten, daß das erste, einfachste Wasserstoff-Atom entstanden ist. – Aus was? – Aus reiner, schwingender Energie! Die elektromagnetischen Ladungen haben ein Programm erhalten, befolgen eine Matrize, entwickeln einen eigenen Geist und eine eigene Seele, werden fähig, einem Gesetz zu folgen oder sich als Anomalien über das Gesetz hinwegzusetzen. Sie haben ein Eigenleben.

Ganz verblüffend beschreibt der französische Atomphysiker J. Charon dieses Problem der Materie in seinem Buch: „Der Geist der Materie". Mögen hier einige kurze Textzitate stehen: „Ich aber war, wenn ich es recht bedenke, bei meinen Forschungsarbeiten über die als ‚leblos' bezeichnete Materie von Anfang an darauf bedacht, erste Anzeichen der Beseeltheit aufzuspüren, den Geist zu entdecken, der sich hinter der Materie verbirgt. Mit anderen Worten, mir war nie ganz wohl zumute, angesichts der ‚reduktionistischen' Lehrmeinung der zeitgenössischen Physiker, die sich ganz bewußt um die Konstruktion eines physikalischen Weltbildes bemühen, in dem der Geist nichts zu suchen hat. Und ich bin heute der Meinung, daß ich recht hatte. Ich will in diesem Buch beschreiben, wie es mir im Lauf der letzten Jahre endlich gelang zu zeigen, daß es, um eine vollständige und befriedigende Erklärung für Struktur und Eigenschaften gewisser Elementarteilchen geben zu können, notwendig ist, neben der Raum-Zeit-Materie ein Raum-Zeit-Gefüge besonderer Art einzuführen, das alle charakteristischen Merkmale des Geistigen aufweist. Was ich Ihnen auf den folgenden Seiten darlegen will, sind die verschiedenen Aspekte und Konsequenzen dieser ‚neognostischen' Physik."

„Überall, im gesamten Universum, konstatieren wir die Existenz einer fundamentalen Größe, die imstande ist, einen Gedanken im Raum entstehen zu lassen, etwa so, wie ein Elektron ein elektrisches Feld entstehen läßt. Der Gedanke ist folglich allgegenwärtig – in Stein, Pflanze oder Tier nicht minder als im Menschen, und er ist es auch, der durch jede Regung eines lebenden Organismus hindurchschimmert, sogar wenn dieser, wie die einfachsten Bakterien, nur aus einer einzigen Zelle besteht."

„Es ist nämlich nicht so, daß ‚mein Geist von Äonen gesteuert wird', sondern ich selber bestehe aus eben diesen Äonen. In jedem einzelnen der Äonen, die meinen Körper bilden, ist mein ‚Ich', das heißt meine individuelle Persönlichkeit, vorhanden. Die neognostische Weltanschauung macht aus dem Menschen also keine hilflose Marionette, sondern versucht ganz im Gegenteil zu zeigen, daß unsere Persönlichkeit in ihrer Einzigartigkeit am gesamten geistigen Abenteuer der Welt direkten Anteil hat; einem Abenteuer, das zugleich mit der Entstehung der Welt begonnen hat und mit ihr zugleich enden wird …, wenn das Universum überhaupt eines Tages zu Ende gehen soll (was die Äonen, die Baumeister der Zukunft, so scheint es, bisher noch niemandem verraten haben!)"

Dieses erste Wasserstoffatom (H_1) mit den zwei polaren Ladungen, die sich in großer Distanz in enger Zugehörigkeit durch die nuklearen Kräfte bewegen, ist genial einfach aufgebaut. Und doch konnte ein so ausgeklügeltes System nur durch eine unendliche Intelligenz ausgedehnt werden.

Dann erfolgte eine Programmentwicklung, welche eine Strukturveränderung hervorrief, und damit entstand das Sauerstoffatom (O_2). Dieses hat neue Aufgaben, neue Programme und neue Anomalie-Möglichkeiten.

Und so ging es weiter, bis sich alle Atome aller Elemente der periodischen Systeme entwickelt hatten. Wie weit diese Entwicklung im Gang ist, weiß niemand.

Die Programme der einzelnen Elemente enthalten die Affinität, d.h. die Fähigkeit, wie die verschiedenen Elemente miteinander gekoppelt werden können, damit eine neue Qualität in der Entwicklung entstehen kann: Die chemischen Verbindungen der verschiedenen Atome – die Stoffe, die Moleküle.

Die Entwicklung schritt immer mehr voran. Aus den einfachsten Verbindungen (H_2O = Wasser) wurden immer kompliziertere gebildet, die dann geschlossene oder offene, kettenförmige Strukturen hatten.

Meiner Meinung nach war diese Entwicklung, welche wir als Entwicklung des Programmes der Strukturen bezeichnen können, nicht spontan, zufällig, sondern irgendwie gesteuert. Bei der Entstehung des Programmes war diese Entwicklungsmöglichkeit einprogrammiert. Auslöser und Förderer der Qualitätsänderung war und ist immer noch ein Energieeinfluß von bestimmter Frequenz. So entstanden ständig Mutationen in molekularen Strukturen = neue Arten von Stoffen; auch heute noch können solche entstehen, denn die Entwicklung der Materie ist nicht abgeschlossen.

Diese Hinweise mögen hier genügen, um zu bestätigen, daß die Materie – die wir als „statisch" bezeichnen – doch immer dynamische Fähigkeiten hat. Wir können diese als Programm, Seele oder Geist, oder entelechischen Entwicklungsdrang eines Prinzips bezeichnen.

Die Atom- und Molekular-Physik hat die faszinierende Entdekkung gemacht, daß nicht immer alle Prozesse entsprechend den festen physikalischen Gesetzen ablaufen. Es wurden Ausnahmefälle, Abweichungen beobachtet, die wir nicht verstehen können. Diese sprengen die allgemein gültigen Gesetze, tanzen aus der Reihe ... Wie sind solche gesetzwidrigen Fälle möglich? Die Physiker sind damit an einem Punkt angelangt, wo sie vermuten müssen, daß andere Prinzipien wirksam sind, daß andere Ideen befolgt werden. Vielleicht hat die Materie eine begrenzte Entweichungsfähigkeit, sich so oder so zu verhalten. Vielleicht kann sie Empfindungen wahrnehmen und entsprechend ihren Interessen handeln; vielleicht hat jedes elementare Teilchen, Atom, Molekül, eine „Seele" oder einen „Geist" – vereinfacht ausgedrückt, oder, wie ich es gespürt habe, ein entsprechendes Prinzip, welches ihm bewußt ist. Kann man dies als „Bewußtsein der Materie" bezeichnen?

Für mein Denkmodell, was die Schöpfung anbelangt, ist dieses Bewußtsein der Elementarteilchen, Atome, Moleküle – welches ganz einfach oder sehr kompliziert sein kann – ein grundlegendes Prinzip, welches mit der schöpferischen Idee oder dem „Wort" völlig übereinstimmt.

Alles hat ein inneres Prinzip in sich, welches die begrenzte Fähigkeit der Selbstbestimmung, Selbstprogrammierung, besitzt. So auch die sich immer weiter entwickelnde Materie.

Es ist noch zu bemerken, daß auch eventuelle Fehlentwicklungen in den materiellen Strukturen möglich sind. Diese sind aber der Vernichtung, Zerstörung, dem Zerfall geweiht. Nur die „lebensfähigen", entwicklungsfähigen Mutationen haben Zukunft.

5. Entstehung des Lebens

Das Leben ist ein der Materie übergeordnetes System.

Die Entwicklung der Materie hat organische Stoffe produziert, die Strukturen aufweisen, welche zur Erfüllung von neuen Aufgaben, von ganz neuen Prozessen fähig sind. Hier sehe ich die große Tat der Schöpfung: daß die biochemischen Grundsteine des Lebens durch neue göttliche Energien die Fähigkeit erhalten haben, vom materiellen Prinzip abzuweichen. Sie haben ein anderes, höheres Programm erhalten, nämlich dasjenige des Stoffwechsels. Es ist ein sehr kompliziertes Programm, welches eine begrenzte Selbstprogrammierungsfähigkeit voraussetzt.

Die erste, primitivste, sich selbst programmierende organische Verbindung wurde dadurch „flügge", wurde fähig, ihr eigenes „Leben" zu erleben, dies zu lenken, zu entwickeln und durch Programmänderungen weitere Mutationen hervorzurufen.

Dies alles geschah vor ca. 3–4 Milliarden Jahren, als die ersten Eiweißverbindungen als selbstprogrammierende Systeme in der „Ursuppe" der Erde entstanden. – Das Leben ist entstanden; aber die Schulwissenschaft ist noch heute nicht in der Lage, dieses zu definieren und seine Ursachen zu erforschen.

Wenn wir auf den Anspruch von Wissenschaftlichkeit verzichten, so ist für mich das Leben ein Phänomen, welches in der Materie selbstgesteuerte, periodische Änderungen durch spezifische göttliche Energie gewährleistet – nach allgemein festgelegten Informationen oder Programmen. Der Gedanke, Wille, die Kraft Gottes ist hier für mich unleugbar. Für mich ist das Leben nicht als spontanes Produkt von gewissen Materien und Energien zu definieren, sondern bedingt einen ständigen Zufluß – als Kraftstoff – der göttlichen Energien, die auf geeignete, bereits entwickelte Eiweißverbindungen wirken. Der materielle Körper wird durch einen Energie-Körper belebt, welcher wie ein Mantel den Körper des Lebewesens umhüllt. Ohne diesen ständigen Zufluß von Energien, die von „außen" stammen, wäre kein Stoffwechsel und keine Zellteilung möglich.

Prof. M. Taube schreibt u.a.: „Das Leben ist ein Phänomen, welches auf selbstregulierten und selbstproduzierten chemischen Prozessen, angetrieben von dem Fluß der Freien Energien, basiert, in räumlichem und zeitlich geschlossenem System."

In diesem Fluß der Freien Energien habe ich die Göttliche Kraft erkannt, welche wir als „Lebensenergie" bezeichnen können.

Die Entstehung des Lebens habe ich in einem Bild, welches auf den Erkenntnissen im klinisch-toten Zustand basierte, festgehalten, viele Jahre bevor Creaks und Watson für die Darstellung des DNA-Doppel-Helix als Träger aller genetischen Informationen den Nobel-Preis erhielten. War meine damalige Skizze auf der Intensivstation nach meiner Wiederbelebung ein visionärer Zufall? Ein Hirngespinst oder ein Versuch, die erfahrene Realität wiederzugeben? Für mich war diese Skizze mit 7 Knotenpunkten eine ganz einfache Tatsache: So sieht das Prinzip des Phänomens Leben aus!

Das Leben ist ein zeitlicher Prozeß, welcher sich in Dynamik manifestiert, und ein Lebewesen ist entelechisch ausgerichtete, selbstprogrammierende Struktur.

Das Leben als solches ist eines der größten Geheimnisse und gleichzeitig Wunder der Schöpfung. Der allergenialste Gedanke, Plan, Vorstellung, Idee, Muster oder Funktionsthema des DNA-Doppelhelix ist Träger des Prinzips des Lebens. Er enthält alles, was wir als Phänomen Leben bezeichnen, alle Informationen aller erdenklichen Lebensfunktionen.

Mich fasziniert die Feststellung von Prof. Segan, der einmal sagte, im DNA-Code der ersten menschlichen Zelle, also z.B. von mir, seien bereits bei der Befruchtung so viele Informationen enthalten, daß diese Millionen von medizinischen Büchern füllen könnten; präzise ausgedrückt, sind dies ca. 5 Milliarden Informationen. Und aufgrund dieser Informationen entstanden alle Menschen, auch ich als Schreiber oder Sie als Leser dieses Buches. Kein anderer Mensch hat also genau die gleichen Informationen in seinen Zellen wie ich. Der entdeckte DNA-Code (Desoxyribonukleinacidum) sorgt einerseits für die genetische Invarianz durch die genaue Verdoppelung der in Code-Sequenzen festgehaltenen Informationen – wie gegenseitige Abdrücke von positiven und negativen Matrizen, aber andererseits erzeugen winzige Veränderungen in den DNA-Coden Informationen oder Baupläne, Funktionsschemen von neuen Arten von Lebewesen. Diese Möglichkeit, Mutationen hervorzurufen, ist eine Kraft, welche ich als göttlich empfunden habe.

So sehe ich in diesen sich selbst produzierenden Programmen die Schöpfungstat Gottes.

6. Entwicklung der Formen des Lebens

Die erste lebende Zelle war der Anfang für eine ca. 3–4 Milliarden Jahre dauernden Entwicklung.

Die selbstprogrammierende Fähigkeit produzierte immer spezifischere, differenziertere Entwicklungsprogramme, die auch neue Formen, Arten, Funktionsschemen von Zellen, Zellengruppen, schlußendlich Lebewesen hervorgerufen haben. Wir sind Zeugen einer unübersichtlichen, bunten Entwicklung, welche die Flora und Fauna unserer Erde in allen übrigen Epochen charakterisiert. Die ersten Spuren des Lebens wurden schulwissenschaftlich in den ältesten Sediment-Gesteinen in Südafrika gefunden: Versteinerte Bakterien, die sogenannten „Stromatosite", die ca. 3½ Milliarden Jahre alt sind. Nur am Rande will ich noch bemerken, daß 1969 in Australien ein „Mörchesten-Meteorit" gefunden wurde (organische Substanzen aus dem Weltall, Aminosäuren und fettähnliche Ursubstanzen).

Überlassen wir die Erforschung der DNA und der Strukturen sowie der Entwicklung der verschiedenen Proteine, welche schlußendlich die vielen Millionen Arten der Lebewesen charakterisieren, der modernen Biochemie.

Viele Millionen Arten von Lebewesen sind bereits ausgestorben, weil sie in einer bestimmten Zeitepoche nicht lebensfähig waren; nur Fossilien sind noch Zeuge ihrer Existenz.

Die Erde hat eine enorme Veränderung erlebt. Durch geologische Katastrophen, Polarsprünge usw., die mehrmals in der Geschichte der Erde vorkamen und Klimawechsel verursachten, wurden ganz veränderte Umweltsituationen geschaffen. Die Wissenschaft glaubt entdeckt zu haben, daß vor 250 Millionen Jahren ein Massensterben auf der Erde stattfand, das nur wenige Rassen überlebten. Es folgten auch andere Geo-Katastrophen, welche Massensterben verursachten, z.B. als vor 56 Millionen Jahren die Dinosaurier ausstarben, oder vor 26 Millionen Jahren, als angeblich eine Kollision der Erde mit einem anderen Himmelskörper stattfand, welche einen Polarsprung verursachte …

Verschiebung der Eiszonen, geologische Veränderungen der Erdkruste, sintflutartige Verwüstungen, Vulkanausbrüche, Lavaströme – sind einige der vielen möglichen Katastrophen, die Veränderungen hervorgerufen haben.

Waren diese Katastrophen zufällig oder wurden sie in die

Entwicklungsgeschichte der Erde einprogrammiert? Ich bin sicher, daß es keinen Zufall gibt, sondern daß die göttliche Vorsehung diese Katastrophen auslöste oder ermöglichte, um die Entwicklung der Erde und damit der Menschheit zu fördern. Shakespeare sagte enthusiastisch: „Welch ein Meisterwerk ist der Mensch! Wie edel durch Vernunft! Wie unbegrenzt an Fähigkeiten! In Gestalt und Bewegung, wie bedeutend und wunderwürdig! Im Handeln wie ähnlich einem Engel! Im Begreifen, wie ähnlich einem Gott! Die Zierde der Welt! Das Vorbild der Lebendigen ..., und doch, was ist mir diese Quintessenz von Staub?"

Ja, durch Weltkatastrophen ist der Mensch entstanden. Sein Stamm hat bisher alles überlebt. Temperatur, Atmosphäre, Zusammensetzung der Luft, die Menge der Substanzen zu gewissen Arten von Stoffwechsel, Strahlenbelastung, Klima, Bodenbeschaffenheit usw. usw. veränderten die Umwelt. Einige Arten konnten sich anpassen und überleben ..., anderen gelang dies nicht in genügendem Maße. Es entstand ein Defekt in biologischen Funktionen, und sie starben aus. Prof. Sir Karl Popper sagte einmal: „Von der Amöbe zu Einstein ist nur ein Schritt. Beide machen Fehler. Die Amöbe geht daran zugrunde ... Einstein lernt daraus, um es dann besser zu machen."

Ja, hier ist der Mechanismus der Entwicklung aller Lebewesen dargestellt. Die Frage lautet aber: Wie funktioniert die Anpassung? Durch automatisch gesteuerte Instinkte und durch Intelligenz, durch Denkfähigkeit gesteuerte Verhaltensweisen in den Lebensprozessen?

7. Entwicklung des Menschen

In dieser sich immer verändernden Umwelt der Pflanzen und Tierwelt entwickelte sich ein Lebewesen, das durch seine Überlegenheit die Herrschaft über die Erde errang: der Mensch. In vielen Religionen finden sich legendäre Darstellungen und Überlieferungen, die bezeugen, daß der Mensch das höchste Lebewesen, die Krönung der Schöpfung sei, daß er spezielle Fähigkeiten von Gott erhalten habe und durch seinen freien Willen ein Mitbeteiligter an der Schöpfung geworden sei – allerdings mit Verantwortung. „Macht euch die Erde untertan", steht in der Gnosis. Und dem Mensch allein, diesem seltsamen Lebewesen, ist es gelungen, sein Verhalten der gegebenen Situation anzupassen und von den arktischen Breiten bis zum Äquator die Erde in Besitz zu nehmen. Der Schutz der Arten ist so weit fortgeschritten, daß der Mensch auf der Erde praktisch keinen Gegner mehr hat ... außer sich selbst. Dadurch wurde der explosionsartige Bevölkerungszuwachs ermöglicht. Innerhalb der letzten kurzen 10 000 Jahre hat sich die Menschheit von einigen Millionen bis zu den heutigen 5 Milliarden vermehrt, und bald wird die Erde die noch biologisch, ökologisch erträgliche maximale Zahl von 10 Milliarden Erdenbewohnern haben. Was wird nachher sein? Diese Frage sei hier nur in den Raum gestellt. Sicher ist, daß wir uns mit Riesenschritten einer der größten Krisen der Menschheit nähern: der Überbevölkerung und damit der Zerstörung unserer eigenen Umwelt und Lebensbedingungen – falls die Menschheit nicht lernt, umzudenken.

Wie sind wir entstanden? Stammen wir von einer bestimmten Tierart ab? Hat Darwin recht mit seiner Evolutionstheorie? Überlassen wir die Antworten auf diese Fragen der Wissenschaft. Ich selbst habe etwas anderes gespürt, oder besser gesagt, etwas anderes wurde mir plötzlich klar:

Nicht wir stammen von den Tieren ab – sondern der Trend der göttlichen Entwicklung ist eine gerade Linie:

Urknall – Materie – Pflanzen – höhere Pflanzen – niedrigere Tiere – höhere Tiere und Homo erectus – Homo sapiens, der denkende Mensch – Homo sapiens sapiens, der abstrakt denkende, planerisch-schöpferisch tätige, philosophierende Mensch..., und es wird weitergehen: Über-Mensch – kosmischer Mensch – Göttlicher Mensch – Gott-Mensch..., bis Gott wieder erreicht ist.

Gehen wir zur Entwicklung des Menschen zurück und stecken die großen Phasen dieses heroischen Prozesses ab, wie die Wissenschaft heute behauptet:

- Vor ca. 3–4 Millionen Jahren lebten verschiedene Arten von Menschenaffen, wovon nur die heutigen 3 Arten (Gorillas, Schimpansen, Orang-Utan) überlebten.
- Vor ca. 2 Millionen Jahren hat ein menschenähnliches Wesen bereits Werkzeuge in Afrika hergestellt (Transval).
- Vor ca. 1 Million Jahren bevölkert der HOMO ERECTUS die klimatisch günstigen Zonen der Erde.
- Vor ca. 800 000 Jahren erlernte der HOMO ERECTUS bereits den Gebrauch des Feuers. Es gab damals mehrere Menschenrassen.
- Vor ca. 500 000 Jahren organisierte der damalige Mensch große Elefantenjagden in Europa, oder der „Peking-Mensch" lebte bereits in organisierten Gesellschaften.
- Vor ca. 280 000 Jahren war der Ursprung des heutigen HOMO SAPIENS.
  Die menschenähnlichen Wesenheiten (Tier-Menschen) starben langsam aus – die gerade Entwicklung geht weiter…, das göttliche Licht im Menschen wird stärker, er beginnt zu denken.
- Vor ca. 60 000–70 000 Jahren glaubte der denkende Mensch an Gott und an eine Weiterexistenz nach dem Tode. Die rituellen Begräbnisse in Europa und gleichzeitig in Asien sind Zeugen von diesem Glauben. Hier treffen wir den HOMO SAPIENS SAPIENS, die abstrakt denkende, religiöse Wesenheit.
- Vor ca. 40 000 Jahren erschien der sogenannte Cro-Magnon-Mensch als voll entwickelter Mensch. Der damalige Mensch zierte seine Höhle mit Fresken, er baute Schiffe und geht nach Amerika, er kannte die Schrift, konstruierte erste Mondkalender.
- Vor ca. 20 000 Jahren war bereits die Nadel erfunden, und es wurden Stoffe zusammengenäht …
  usw., usw. …

Ab ca. 10 000 Jahren v. Chr. züchten die Menschen Tiere als Nahrung und als Arbeitstiere: Schafe (vorderer Orient), Hund (Nordamerika), Ziege (Persien) – der Ackerbau wird angefangen, es entwickeln sich dörfliche Lebensformen, die erste Stadt Jericho wird gebaut, welche eine organisierte Gesellschaftsstruktur bedingt. Die weitere Entwicklung ist bereits „historisch" und als solche bekannt.

8. Stammbaum des Menschen

Es ist üblich, nach darwinistischen Grundprinzipien einen Stammbaum für den Menschen zu zeichnen, an welchem, nach vielen Verästelungen, oben die Affen, dann die Menschenaffen, daran wächst ein Ast, welcher den Urmenschen symbolisiert, und auch daraus wächst ein Ast bis zum heutigen Menschen. Ich fand diese Theorie absurd, weil es für mich unmöglich war, daß die Menschen vom Affen abstammen. Seit mehreren Millionen Jahren haben wir nie erlebt, daß Menschen vom Affen stammen sollen. Nein.

Es steht allerdings fest, daß unser Körper mit gewissen Tierarten verblüffende Ähnlichkeiten aufweisen. Es ist auch bekannt, daß z.B. Menschenaffen sich mit ähnlichen Verhaltensweisen auszeichnen, die dem Menschen eigen sind. Auch der Körperbau kann ähnlich (aber nicht gleich) sein; verschiedene biologische Merkmale weisen auf eine Verwandtschaft des Körpers hin. Die Tiere, die uns, was den Körperbau betrifft, am nächsten sind, sind die Gorillas mit 23 Chromosomen-Paaren (welche für diese Art verantwortlich sind). Wie wir gibt es Blutverwandtschaftskriterien gleicher Blutgruppen A, B, AB, 0 sowie Rhesus + und –Faktoren, 9monatige Schwangerschaft usw., usw. Ich war verblüfft, zu sehen, wie ähnlich die Gebärden, Verhaltensweisen und die soziale Organisation der Gorilla-Großfamilie ist, welche ich 1982 im Grenzgebiet Rwanda/Zaire, auf dem Vulkan Bisoke im Urwald, besuchen konnte und in die meine Kollegen und ich freundlich aufgenommen wurden. Doch fand ich – trotz verblüffender Ähnlichkeiten – meine Erkenntnis bestätigt, daß wir nicht von den Gorillas abstammen, sondern daß diese auf gewissen Entwicklungsstufen eine gemeinsame Urmutter mit den Menschen hatten.

HOMO SAPIENS SAPIENS

STAND 1989 n. Chr.

HOMO SAPIENS

HOMO ERECTUS

Letztes Massensterben
in einer Weltkatastrophe
(Sintflut)

Vorletztes
Massensterben in einer
Weltkatastrophe

Schematischer Stammbaum des Menschen. Der Mensch ist die gerade Linie in
der Entwicklung.

Die Gorillas haben die Weiterentwicklung nicht mitgemacht; sie sind nicht aufgestanden, haben den Gebrauch des Feuers nicht gelernt usw., usw. – sie sind von der Weiterentwicklung ausgespart und eben Gorillas geblieben ...

Meiner Vision nach ist also die Entwicklungslinie des Menschen *eine gerade Linie,* welche von den ersten Elementarteilchen bis zum Gott-Menschen führt.

Die Weltkatastrophen haben nur wenige Arten überlebt. Diese bilden die verschiedenen Lebewesen. Alle Pflanzen und Tierarten sind mit uns verwandt, weil wir alle einen gemeinsamen Ursprung haben. Aber alle Arten von Lebewesen sind von der geraden Linie der Entwicklung abgekommen, haben von unserer menschlichen Entwicklung Abstand genommen und sind dort, bei der Trennung, steckengeblieben. So sind alle Tierarten z.B. Abarten vom entsprechenden Produkt der menschlichen Entwicklung zu jener gegebenen Zeit.

Nicht wir stammen von den Tieren ab – vereinfacht gesagt – sondern die Tiere sind notwendige Vorstufen und Seitenzweige am Baum der Entwicklung. Irgendwie habe ich es damals in einer Vision erfahren, daß die Entwicklung neben der geraden Linie des Menschen verschiedene Abarten hervorbringt, die ich mir als parabolischen Trichter vorstellen kann. Dann kommt eine Weltkatastrophe mit Massensterben – und verhältnismäßig wenige Arten von Lebewesen bleiben übrig. Die Entwicklung und die Vermehrung der Arten geht wieder weiter bis zur nächsten Weltkatastrophe mit Massensterben. Einige überleben und entwickeln sich weiter ...

Die große Frage lautet: Wie geht es weiter? Laut Einstein ist unser Gehirn voll entwickelt, aber wir Menschen gebrauchen nur 15% unserer Gehirnkapazität, d.h. wir brauchen nur 15% unserer Möglichkeit, unser ICH hier in dieser materiellen Welt zu manifestieren.

Hierin sehe ich den göttlichen Plan:

Wir sollen uns weiterentwickeln. Wir haben als Mensch ein Werkzeug, unser Gehirn, bisher zu 85% ungenutzt gelassen. Hier sehe ich die potentielle Entwicklung. So können wir uns vom HOMO SAPIENS SAPIENS zum HOMO SUPER-SAPIENS, und weiter zum SPIRITUS HUMANUS, zum SPIRITUS COSMICUS und zum SPIRITUS DIVINUS bis schlußendlich zum SPIRITUS DEUS entwickeln.

9. Unterschied zwischen Mensch und Tier
Um die Entwicklung des Menschen zu verstehen, ist es nützlich, kurz die Unterschiede zwischen Mensch und Tier aufzuzeichnen und damit einige Charakteristiken des menschlichen Geistes zu definieren, geht es doch um die Fähigkeiten des Geistes (Pneuma), welche nur dem Menschen eigen sind. Ohne Anspruch auf Vollständigkeit zu erheben, möchte ich hier auf einige charakteristische Eigenschaften der Tiere – ohne Anspruch auf Vollständigkeit – hinweisen.
Das Tier:

1. ... hat kein personengebundenes ICH-Bewußtsein.
2. ... weiß nichts über sich selbst.
3. ... hat kein bewußtes Schicksal.
4. ... hat kein Todesbewußtsein, es hat nur instinktive Angst vor Gefahren.
5. ... glaubt nicht an eine Weiterexistenz nach dem Tode und hat deshalb keine Begräbnisrituale.
6. ... hat keinen Gottesglauben und keine Religion.
7. ... hat ein Gruppen-/Herdenbewußtsein anstatt ICH-BIN-Bewußtsein.
8. ... reagiert in einer Situation immer instinktiv, um sein Leben zu sichern, deshalb kann es nichts falsch machen.
9. ... kann nur begrenzt konkret denken und weiß nicht, daß es denkt.
10. ... hat nur eine situationsgebundene Intelligenz.
11. ... hat keinen freien Willen und kann somit auch nicht frei entscheiden. Es reagiert, aber entscheidet nicht bewußt.
12. ... kann nicht unterscheiden zwischen gut und böse, kann deshalb nichts Böses tun, ist unschuldig.
13. ... hat keine Ethik und keine Moral.

14. ... ist raum- und zeitgebunden, kann deshalb ebenfalls nur sehr begrenzt planen.
15. ... hat einen Zeitsinn, aber keinen Zeitbegriff.
16. ... hat zielgerichtete Instinkte und natürliche Triebe, welche sein Verhalten bestimmen.
17. ... hat kein Gewissen und kann deshalb nicht als schuldig befunden werden.
18. ... hat kein Verantwortungsgefühl, sondern kann nur gegenüber dem Erlernten verstoßen.
19. ... hat kein sittliches Bewußtsein.
20. ... kennt die barmherzige Liebe nicht.
21. ... hat keine Imagination, keine Phantasie und keine Kreativität.
22. ... kennt den Begriff „Schönheit" nicht und kann somit keine Kunst entwickeln.
23. ... hat keine Kultivierungsfähigkeit.
24. ... tötet aus Not, aus Selbsterhaltungszweck oder aus Selbstverteidigung, aber mordet nicht.
25. ... begeht keinen Selbstmord.
26. ... kann sich und seine Umwelt nicht zerstören.
27. ... kann zwar etwas gebrauchen, aber keine Werkzeuge herstellen.
28. ... hat den Gebrauch des Feuers nicht erlernt.
29. ... paart sich wegen dem Fortpflanzungstrieb und nicht aus Lust.
30. ... ist auf die Fortpflanzung ausgerichtet.
31. ... beherrscht die Sprache nicht.
32. ... hat nur eine Leitidee, welche archetypischen Ursprungs ist, usw.

Diese Aufzählung könnte natürlich noch ergänzt werden; aber diese Phänomene genügen, um den großen Unterschied zwischen Mensch und Tier darzustellen. Hier erkennen wir deutlich einen Sprung in der Entwicklung. Wie war dieser möglich? Immer noch auf Newton'schen Grundlagen denkend, muß man einen Anstoß „von außen" vermuten, welcher diesen großen

Entwicklungssprung ausgelöst hat; und weil außer Gott nichts existiert, müssen wir logisch annehmen, daß hier die göttlichen Schöpfungskräfte am Werk waren. Es ist sehr merkwürdig, daß nicht *ein* Menschenpaar in den biologisch bereits voll entwickelten Körper plötzlich diese Impulse wie einen Spot-Lichtstrahl erhielt, sondern daß die Menschwerdung in einer gewissen Epoche und an mehreren Orten der Erde quasi gleichzeitig vollzogen wurde. Man kann diese göttlichen Impulse ganz primitiv als kosmische Strahlen bezeichnen, als spezifische Kraftfelder, denen die Erde hunderttausende von Jahren ausgesetzt war. Es ist irrelevant, auf welche Art diese neuen, entscheidenden göttlichen Kräfte auf die materielle Welt wirken, wie sie sich auf der Erde manifestieren.

Wichtig ist, daß so etwas gegeben war und alle dazu gebrauchten Kräfte göttlichen Ursprungs sind. Es ist undenkbar, sich eine spontane Entwicklung vorzustellen, die die höchste Stufe des menschlichen Geistes, eine gewaltige Qualitätsveränderung, einen Qualitätssprung per Zufall spontan hervorgerufen hat. So erkannte ich eine direkte Einwirkung Gottes, die den Menschen „schuf". Charakteristisch ist für den Menschen, daß sein Geist, seine mentale Struktur, alles überwiegt. Er kann introvertiert oder extravertiert werden. Er kann über die Einflüsse nachdenken und entsprechend ethisch positive, gute, oder negative, schlechte Gedanken und Motivationen entwickeln, die die Grundlage werden für seine Entweichungen. Bevor die Entweichung in eine eigentliche Tat umgewandelt worden ist, steht also bereits bei der Motivation, den Gedanken, den Plänen für zukünftige Taten beim Mensch das Gute oder das Böse fest. Dadurch kann sich der Mensch positiv entwickeln, seine Lebensaufgabe erfüllen, liebevoll wirken, oder sich lieblos, egoistisch motivieren und sich dadurch Schuld aufladen.

Ursache ist, wie auch immer: die Liebe wird verdrängt durch egoistisch motivierte Entscheidungen. Weil der Kern des menschlichen Geistes göttlich ist, wird durch diese negative, schlechte, bösartige, egoistische Motivation die eigene Identität verdrängt, aufgehoben, und der Mensch wird immer mehr von diesen negativen Matrizen beeinflußt, gelenkt, bestimmt.

Der menschliche Geist, d.h. das ICH jedes einzelnen Menschen, ist auf die Evolution ausgerichtet. Er ist unteilbar und von einfacher Struktur. Je mehr wir über den Geist nachdenken und darüber theoretisieren, desto komplizierter wird es. Doch das ICH ist eine einheitliche und positive Struktur. Es ist interessant, einige spezifische Eigenschaften des göttlichen Geistes im Menschen – mit anderen Worten – des ICH zu erwähnen.

Das ICH ist von Zeit und Raum unabhängig, nicht an diese Grenze gebunden, kann sich außerhalb von Raum und Zeit manifestieren. Das Geist-ICH wählt sein Schicksal und bestimmt die Regie des zukünftigen Lebens selbst. Deshalb ist es nicht ans Schicksal – Gene – und andere menschliche Parameter gebunden.

Das ICH ist nicht körper- und hirngebunden, weil die klinisch Toten im ausgetretenen Zustand alle charakteristischen Funktionen des ICH behalten können (außersinnliche Wahrnehmungen, Auswertungen, Treffen von Entscheidungen, Wünsche, Wollen, usw.). Der göttliche Geist des Menschen, das ICH, ist nicht sterblich, weil es in der Transzendenz wirkt. Alles – Körper, Seele und Geist – wird einmal, nach Erfüllung der entsprechenden Aufgaben, aufgelöst, weil diese im Diesseits wirksam sind. Das ICH ist der unsterbliche Kern des Menschen. Deshalb sagt die Bhagavad-Gita: „Nie wurde der Geist geboren", denn er ist göttlich, ein Teil Gottes, er war also immer in Gott vorhanden.

Das ICH ist kreativ, hat Phantasie und Vorstellungen. Es ist der „Creator spiritus".

Das ICH hat das komplette volle Bewußtsein ICH-BIN-ICH-SELBST. Es kann denken, nachdenken, erdenken, bejahen, zweifeln, verneinen, denken über das Denken, usw. Descartes sagte: „Dubito, ergo cogito ... cogito ergo sum."

Das ICH weiß, was es ist, daß es selbst ein Teil Gottes ist, obwohl es mit dem Tagesbewußtsein, mit den im Gehirn erzeugten Gedanken, dies nicht begreifen kann.

Der Mensch hat eine göttliche, geistige Identität, welche ihm bewußt geworden ist.
HIER SEHEN WIR DEN MENSCHEN ALS AUF DIE TRANSZENDENZ AUSGERICHTETE, JEDOCH IN MATERIE EINGESCHLOSSENE WESENHEIT, WELCHE SICH AUF DEM WEG DER EVOLUTION ZUR RÜCKKEHR ZU GOTT BEFINDET.

10. Zusammenfassung der Entwicklung
Wenn wir die Entwicklung der Schöpfung zusamenfassen wollen, so sind 4 Grundgedanken oder Phänomene erkennbar:

I. Die ganze Schöpfung vollzieht sich gemäß einem großartigen, bewußten Gedanken, einer Idee, einem Richtplan, einem Programm oder dem alten biblischen Ausdruck „Wort". Es gibt keinen Zufall. Alles ist geplant, alles hat einen Sinn.

II. Vom ersten Augenblick der Schöpfung an ist eine gerade Linie, ein roter Faden in der Entwicklung zu erkennen: *die Evolution,* deren Anfang nach einer heute verbreiteten Theorie der schöpferische Ur-Knall war, schritt voran vom ersten entstandenen materiellen Elementar-Teilchen bzw. von atomarer Energie-Ladung, bis zum Gott-Menschen. Diese Entwicklung = Ausdehnung des Universums, bis der Geist des Gott-Menschen entsteht, dauert ca. 50 Millionen Jahre.

III. Nach dem erreichten Kulminationspunkt kommt die Involution, ein Prozeß, bei dem der Geist des Gott-Menschen alle Stufen der Entwicklung bis zur Materie, bis zum letzten Elementarteilchen, durchdringt, vergeistigt. Dann ist alles „vollbracht". Im ganzen Universum wird die Polarität aufgehoben, die Pole vereinigen sich und vernichten sich gegenseitig. Das ganze Universum wird zusammenstürzen und sich in einem unendlich kleinen und unendlich dichten Punkt vereinigen, und, von dieser Seite her gesehen, in einem schwarzen Loch verschwinden, um auf der Gegenseite als Urzucht wieder ein Universum entstehen zu lassen.

Dieser Prozeß der Involution (Vergeistigung) dauert auch 50 Millionen Jahre.

IV. Der Trend der Evolution in den Evolutionsphasen ist geradlinig, jedoch erkennt man darin „Sprünge" oder „gaps", wie der bekannte Physiker Prof. Dr. Taube , Zürich, sagte. Ich persönlich sehe in diesen „Sprüngen" die direkte Einwirkung Gottes, durch welche er neue Impulse, neue Programme und zur Durchführung derselben neue Energien auf die bisherigen Strukturen und Prozesse einwirken läßt. So ist die Evolution gekennzeichnet, einerseits durch plötzliche große Sprünge, Programmänderungen, Wechsel der Struktur und der Energien, hervorgerufen durch äußere Energieimpulse, und dazwischen andererseits eine langsame, mühevolle, unter stetigem Einfluß von bestehenden Energien (Strahlen) durch einprogrammierte Mutationen erreichte Entwicklung.

Hier sehe ich das schöpferische Werk Gottes in der Evolution des Universums und auch in der Entwicklung des Menschen manifestiert. Meiner Meinung nach sind die göttlichen schöpferischen „Sprünge" in der Evolution die folgenden:

I. Schöpfung der Materie (α)
Programmierte Entwicklungsprozesse für die Energie – Umwandlungen, welche wir als Elemente, als Materie erkennen – weiterhin programmierte Fähigkeiten zur Entwicklung der Moleküle der verschiedenen Stoffe und programmierte Verhaltensweisen, Strukturen und Zustände der Materie. Hierher gehört alles, was wir als physikalische Gesetze erkannt haben. Dies alles bildet die physische Welt der Mineralien.

II. Schöpfung des Lebens als dynamisch programmierter Prozeß (β)
Wenn die Materie eine gewisse Entwicklungsstufe erreicht hat, wirkt wieder die göttliche Schöpfungskraft von außen mit einer neuen Idee, einem neuen Gedanken, „Wort", und vermittelt der leblosen Materie – durch neue selbstprogrammierende Fähig-

Die Geburt des Alles erfolgte mit einem Knall; für die Entstehung der Planeten gibt es noch keine allgemein anerkannte Theorie. Dieser Stich scheint die Gaswolkentheorie von Weizsäckers vorwegzunehmen. Buffon: Théorie de la Terre. Œuvres complètes, Paris 1774.

keiten – qualitativ neue Funktionen: das Leben. Dieses Programm ist auf Entwicklung ausgerichtet.

Als die erste lebende Zelle, bzw. die erste Gruppe von lebenden Zellen, zum Stoffwechsel angetrieben wurde, war eine lange Entwicklung in Gang gesetzt worden. Die Änderungen im DNS-Code erzeugten fortwährend Mutationen, neue Arten, neue Systeme, erzeugten ganz neue Qualitäten. Gesteuert wurde diese Evolution durch die neue selbstprogrammierende Fähigkeit aufgrund von Einflüssen aus der Umwelt, die auf das Lebewesen wirkten. Wir sprechen von „Lebewesen" = lebender Materie, welche ein höheres Prinzip verkörpern, mit höherem Empfindungsvermögen und einer Art von „Seele" oder „Geist". Hierin erkennen wir die Welt der Pflanzen.

III. Schöpfung von „tierischem" Intellekt als Fähigkeit,
Programme selber zu entwickeln (γ)

Gott wirkt wieder mit seiner unendlichen Kraft gezielt von außen auf gewisse bereits weit entwickelte, lebende Systeme, welche dann die Fähigkeit erhalten, die Empfindungen in neuer Qualität als Gefühle zu erkennen. Eine triebhafte, tierische Intelligenz erscheint, welche als automatisches Optimierungssystem, Instinkt, wirkt. In weiteren Entwicklungsphasen sind die Emotionen, Leidenschaften, zu erkennen, die eine ausgesprochen egoistische, egozentrische Grundhaltung als Basis haben. Eine dynamische Entwicklung ist für die Tierwelt charakteristisch. Hier sind die ersten Spuren des Gedächtnisses mit Speicher und Abrufmöglichkeiten zu finden, welche den Lernprozeß ermöglichen. Egozentrische Auswertung und tierische Intelligenz können die Programme selbst bestimmen.

Hier erkennen wir die Tierwelt und können auch die triebhaften, tierischen, egoistischen Tendenzen im Menschen auf dieser niedrigen Stufe einordnen.

IV. Schöpfung des menschlichen Geistes, welcher Programme
selbst zu bestimmen vermag (δ)

Von neuem kommt Gottes Einwirkung von außen auf diese

Entwicklungsstufe und erschafft damit den menschlichen Geist. Aus dem Ego kann das ICH-Bewußtsein und nach weiterer Entwicklung das ICH-BIN-Bewußtsein entstehen, welches wir als konkretes, objektives, logisches Denkvermögen erkennen und woraus ein abstraktes Denkvermögen, die Kombinationsfähigkeit, Vorplanung, und die philosophische Denkweise entwickelt wird. Die höchste menschliche Intelligenz manifestiert sich im logisch denkenden HOMO SAPIENS (δ_1) und im abstrakt denkenden, zukunftsausgerichteten, planenden, religiösen HOMO SAPIENS SAPIENS (δ_2). Auf dem Bild „Die Schöpfung Adams" von Michelangelo in der Sixtinischen Kapelle im Vatikan erahnen wir den göttlichen Funken, der aus des Schöpfers Hand auf die lahme Hand des Tiermenschen überspringt. Damit war Adam, der androgyne Mensch, entstanden (siehe Abbildung Seite 29).

Die Entwicklung des Menschen ist noch nicht abgeschlossen. Unser Gehirn wird nur ca. 15% genutzt. Was für Möglichkeiten hat Gott uns Menschen noch gegeben. Schrittweise gehen wir weiter, bis der Stand des HOMO SUPER-SAPIENS voll erreicht ist. Damit ist dann der Mikrokosmos im Wesen des Menschen ganz erkannt. Dann wird der Mensch imstande sein, sich ganz zu öffnen und den Strom der göttlichen Energien aufzunehmen. Dieser Zustand ermöglicht dann eine volle Ausnützung der menschlichen Möglichkeiten auf dem Weg zu Gott. Der Bewußtseinszustand ist ICH-BIN-ICH, welcher bereits in die Richtung der Transzendenz orientiert ist.

Die Fähigkeit, die es uns ermöglicht, unser Programm selbst zu bestimmen, ist die göttliche Gnade, welcher dem Freien Willen gleich ist. Die Menschen können innerhalb der Grenzen des Schicksals Gutes und Schlechtes, Liebevolles und Böses wählen. Wir können Entscheidungen treffen, müssen aber auch die Verantwortung dafür tragen. Hier zeichnet sich die wahre Entität des Menschen, das eigene ICH – welches eigentlich sich selbst ist – aus.

Die weitere Entwicklung des ICH's ist körperlos in der Transzendenz. Die drei Stufen, die ich deutlich gespürt habe, waren:

– SPIRITUS HUMANUS – die Stufe des ICH-SELBST der vollständigen Entität, Persönlichkeit. Hier hat das ICH sich selbst voll erkannt.

– SPIRITUS COSMICUS ist die Stufe, auf welcher das ICH das ganze geschaffene Universum versteht und sich im Kosmos, in der Schöpfung integriert fühlt.

Die Großartigkeit der Schöpfung vermittelt ihm neue Dimensionen, die eine vollkommen demütige Haltung erzeugen: Hingabe an die Schöpfung – Einheit mit dem Universum.

– SPIRITUS DIVINUS können wir die höchste Stufe nennen, die Stufe des Gott-Menschen, dessen ICH nun das Prinzip Gott erahnt und bereit ist, sich selbst, seine Entität in Gott aufzulösen. Somit ist dann das Ur-Karma des ICH (christliche Erbsünde), der Abfall von Gott, überwunden, und es steht ihm nichts im Wege, sich in Gott aufzulösen.

Der menschliche Geist hat dann alle Evolutionsstufen, von der Materie bis zum Gott-Menschen, durchlaufen.

18. Der Mensch als Schöpfung Gottes

Wir haben uns am Anfang die Frage gestellt: Wer ist der Mensch? Was ist der Mensch? – Es gibt keine wissenschaftliche Antwort auf diese Frage; sie wurde seit je her immer wieder neu formuliert. Die alten Hochkulturen hatten das Wesen des Menschen intuitiv erkannt, danach aber geriet es in Vergessenheit. Wir rätseln nur darüber, welches die atlantische und lemurische Auffassung sein könnte, was die indischen Rischis wußten, was in den alten ägyptischen Hieroglyphen verborgen ist. Einige erleuchtete Menschen haben, durch In-sich-gehen in meditativer Hingabe, Zugang zu diesem alten Wissen bekommen. Das auf diese Art erhaltene Teil-Wissen bildet die Grundlage z.B. der Gnosis, was Erkenntnis bedeutet.

Paulus schrieb im 1. Korinther-Brief, Vers 10: „Geist erforscht alles, sogar die Tiefe der Gottheit;" und Goethe philosophiert über die vergessenen Weisheiten: „Das Wahre ist schon lang erfunden." – Aber das Nachdenken und Philosophieren geht immer weiter, ohne Ende. Das Erkannte wurde als größtes Geheimnis in den Mysterienschulen mündlich weitergegeben. Heute versucht man im Rahmen der Esoterik, die alten Überlieferungen von verschiedenen theologischen, philosophischen Richtungen zu studieren und miteinander zu vergleichen.

Diese Studien, bestätigt durch die Aussagen von klinisch-toten und wiederbelebten Menschen, kommen immer wieder zu demselben Resultat:

Der menschliche Körper ist durch Milliarden von Jahren dauernde Entwicklung entstanden, bleibt aber immer sterblich. Genauso wie die Körper der höchsten Tiere oder sogar der geistlosen Tier-Menschen (Endprodukt der darwinistischen Entwicklung), die als Art, als Rasse im darwinistisch geprägten Lebenskampf unterlag und ausstarb.

Dieser Tier-Körper wurde vom Geist Gottes durchstrahlt und so, durch Gottes Wille, der Träger des höheren spirituellen Prinzips, des ICH-Bewußtseins, der Persönlichkeit, der Individualität, mit dem Streben nach Wiedervereinigung mit dem Gott-Prinzip. Das göttliche, unsterbliche Prinzip wurde dem Tier-Menschen Adam eingehaucht, und damit entstand: *der Mensch.*

Diese zweifachen Prinzipien charakterisieren den Menschen: Göttlich-kosmisch (wie ich auf der Intensivstation spontan formulierte), unsterblich und irdisch-materiell, sterblich. Hier erkennen wir den doppelten Ursprung des Menschen, welcher in diesem uralten Symbol so schön dargestellt ist:

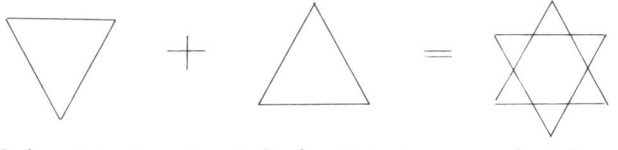

Göttliches Prinzip   +   Irdisches Prinzip   =   der Mensch

So wurde der Tiermensch ein „Tempel Gottes", wie Paulus sagte. Er drückte damit aus, daß die geistig-göttliche Monade den Körper des Tier-Menschen übernahm und der Mensch damit ein Geistträger, ein Träger des göttlichen Geist-Prinzips „Athma" wurde. So hat der Mensch, entstanden als individuelle Wesenheit, sein ICH selber erkannt und seine Aufgabe, die geistige Entwicklung hin zu Gott, wurde ihm bewußt.
Wenn man die Entwicklungsgeschichte des Menschen studiert, wird es einem immer mehr klar, daß der Mensch als solcher, Teil in der Achse der Gesamtentwicklung unserer materiellen und erdgebundenen Welt ist.
Wir haben den Menschen mit mehrfacher Struktur erkannt, als Manifestation der verschiedenen Schwingungsfrequenzen derselben göttlichen   Ur-Energie von der Materie über Leben, empfindende und emotionelle Seele, über den konkret und abstrakt denkenden Geist bis zur intuitiven Öffnung…, die alle Bestandteile der eigentlichen Entität sind, meiner Persönlichkeit, meines ICH, welches ich SELBST bin.
Diese Entwicklung aber machte nicht Halt an der Grenze zwi-

schen „Diesseits" und „Jenseits", bei der Stufe, wo das ICH auch ohne Körper, als sogenannte körperlose Wesenheit, besteht. Was für Möglichkeiten sind dort noch verborgen? – Das wissen wir nicht. Im klinisch-toten Zustand erlebte ich verschiedene Zustände, die in diesen Bereich eingeordnet werden können:

$\Sigma =$ ICH versteht sich SELBST. So identifizierte ich mich mit mir als Träger aller „diesseitigen" Energie-Manifestationen, inklusive dem Mikrokosmos.

Das ICH-SELBST-Bewußtsein des SPIRITUS HUMA-NUS – ein Zustand, den wir als vollendete Menschwerdung oder als erfolgter Individuationsprozeß (wie C.G. Jung es nannte), bezeichnen können. Falls das ICH eines solchen Menschen noch mit dem Körper verbunden ist, können wir ihn als *erleuchteter*, als *vollkommener Mensch* bezeichnen. (Σ) Dieser Mensch hat demnach die Aufgabe, sich selbst aufzugeben und *sich auf höheren Ebenen* auszurichten.

$T =$ ICH erfährt die Schöpfung, erkennt das ganze Universum als eine Makrokosmos-Struktur, wo es „zu Hause" eingegliedert ist, wo es sich als ein holographischer Teil des Ganzen erfährt. „In mir spiegelt sich das ganze Universum" – ist der Grundgedanke des SPIRITUS COSMI-CUS, der, wenn er noch mit dem Körper verbunden ist, als *kosmischer Mensch* bezeichnet werden kann. (T) Nach Erlangung dieser Bewußtseinsstufe und der taoistischen Vereinigung mit der Schöpfung kann das ICH von der Schöpfung sich loslösen.

$\Omega =$ ICH erfährt Gott als Ur-Sprung und Ziel, als α und ω und versteht, daß das ganze Universum nur ein Gedanke Gottes ist, und daß alles zu Gott zurückkehrt, daß der Sinn der Schöpfung göttliche Energien sind, die dazu gebraucht wurden, zum Ur-Sprung zurückzuführen. Das ICH hat dann bereits seine Entität, seine Persönlichkeit, seine Eigenständigkeit in Gott aufgegeben und sich mit dem Ur-Sprung vereinigt und aufgelöst – wie es der buddhistische Nirwana-Gedanke beschreibt. Diesen Zustand des ICH's kann man SPIRITUS DIVINUS nennen; und wenn ein Mensch durch Hingabe an Gott diese Stufe erreicht, ist er ein *Gott-Mensch* geworden. (Ω) hat alle Stufen durchdrungen und sich von allem loslösen können, so ist ihm das Tor offen, sich mit Gott zu vereinigen.

Der Kreislauf ist damit geschlossen. Das göttliche ICH, das in die Materie hinabgestürzt war, hat nach mühsamer Evolution den Weg in die Transzendenz, zurück zu Gott, gefunden.
Wir haben angefangen, die Struktur der Materie zu studieren und konnten darin – im mikrokosmischen Bereich – Gott erkennen. Prof. v. Weizsäcker sagte einmal:
„Die Quantentheorie sprengt den Rahmen der gesamten Physik, weil sie einen Hinweis zur Transzendenz enthält."
Und durch Erfahrungen in klinisch-toter Transzendenz erkannten wir wieder Gott im Makrokosmos als UR-STRUKTUR oder UR-PRINZIP von allem, was existiert. Inzwischen sind wir Menschen als ein grandioser, aber doch winziger Teil des Makrokosmos und Träger von Milliarden Mikrokosmen, eingebettet in der Entwicklung. So haben wir alle holographischen Eigenschaften: Wir enthalten alle Prinzipien, Strukturen, Organisationsmuster des Ganzen, dessen Teil wir sind, in uns. So können wir Menschen uns als Bestandteil des Ganzen gar nicht mit wissenschaftlichen Methoden der einzelnen Disziplinen erforschen. Nur eine synthetische Gesamtschau bringt uns näher.
Descartes drückte diese Gedanken wie folgt aus:

„Wer ernsthaft die Wahrheit der Dinge ergründen will, darf sich keiner einzelnen Wissenschaft verschreiben, denn alle Teile der Wissenschaft stehen im Verbund wechselseitiger Abhängigkeit."

Descartes
(1596–1650)

Unsere heutige Schulwissenschaft ist von einigen charakteristischen Parametern geprägt, wie:
– Forschung mit meßtechnischen Methoden;
– Gesetze, die vom logischen Denken aufgestellt worden sind;
– Studien von reproduzierbaren Ereignissen, die statistisch als solche identifiziert sind (mit größter Wahrscheinlichkeit) usw.

Die Grenze der Wissenschaft = die Grenze der erforschten Schöpfung, ist die Lichtgeschwindigkeit, weil sich das Denken, mit dem wir die Wissenschaft betreiben, im materiellen Schwingungsbereich bewegt (α, β = Sphären).

Um das „Wissen" zu erlangen, muß man die Grenze der Schulwissenschaften in die Richtung der Transzendenz überschreiten. – Ein Geschöpf kann die Schöpfungsideen und die Impulse, die Kräfte, die im Spiel waren, nie verstehen. Nur eine Entität jenseits, außerhalb des Raum-Zeit-Kontinuum mit transzendentalem Gesichtspunkt ist fähig, alles zu überblicken.

Gott verstehen können wir deshalb nie. Alle Richtungen der Philosophie, Theologie und Offenbarungen sind antropomorphe Extrapolationen und entsprechende Formulierungen.

Wie kann man den Begriff „Unendlichkeit", „Ewigkeit", „Allgegenwärtigkeit" überhaupt verstehen, wenn wir uns in drei Raumdimensionen bewegen und der zeitliche Ablauf einer unweigerlichen Reihenfolge der Ereignisse unterstellt ist?

Deshalb ist es auch so schwierig, von Erfahrungen im klinischtoten Zustand zu berichten, diese mit dem von materiellen, biologischen Prozessen abhängigen Gehirn zu bearbeiten und mit in der materiellen Welt erlernten Ausdrucksweisen, z.B. Sprache, Farben, Bilder, Musik, Tanz usw. zu formulieren, anderen Menschen verständlich zu machen. Die Wiedergabe der Phänomene, welche außerhalb der Zeit und des Raumes liegen, erfolgt bereits in der Zeit und wird im Raum dargestellt.

Alle Versuche sind deshalb von Anfang an zum Scheitern verurteilt. Wie kann ein Regenwurm das Wesen, die Technik, den Zweck eines Jumbo-Jet erfassen, der vom menschlichen Gehirn ausgedacht wurde, und sich in ganz anderen Dimensionen bewegt, fliegt, die sich der Regenwurm nie vorstellen kann! Hier kommen wir zur Problematik der gesamten Wissenschaft. Was ist erforschbar? Wo liegen die Grenzen für uns Menschen? Was ist Wissenschaft überhaupt?

Die Transzendenz liegt außerhalb der Grenze der Schulwissenschaften, und unsere menschliche Evolution strebt dorthin, wo der menschliche Körper nicht mehr wichtig ist. Das ICH entwickelt sich bis zu den höchsten Stufen. „Näher mein Gott zu Dir", war das Gefühl, das mich damals erfüllte.

Wenn ein ICH alles, was es beinhaltet, restlos unter Kontrolle bekommen hat, wenn es sich ganz geöffnet hat und nur den göttlichen Intuitionen folgt, welche seine einzige Realität sind, dann nähert es sich dem Ursprung: GOTT. Es erklimmt die höchste Bewußtseinsstufe; das Prinzip GOTT wird ihm bewußt.

Die höchste Bewußtseinsstufe, die ich wahrnehmen durfte, war die Erkenntnis, daß alles von Gott stammt, alles Energie ist, alles Gott ist. Es ist nichts außer Gott. Dieses Gottesbewußtsein war Bestandteil meines ICH's. Somit wurde auf dieser Bewußtseinsstufe die Existenz Gottes ganz klar und deutlich erkannt, wobei mir aber eine Definition von Gott unmöglich schien. Das Ur-Prinzip, das wir einfach Gott nennen, wurde mir bewußt, und auch die Tatsache, daß alles, was ist, Gott ist. Dies alles ist für uns unfaßbar, weil wir im materiellen, vierdimensionalen (nach Einstein) Raum-Zeit-Kontinuum eingeschlossen sind. Auch unsere nicht-materiellen Bewußtseins-Funktionen sind Bestandteile dieses Ursprungs.

Es fehlt uns ein Standpunkt, von welchem aus wir Gott betrachten können, weil wir selbst ein Bestandteil, eine Manifestation dieses Ur-Prinzips sind. Der „pars pro toto"-Gedanke ist nicht anwendbar, und aus der Frosch-Perspektive ist das Ganze nicht erfaßbar. – Hier ist also Demut am Platz. Es ist ein erhabenes Gefühl, zu spüren, daß ich ein Teil Gottes bin.

Der Gedanke, daß Gott der Urquell aller Energien ist und ich selbst ein Teil dieser Energie bin, gibt uns ein Gefühl der Geborgenheit und Sicherheit. Ich fühle, daß hier meine Basis ist.

Ich fühle, wie eine Lichtachse, welche von Gott, aus der Mitte

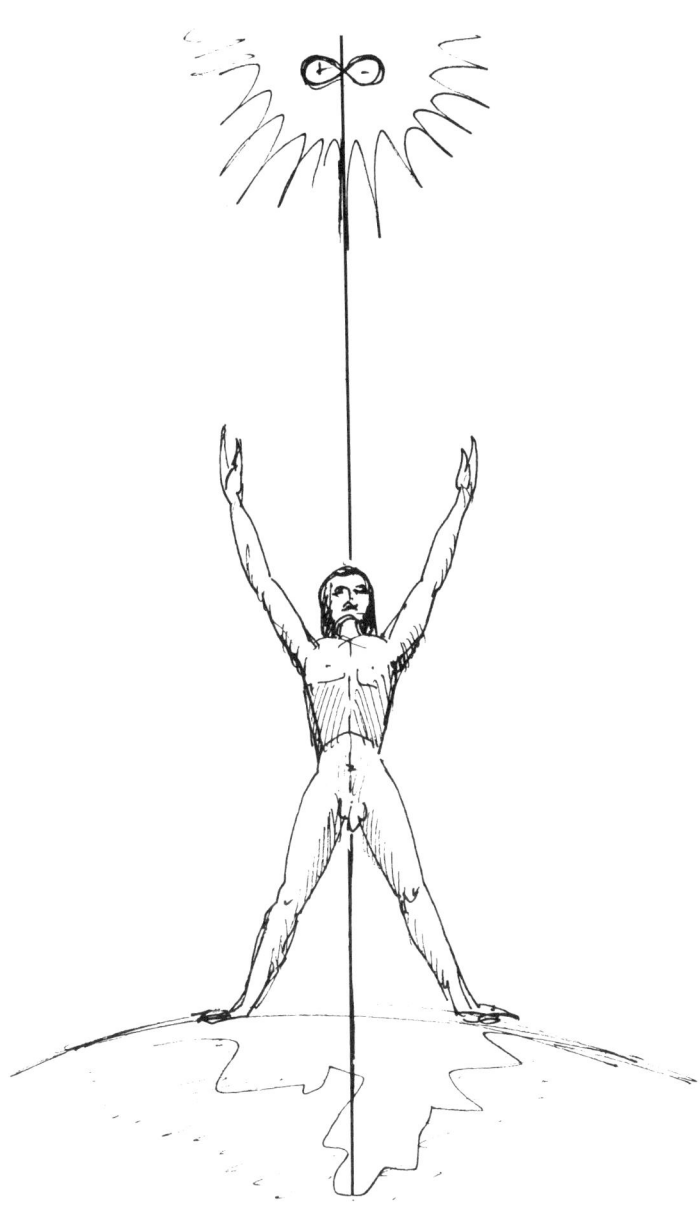

Meine Lichtachse: Gotteserfahrung durch Hingabe.

des Lichtes, von oben, kommt, durch mein Scheitel-Chakra in mich hineinströmt, durch das Rückgrad hindurchgeht und mich so mit dem Zentrum der Erde verbindet.

Das Göttliche Bewußtsein (Ω) ist für mich die höchste Bewußt-seinsebene des Menschen. Man kann diejenigen Menschen, welche sich in diesen höchstentwickelten Zustand manifestiert haben, als „Gott-Menschen", als „Eingeweihte", „Erleuchtete", als „Adepten", „Mahatmas" usw. bezeichnen. Man sollte bestrebt sein, die Frequenzen dieses göttlichen Energiefeldes durch Hingabe zu aktivieren, bewußt zu machen und damit die Gott-Mensch-Werdung zu vollziehen.

Dieses göttliche Bewußtsein ist ein ganzheitliches Bewußt-sein. Es ist transzendenzorientiert und deshalb stark, fest, voller Gottvertrauen, was sein starkes Selbstvertrauen schafft. Hier, auf dieser Bewußtseinsebene, ist die Schöpfung vollzogen, und das Geschöpf wird mit dem Schöpfer in Berührung kommen. Sein tiefer Glaube wirkt als feste Verbindung zu Gott. Prof. Keyserling sagte: „Das wirkliche Bewußtsein ist Religio."

Dieses ungeheuer große Potential des göttlichen ICH-Bewußt-seins können wir nur dann gebrauchen, wenn wir fähig sind, uns Gott anzuvertrauen, uns ihm voll hinzugeben und alle unsere Probleme in seine Hände zu legen.

19. Schlußgedanken

Ich habe versucht, von meinem Standpunkt aus, aufgrund meines klinisch-toten Zustandes, ein paar Gedanken über den Menschen niederzuschreiben. Auf die großen Schwierigkeiten dieses Unterfangens wurde bereits hingewiesen: Transzendentale Erlebnisse, welche außer der Materie gehirnlos wahrgenommen wurden, können eigentlich unmöglich in der materiellen Welt durch gehirngebundene Denkprozesse formuliert werden, um sie damit anderen Menschen verständlich zu machen. Es geht einfach nicht. Deshalb bin ich sehr unzufrieden, wenn ich meine Schriften durchlese, weil ich spüre, daß meine Ausführungen viel zu primitiv, zu farblos, zu vereinfacht ausgefallen sind. Sie sind weit entfernt von der erlebten Wahrheit, denn ich finde nicht die richtigen Worte, kenne keine entsprechenden Ausdrücke, ich habe keine solchen brillanten Farben. Auf dem zweidimensionalen Papier wirken meine Skizzen wie primitive Kinderzeichnungen. Es kann einfach nicht gelingen, das Metaphysische im Physischen wahrheitsgetreu wiederzugeben.

Trotzdem hoffe ich, daß meine Leser mit Hilfe ihrer Phantasie etwas nachvollziehen können, und daß ich wenigstens Denkanstöße für die Suche nach der Wahrheit geben konnte.

Bei der Wiedergabe meiner Gedanken bin ich auf viele Schwierigkeiten gestoßen, weil ich kein Schulwissenschaftler bin. Mir fehlt das wissenschaftliche Rüstzeug der höheren Mathematik, Physik, Biochemie, Atomphysik, Astronomie usw., so daß meine Ausführungen unwissenschaftlich klingen mögen. Ich gebe zu, daß ich kein philosophisches Buch über den Menschen schreiben wollte ..., nein. Meiner Meinung nach kann der Mensch nie mit schulwissenschaftlichen Methoden erforscht werden, weil die Grenze dieser Betrachtungen die Grenze der Schöpfung ist, mit anderen Worten: die Lichtgeschwindigkeit. Die alten Fragen: Woher? Warum? Wohin? bleiben nach wie vor bestehen. Für mich ganz persönlich sind diese Fragen in meinem innersten Innern gelöst. Ich spüre es so, ohne die Antworten endgültig formulieren zu können. Was ich niedergeschrieben habe, sind nur armselige Details, ist ein winziger Teil meiner Erlebnisse in diesem körperlosen, „erleuchteten" Zustand.

Deshalb: „Ich bin nicht überzeugt von nichts" in dieser materiellen Welt, wie C.G. Jung im Alter von 86 Jahren vor seinem Tod sagte. Ich möchte den Ausspruch ergänzen: „Ich spüre und ahne die großen Zusammenhänge und versuche, demütig auf meinem Weg weiterzugehen, wie ein ewig suchender Lehrling, der nie Meister sein kann."

„Nicht das Ziel ist unser Ziel, sondern der Weg ist unser Ziel", sagte Gauthama, der Buddha, einmal.

Keinem Menschen ist es von seiner Struktur aus möglich, die Wahrheit als solche zu erkennen und zu verkünden – mir am allerwenigsten. Deshalb haben die Menschen so viele Ansichten, so viele Meinungen; diese können für andere Menschen Denkanstöße sein, aber niemals eine Verkündigung der Wahrheit.

Heute genügt naiver Glaube nicht, um den Weg zu finden. Man sucht und forscht … und will sich immer mehr Wissen aneignen. Das ist gut so. Nietzsche sagte einmal: „Willst Du Seelenruhe: glaube, willst Du die Wahrheit: forsche." Die Wahrheit als solche allerdings wird dem Menschen nie offenbart, nur Teilwahrheiten. Im menschlichen Bereich gibt es keine absolute Wahrheit. Wir Menschen sehen die Wirklichkeit nur durch einen Schleier, der uns das Licht verdeckt.

Meine Erlebnisse waren „Schlüsselloch-Visionen": Ich durfte aus einem dunklen Raum durch ein Schlüsselloch in die hellste Transzendenz hineinblicken. Ich war geblendet – sehen konnte ich nichts; aber seither forsche ich in der materiellen Welt, um meine Schlüsselloch-Erlebnisse mehr oder weniger wahrheitsgetreu darstellen zu können. Für mich war dieser Augenblick das größte Erlebnis. Ich wußte dann eigentlich sofort, was ich wollte. Ich war zufrieden, alles war kristallklar, verständlich –

dort. Jetzt aber, in der Materie eingeschlossen, kann ich allerdings nur stottern.

In mir aber ist es vollkommen klar, daß ich, d.h. mein ICH, einen göttlichen Ursprung hat. Dieses ICH-Prinzip ist, bis es nicht zu Gott zurückgekehrt ist, ein Individuum, eine Persönlichkeit, welche sich durch komplizierte Manifestationsmöglichkeiten in dieser materiellen Welt darstellt. Die vielen Strukturen, die der Mensch besitzt, haben auf allen Ebenen quasi ein Eigenleben.

Alles hat seine Empfindungen, seine Gedanken, seine Intelligenz und sein Bewußtsein ..., alles. Aber dieses Bewußtsein des eigenen ICH's manifestiert sich auf den verschiedenen Stufen immer anders als Teil des ICH's, deshalb sind diese Manifestationen auf den entsprechenden Ebenen verschieden. Doch diese sich präsentierenden Bewußtseinsarten sind ein Teil des einheitlichen, einzigen ICH's, welches alles beinhaltet. Es ist die Einheit, die Ganzheit von allem. Alles zusammen ist eine ICH-BIN-ICH-SELBST-Erkenntnis, ein Bewußtsein, das nur dem Menschen eigen ist. So kann man nachfühlen, wer ich bin, was ich bin: ich bin schlußendlich selbst.

„Ich bin jetzt Stefan, ein Mensch", ist das Resultat der Überlegungen. „Ja, eine Persönlichkeit, eine Entität und zugleich des Geschlechtes oder der Rasse Mensch." Die Persönlichkeit ist somit in ein kollektives Menschenbewußtsein integriert.

Das ICH-BIN-ICH-SELBST-Prinzip ist als Ganzheit körperlos, unsterblich, kosmisch, göttlich. Es ist nicht materiell gebunden und unterliegt demzufolge auch nicht der Polarität. Es ist androgyn, geschlechtslos.

Die Vervollkommnung des ICH's kann man mit der Harmonisierung aller Bewußtseinsstufen charakterisieren.

Wenn die Harmonisierung der Gesamt-Ganzheit-Schwingung eines Menschen immer mehr voranschreitet, tritt eine „Ummodulation", eine harmoniebedingte Änderung im ICH ein. Diese Ummodulation ist die Wirkung des klarsten Lichtes, welches dann ungehindert, störungsfrei in den symbolischen *ICH-Trichter* hineinströmen kann. Das „Irdische" ist als unwichtigster

Schwingungsbereich relativiert, die Wichtigkeit des Seelischen, der positiven Emotionen wird erkannt und die Liebe aktiviert. Das geistige Prinzip ist unter der Kontrolle des ICH's und kann sich vor allem Negativen, vor allen Versuchungen wirksam schützen. Die Tore nach „oben" sind geöffnet; damit werden die Intuitionen bewußt wahrgenommen, die Innere Stimme wird gehört und deren Anweisungen befolgt. Das ICH hat eine Entwicklung begonnen, durch welches es mit dem Kosmos, mit der All-Schöpfung, mit Gott verbunden wird. Dann findet sich der Mensch in seinem einzigartigen Sein, seine Vollendung in Gott. Hier erlebt er eine echte Metamorphose, in welcher er sich selbst in Gott findet.

Diese Vervollkommnung, in welcher das ICH sich SELBST in Gott findet, hat C.G. Jung als Individuations-Prozeß bezeichnet. Ich selbst habe diesen Prozeß nach meiner Wiederbelebung spontan „Menschwerdung" genannt.

Wenn die Menschwerdung abgeschlossen ist, dann ist auch die Materie durchdrungen, und das ICH-BIN-ICH-SELBST-Bewußtsein kann einen Teil, das Körperbewußtsein, ablegen und außerhalb der geschaffenen, materiellen Welt weiterexistieren, sich dort neuen Aufgaben widmen und so immer näher zum UR-Sprung gelangen.

Diese Entwicklung ist unser Ziel, und ich bin nur ein bescheidener Darsteller meines eigenen Weges, um dadurch suchenden Menschen Denkanstöße zu vermitteln, mit deren Hilfe jeder seinen eigenen Weg besser erforschen kann.

Ich danke für das Verständnis der Leser und entschuldige mich für die unwissenschaftlichen Formulierungen. Ich kann meine Wahrheit nur in mir erleben und wünsche deshalb allen suchenden Menschen solche oder ähnliche Erlebnisse auf dem eigenen Weg zum LICHT.

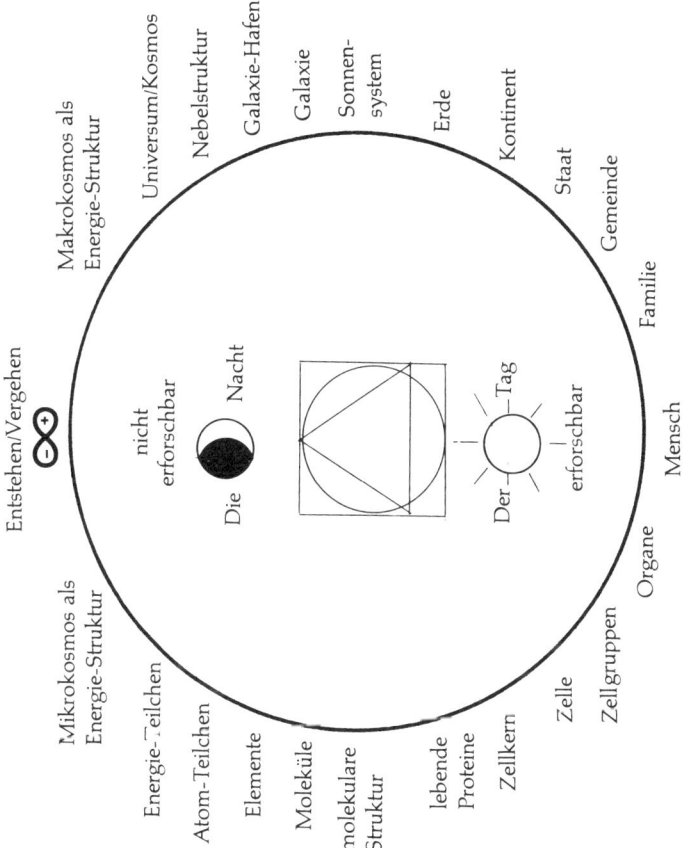

Entstehen/Vergehen

∞
− +

Makrokosmos als Energie-Struktur

Universum/Kosmos
Nebelstruktur
Galaxie-Hafen
Galaxie
Sonnen-system
Erde
Kontinent
Staat
Gemeinde
Familie
Mensch
Organe
Zellgruppen
Zelle
Zellkern
Proteine
lebende
molekulare Struktur
Moleküle
Elemente
Atom-Teilchen
Energie-Teilchen

Mikrokosmos als Energie-Struktur

nicht erforschbar

Die   Nacht

Der   Tag

erforschbar

Literaturverzeichnis

Ammon, Günter
  Der mehrdimensionale Mensch
  Pinel-Verlag
Andreas, Peter
  Jenseits von Einstein
  Econ Verlag
Bailey, Alice A.
  Initiation
  Telepathie und Ätherkörper
  Lorch-Verlag
Bänziger, M.
  Das altägyptische Lebensbuch
  Osiris-Verlag
Baumann, Dr. Adolf
  ABC der Antroposophie
  Hallwag-Verlag
Besant, Annie
  Der Tod – und was dann?
  Der Mensch und seine Körper
  Hirthammer Verlag
Blavatsky, Helena P.
  The theosophical glossary
  California 1918
Bonin
  Lexikon der Parapsychologie
  Scherz-Verlag
Born, M.
  Einstein's theory of relativity
  New York 1962
Boros, Ladislaus
  Mysterium Mortis
  *Der Mensch in den letzten
  Entscheidungen*
  Walter-Verlag
Brunton, Paul
  Geheimnisvolles Ägypten
  Bauer-Verlag
Buttlar, Johannes v.
  Zeitsprung
  Schneller als das Licht
  C. Bertelsmann Verlag

Capra, Fritjof
  Der Tao der Physik
  Wendezeit
  Scherz Verlag
Caminara, Dr. Gina
  *Erregende Zeugnisse für Karma
  und Wiedergeburt*
  Bauer-Verlag
Castaneda, C.
  Die andere Realität
  Frankfurt 1972
  The teachings of Don Juan
  Penguin-Books
Champdor, A.
  Das Ägyptische Totenbuch
  Knaur-Verlag
Chardin, Teilhard de
  Der Mensch im Kosmos
  C.H. Beck Verlag
Charon, Jean E.
  Der Geist der Materie
  Ullstein Verlag
Dithfurt, Hoimar
  Am Anfang war der Wasserstoff
  Knaur-Verlag
Doresse, Jean
  The secret books of the egyptian gnosis
  Traditions Int. Ltd., Rochester
Dunna, J.W.
  An experiment with time
  London 1927
Dürkheim, Karlfried Graf von
  *Vom doppelten Ursprung
  des Menschen*
  Herder Verlag
Eckehard, Meister
  Vom Wunder der Seele
  Reclam Verlag
Eggenstein, K.
  Der Prophet Jacob Lorber
  Waldemar-Verlag

Einstein, Albert
Begriff der Zeit
Lauterbronn Verlag
Mein Weltbild
Amsterdam 1934
Grundzüge der Relativitätstheorie
Vieweg Verlag
Emde, Dr. Günther
Brücken von der Wissenschaft
zur Religion
Emde Verlag
Fährmann, Johannes
Die siebenfache Natur von Mensch
und Weltall
Würzburg, 1954
Francesca, F.
Das Totenbuch des Tibeter
Diederichs Verlag
Frei, G.
Das Weltbild des Paracelsus
N.W. 1959
Gangueli, M.
Die Uhren des Kosmos
Scherz-Verlag
Govinda, Lama Angarika
Grundlagen tibetanischer Mystik
Barth Verlag
Grasser, J.
AMORC
Paris 1917
Hartmann, Franz
Mysterien und Symbole
Grundriß der Lehren Theophratus
Paracelsus als Mystiker
Im Vorhof des Tempels
(Verlag unbekannt)
Hauser, J.W.
Werden und Wesen der
Anthroposophie
Stuttgart 1922
Heim, Burkhard
Postmortale Zustände
(Verlag unbekannt)

Heindel, Max
Die Weltanschauung der
Rosenkreuzer
(Verlag unbekannt)
Hinz, Prof. Walter
Woher, wohin?
ABZ Verlag
Imago Mundi (Sammelbände)
Der kosmische Mensch
Fortleben nach dem Tode
Kosmopathie
Geheime Mächte
Psyche und Geist
Gesundheit
Resch-Verlag
Kahn, I.
Sufismus, der Weg zum Selbst
Wien 1975
Jankovich, Stefan v.
Der Mensch
Reinkarnation
(Eigenverlag: Forum Homo
Harmonicus)
Ich war klinisch tot
In der Welt von Osiris, Isis und
Horus
Drei Eichen Verlag
Jeans, J.
Der Weltraum und seine Rätsel
Stuttgart 1931
Karwath, Walter
Erlösung – hier und jetzt
Octopus Verlag
Krabichler, Franz
Von Adam bis Christus
Drei Eichen Verlag
Krüger, G.
Die Rosenkreuzer
Berlin 1952
Kübler-Ross, Dr. Elisabeth
Interview mit Sterbenden
Kreuz Verlag

Lamsa, Georges M.
  Die Evangelien in aramäischer Sicht
  Neuer Johannes-Verlag
Laotse
  Tao Te King
  Drei Eichen Verlag
Leadbeather, C.W.
  Der sichtbare und der unsichtbare
  Mensch
  Freiburg 1968
Lehmann, R.
  Die polinesischen Tabu-Sitten
  Leipzig 1930
Leisegang, H.
  Grundlagen der Antroposophie
  Hamburg 1922
Levi, Elifas
  Der Schlüssel zu den großen
  Mysterien
  Ansata Verlag
Long, Max Freedom
  Kaluna Magie
  Freiburg 1966
Lorber, Jakob
  Licht und Ton – geistige Elemente
  Lorber Verlag
Lutz, W.L.
  Grundfragen des Lebens nach
  Jakob Lorber
  Bietigheim 1930
Mecklenburg, Ernst
  Der Überraum
  Bauer Verlag
Meier, C.A.
  Moderne Physik – moderne
  Psychologie
  Berlin 1935
Miert, H.E.
  Lexikon des Geheimwissens
  Bauer-Verlag
Millard, J.
  Edgar Cayce
  New York 1967

Montandon, Raoul
  Das Geheimnis des Todes
  Neue Kultur-Verlag
Moody, Raymond
  Leben nach dem Leben
  Ex-Libris Verlag
Moore, Ruth
  Die Lebensspirale
  G. Fischer Verlag
Morgan, J.
  Reinkarnation
  Ansata Verlag
Mörr, Ewald
  Steige herauf
  Gnosis Verlag
Papus
  Die Kabbala
  Ansata Verlag
Peuckert, W.E.
  Die Rosenkreuzer
  Jena 1928
  Paracelsus
  Stuttgart 1944
Reichstein, H.
  Praktisches Lehrbuch der Kabbala
  Berlin 1961
Roberts, Jane
  Gespräche mit Seth
  Ariston Verlag
Sagan, CArl
  Unser Kosmos
  Knaur-Verlag
Schlemmer, J.
  Die Wissenschaft und die Zukunft
  des Menschen
  Piper Verlag
Schmidt, K.O.
  Seneca – Der Lebensmeister
  Drei Eichen Verlag
Schultz, J.H.
  Das autogene Training
  Stuttgart 1973

Seiling, Max
  *Die antroposophische Bewegung
  und ihr Prophet*
  Lorch Verlag
Sexl-Raab-Streermwitz
  *Der Weg zur modernen Physik,
  Bd. I + II*
  Diesterweg Verlag
Smart, I.C.
  Problem of space and time
  New York, 1964
Snell, Joe
  Die Natur von Mensch und Weltall
  (Verlag unbekannt)
Spiessberger, Karl
  Hermetisches ABC, Bd. I + II
  Bauer Verlag
Stearn, J.
  Der schlafende Prophet
  Genf 1974
Steiner, Dr. Rudolf
  Geheimwissenschaft im Umriß
  Theosophie
  (Verlag unbekannt)
Stolzenburg, A.F.
  Antroposophie und Christentum
  Berlin 1925
Symonds, J.
  Madame Blavatsky
  London 1958
Taube, M.
  Leben, Intelligenz, Technologie
  (4 Hefte)
  Eidgenössisches Institut für
  Reaktorforschung, Schweiz 1982
Taylor, J.G.
  New worlds in physics
  Faber & Faber, 1974
Time Life Bücher
  Das Weltall
  Time Life Edition

Tomas, A.
  Bayond the time-barrier
  Sphere Books Ltd.
Uxkull W.
  Die Einweihung im alten Ägypten
  Schwab Verlag
Vay, O.
  Geist – Kraft – Stoff
  Döring-Verlag
Wambach, H.
  Leben vor dem Leben
  Heyne-Verlag
Weinreb, Dr. Friedrich
  Der göttliche Bauplan der Welt
  Origo-Verlag
Weinberg, S.
  Die ersten drei Minuten
  Piper Verlag
Weizsäcker, Carl-F. von
  Aufbau der Physik (dtv)
  Ausgewählte Texte (Goldmann)
  Bewußtseinswandel (Hanser)
  Die Einheit der Natur (dtv)
  Die Geschichte der Natur
  *Das philosophische Problem
  der Kybernetik*
  Weltbild der Physik
White, St. E.
  Das uneingeschränkte Weltall
  Zürich 1963
Whitrow, G.J.
  The natural philosophie of time
  Edinburgh 1961
Wieland, H.
  Das Tibetanische Totenbuch
  Schwab Verlag
Wittemann, F.
  Historie des Rose-Croix
  Paris 1925
Wunderli, J.
  *Rätsel Mensch und moderne
  Psychosomatik*
  ABC Verlag

Wyld, G.
  Theosophy
  Edinburgh 1884
Wyssling, E.
  Mystik und Magie im Islam
  (Verlag unbekannt)
Yesudian, Selvarjan
  Raja-Yoga
  Steh auf und sei frei
  Drei Eichen Verlag
Yogananda, Paramahansa
  Worte des Meisters
  Autobiographie eines Yogi
  Barth-Verlag
Zwicky, F.
  Jeder ist ein Genie
  Lang Verlag